意大利民事诉讼法典

CODICE DI PROCEDURA CIVILE

白 纶 李一娴◎译

中国政法大学出版社

2017·北京

**OSSERVATORIO SULLA CODIFICAZIONE E SULLA FORMAZIONE DEL GIURISTA
IN CINA NEL QUADRO DEL SISTEMA GIURIDICO ROMANISTICO**

UNIVERSITÀ DEGLI STUDI DI ROMA "TOR VERGATA"
"SAPIENZA" UNIVERSITÀ DI ROMA
DIPARTIMENTO IDENTITÀ CULTURALE DEL CNR
UNIVERSITÀ DELLA CINA DI SCIENZE POLITICHE E GIURISPRUDENZA (CUPL)

Volume stampato con il contributo dello stesso Osservatorio

CODICE DI PROCEDURA CIVILE

Traduzione in cinese da italiano

A cura di SANDRO SCHIPANI, FEI ANLING

Traduzione in cinese di BAI LUN, LI YIXIAN
Dottori dell'Università degli Studi di Yunnan

Revisione della traduzione ad opera di Maria Clara

Con collaborazione del Centro di Studi sul diritto romano e Italiano
UNIVERSITÀ DELLA CINA DI SCIENZE POLITICHE E GIURISPRUDENZA (CUPL)

译者序

　　意大利《民事诉讼法典》的翻译工作终于完成。翻开即将付梓的译稿，欣慰之余，我们又感到有些不安，惟恐我们有限的翻译水平会减损这部伟大法典的魅力。为此，本书出版后，敬请读者给我们提出宝贵意见，以便再版时能够予以改正。

　　意大利《民事诉讼法典》（以下简称《法典》）诞生于二战的硝烟和战火中。在墨索里尼政府政治意识形态的高压下，以迪诺·格朗蒂、皮埃罗·卡拉曼德雷为代表的立法者表现出伟大的爱国热情和高超的政治智慧，他们抵御住了法西斯意识形态的侵蚀，在异常恶劣的立法环境中，仍然承袭古罗马传统，总结意大利法学过去近20年的研究成果，制订出了一部内容精细、语言优美、充满实用精神、奉行当事人主义的伟大法典。

　　《法典》最初的文本包含840个法条，分4卷规定了民事诉讼的一般规则、审判程序、执行程序和特别程序（包括仲裁）。在其颁布后的70余年中，《法典》屡经修订和增补。进入21世纪后，修法更为频繁。在我们的翻译过程中，《法典》分别于 2014 年和 2015 年发生了两次大的修订，为此我们不得不几易其稿；估计中文版面世后不用多久，又会再次修法。

与实体法不同，程序法的立法会较多考虑法官和其他司法机构工作者的实践经验和习惯。因此，各国的程序法概念和规则体系会呈现出较大的差异性，这给我们最初的翻译工作带来了很大的困难。兹举一例：按照《法典》规定，一审中原告向地方法院起诉时，应通过名为 "citazione" 的文书提出诉讼请求。然而，按意大利文直译，citazione 为传讯文书，而非起诉状。诉状（含答辩状）对应的术语应为 comparsa。细查之，原告除了在 citazione 中提出诉讼请求外，还应确定开庭时间并负责传讯被告出庭。只不过原告制作的 citazione 要先提交给负责送达工作的司法官，由司法官来完成送达。让我们不解的是，在我国，姑且不论传讯工作，案件首次开庭的日期当然是由法院指定的，怎么可能让原告来确定开庭日期呢？再查之，才发现意大利地方法院院长在每个司法年度开始前，都会预先安排好本法院在星期几进行首次开庭。原告在起诉时，应当在法定期间内，按照法院公布的首次开庭的时间表来选定一个开庭日期，法院将根据当事人选定的日期来安排开庭。至此，我们才能较为放心地将 citazione 理解为一种具有传讯功能的诉状，区别于其他没有传讯功能的诉状（comparsa）。但在翻译时，到底是按意大利语直译为传讯文书，还是按照我们通常的理解翻译为起诉状呢？斟酌再三，考虑到 citazione 最重要的功能还是提出诉讼请求，为方便中国读者理解，我们觉得相比直译为传讯文书，意译为起

诉状更为妥当。然而，当我们翻译到对一审判决的质疑以及执行程序部分时，才逐渐发现，citazione 除起诉状外，还包括上诉、申请再审、第三人提出异议、提出执行异议等情况下发起诉讼一方当事人提交的各种诉状。因此，对应不同的诉讼阶段，我们只好将其分别翻译为起诉状、上诉状、再审申请书、异议第三人的起诉状、执行异议起诉状等，并在引注中进行说明。此时，不禁又觉得直接将 citazione 译为传讯文书，更为简便。然而，对中国读者而言，传讯文书毕竟另有所指；以传讯文书来提起诉讼，第一印象难免令人莫名其妙。几经讨论，最后我们才确定应保持之前的译法。这种情况，在整个翻译的过程中可谓比比皆是。

借助上述例子，我们也想对我们翻译的原则作一个说明。我国著名翻译家傅雷曾提出，好的翻译应做到信、达、雅。法典的翻译，不存在是否雅的问题，因此我们重点关注的是信和达，也就是忠实原文和通顺表达。具体而言，翻译过程其实有两个阶段：首先要做到准确理解，然后要用中文的语法和习惯进行准确表达，以便读者阅读。相应地，我们在翻译中遇到的困难，首先在理解上，其次在表达上。在理解方面，我们尽可能地将翻译和研究工作结合起来，在意大利学者和朋友的帮助下，先弄清楚规则的含义，再确定译法。在表达方面，又可以再分为术语的表达和句子的表达。对术语的翻译，我们尽量采用我国诉讼法中大致对应的术语，含义有较重要区别的，在注释中作简要说明；对句子的翻译，我们尽量在不破坏原意、保持规则严谨性的前提下，将意大利语复杂的长句按主谓宾定状补结构拆分为短句，再按中国读

者的阅读习惯，调整语序后重新组合。在遇到无法兼顾
"信"和"达"时，我们会优先考虑翻译的准确性和逻辑的
严密性。因此，我们的译文中有些句子会很长、不好读，望
读者谅解！

《法典》的翻译和出版工作是意大利罗马第一大学和中
国政法大学合作的 Osservatorio 项目〔1〕的一个组成部分。项
目组的意方负责人桑德罗·斯奇巴尼（Sandro Schipani）教授
和中方负责人费安玲教授给我们提供了重要的支持和帮助。
正是在项目组的安排和资助下，我们获得了翻译和出版所需
的资金，并得以远赴意大利完成了译稿的校对工作。经斯奇
巴尼教授引荐，我们在罗马进行校对期间，有幸结识了罗马
一大的教授、意大利民事诉讼法学权威克劳迪奥·孔索罗
（Claudio Consolo）教授。孔索罗教授不仅热情地向我们介绍
了意大利民事诉讼法的基本情况，还为本书作了序。此外，
我们最真挚的老朋友、意大利罗马费劳托律师事务所的玛利
亚·克拉拉（Maria Clara）律师和著名钢琴家阿莱西奥·塞
巴斯蒂奥（Alessio Sebastio）夫妇协助我们完成了《法典》
主要的校对工作。我们新认识的意大利朋友、精通中文的腊
兰（Colangelo）博士也不辞辛劳，为我们解答了翻译过程中
遇到的许多难题。此外，意大利 Osservatorio 项目组的工作秘
书琪娅拉·奇安卡莱丽（Chiara Ciancarelli）女士、我们在比
萨圣安娜大学的导师弗朗西斯科·布思奈利（Francesco Bus-

---

〔1〕 项目全称为"罗马法体系下法典化和中国法学学者培养观察计划"（Osserva-
torio sulla Codificazionee sulla Formazione del Giurista in Cinanel quadro del Sistema Giuridico
Romanistico）。

nelli）教授、我们的同学萨姆埃里（Samuele Marchetti）博士也对我们的翻译工作给予了热情的协助。没有他们的帮助，我们无法完成《法典》的翻译工作。我们在此共同对他们表示由衷的感谢！

本书根据 2015 年修订后的《意大利民事诉讼法典》及其实施细则的意文版译出，译者分工如下：

白　纶：代中译本序；第一卷第一编；第二卷；实施细则。

李一娴：第一卷第二至六编；第三卷；第四卷。

译　者

2016 年 10 月

意大利 1940 年《民事诉讼法典》：
黄金时代学理与实践的杰作

一、起源

意大利复兴运动中，意大利杰出的法学家皮萨奈利[1]以两个撒丁岛的皮埃蒙特人在 1854 年到 1859 年起草的法典草案（该草案使用的是托伦萨方言，内容深受法国自由资本主义时代法学传统的影响）为基础，使用都灵方言编纂了意大利王国的第一部《民事诉讼法典》，即 1865 年的《民事诉讼法典》。1942 年 4 月 21 日，在第二次世界大战全面爆发的硝烟和战火中，意大利王国（在二战后成为意大利共和国）的第二部《民事诉讼法典》正式生效，取代了 1865 年的旧法典。新法典编纂于 1939 年到 1940 年间，集中体现了过去近 20 年意大利法学的研究成果，并实现了法典的三大根源——政治根源、学理根源和文化根源间的相互平衡：正如皮卡蒂[2]指出

---

〔1〕 朱塞佩·皮萨奈利（Giuseppe Pisanelli，1812~1879），意大利著名法学家、政治家和学者。在其担任意大利司法部长期间，主持编纂了 1865 年《民事诉讼法典》。

〔2〕 尼古拉·皮卡蒂（Nicola Picardi），意大利罗马第一大学（La Sapienza）民事诉讼法学教授。

的那样，这部法典在法西斯主义的影响下一定程度上恢复了古罗马权威主义，并对旧时代法国和行会制度下的诉讼进行了现代性的变革；同时，该法典的编纂也得益于学者们过去十多年来对诉讼法持续、深入的学理研究（包括历史-比较法研究）。

这部伟大法典最终的编纂工作，是在迪诺·格朗蒂[1]出任司法部长时完成的。同一时期编纂的法典还包括《民法典》、《破产法》和《法院组织法》，它们构成了现行法的基础。迪诺·格朗蒂早年曾奉行法西斯主义，后来转变为一个思想开明、爱唱反调的亲英派。相比之下，在他之前出任司法部长的阿里戈·索尔弭[2]（索尔弭的前任是罗马法学家德·弗兰奇希[3]），则是一个彻头彻尾的法西斯。索尔弭在 1937 年和 1939 年起草的两个立法建议稿都带有更强烈的权威主义和国家中心主义

─────────────

〔1〕 迪诺·格朗蒂（Dino Grandi, 1895 年 6 月 4 日~1988 年 5 月 21 日），意大利摩尔达诺（Mordano）伯爵，意大利著名政治家和外交家。毕业于博洛尼亚大学，曾担任意大利的外交部部长、驻英国大使和司法部长。早年奉行法西斯主义，后来则反对意大利参战。1939~1943 出任墨索里尼政府的司法部部长。在此期间主持编纂了《民事诉讼法典》。1943 年 7 月 24 日，墨索里尼在法西斯高层会议上宣布德国将从南部撤军，格朗蒂和墨索里尼为此发生了剧烈的争吵。7 月 25 日，格朗蒂发动政变，要求恢复宪法赋予意大利国王的全部权力，史称"格朗蒂议程（Ordine del giorno Grandi）"；同一天，墨索里尼被逮捕。之后，格朗蒂和左翼以及商会通过谈判达成了休战协议，这为意大利针对德国纳粹的抵抗运动创造了条件。西西里被联军攻占后，意大利北部成立了新的意大利社会共和国。新政权以叛国罪为名判处格朗蒂死刑。所幸格朗蒂对此有所准备，早已离开意大利逃往西班牙。随后，他先后流亡葡萄牙、阿根廷、巴西等国，1960 年才回到意大利，并于 1988 年死在家乡博洛尼亚。

〔2〕 阿里戈·索尔弭（Arrigo Solmi, 1873 年 1 月 27 日~1944 年 3 月 5 日），意大利法学家、历史学家和学者，曾获得但丁学者称号。于 1935~1939 年出任司法部部长。

〔3〕 德·弗兰奇希（De Francisci, 1883 年 12 月 18 日~1971 年 1 月 31 日），于 1932~1935 年出任司法部部长。

倾向。例如，在现行法第88条中，他曾明确规定了当事人和辩护人披露真相（至少是他们所理解的真相）的义务；而在同一问题上，今天的诉讼法典只要求当事人和辩护人保持诚实。

格朗蒂坚持认为，立法除了要贯彻社会意识形态因素外，还必须遵循意大利新诉讼法学派在比较研究的基础上所提出的、植根于意大利法律文化的立法模式。这一学派在强调古典罗马诉讼程序中被人遗忘了的实践性和功能性特点的同时，也十分关注以阿道夫·瓦什（Adolf·Walsh）为代表的德国诉讼法学派的概念体系——该学派近乎狂热地推崇概念法学的成就，代表人物包括塔莱洛（Tarello）和邓缇（Denti）。同时，意大利新诉讼法学派也关注弗朗兹·克莱恩（Franz Klein）所倡导的、强调诉讼活动的功能取向和社会经济取向的奥地利模式（弗朗兹·克莱恩在19世纪末到20世纪初起草了一部在奥地利大获成功的诉讼法典，该法典首次引入了社会主义和计划经济的因素，其核心是奉行法官干涉主义，在工作和身份上都赋予了法官凌驾于律师之上的重要地位。这种倾向在最近几年有复兴的趋势——当然是在一个完全不同的时代背景下）。意大利新诉讼法学派最重要的代表人物是维多利奥·夏洛贾[1]的学生——奇奥文达[2]。

---

〔1〕 维多利奥·夏洛贾（Vittorio Scialoja，1856年4月24日~1933年11月19日），意大利极负盛名的罗马法学家和政治家，于1909年出任意大利司法部部长，1919年出任外交部部长。

〔2〕 朱塞佩·奇奥文达（Giuseppe Chiovenda，1872年2月2日~1937年11月7日），意大利当代法学的奠基人之一，尤其在民事诉讼法上贡献卓越，被人称为"SommoChiovenda"，意为"巅峰"。为意大利《民事诉讼法期刊》（la Rivista di Diritto Processuale Civile）的创办人之一。

　　当时意大利有许多对法西斯制度心怀不满的学者，奇奥文达正是其中一员。作为意大利法律改革的推动者，这位罗马教授肩负的"天赋使命"曾经产生过巨大的学术号召力。但尽管如此，从20世纪30年代中期开始，他就遭到了某种程度的孤立，最终被迫退出了职业生涯。此后，构筑法典基本脉络的工作，以及立法报告的撰写工作（这个报告永远值得我们认真研读），都被托付给了来自托斯卡纳的皮埃罗·卡拉曼德雷[1]。这是一个天赋极高、多才多艺而又处世技巧极其高明的人。按照卡拉曼德雷的重要研究者齐普里阿尼[2]对他所作的论断，他是一个极端的现实主义者，甚至可以说是个不择手段的野心家——不过，我们还是要说，他继承了托斯卡纳最伟大的传统！卡拉曼德雷是一位立场坚定的法学家，同时也是专业水准很高的律师和文笔细腻的散文家和诗人。他后来参加了一个温和的左翼激进派政党——行动党[3]。不过在之前的1939年，他的确是格朗蒂的至交好友。由于这种私人关系，他很快成为《民事诉讼法典》立法工作的领导，并完全控制了法典的编纂工作。立法工作除了得到孔佛尔蒂（Conforti）和曼德里奥利（Mandrioli）等法官在技术细节上

---

　　〔1〕 皮埃罗·卡拉曼德雷（Piero Calamandrei，1889年4月21日~1956年9月27日），意大利杰出的律师、政治家、学者和诗人。

　　〔2〕 齐普里阿尼（Cipriani），卡拉曼德雷的重要研究者，其代表作为2009年在意大利那不勒斯出版的《皮埃罗·卡拉曼德雷和民事诉讼》（*Pietro Calamandrei e la procedura civile*）。

　　〔3〕 行动党是意大利历史上存在过的一个政党，最初成立于1853年，主张广泛的选举权、出版自由和思想自由，强调国家对国民的政治责任。该政党于1867年解散。1942年，卡拉曼德雷等人重组行动党，其政治主张较为激进，宣扬共和、自由社会主义和社会民主化，并致力于反法西斯的意大利抵抗运动。该政党最终于1947年解散。

的大力支持外，卡拉曼德雷还将《民事诉讼法典》缔造者的荣耀归给了资格更老、更具名望的恩里克·雷邓迪（Enrico Redenti）和弗朗西斯科·卡尔奈路迪（Francesco Carnelutti）。[1] 这是两位忠于自由主义传统的反法西斯伟大学者，而且都不属于奇奥文达学派；他们都曾在很多年前、在完全不同的时代背景下，草拟了自己的充满实用精神的法典建议稿，但后来编纂《民事诉讼法典》时，并没有对他们的建议稿给予足够重视。同样的作品还包括卢多维科·莫尔塔拉[2]的建议稿。莫尔塔拉属于后诉讼法学家时代[3]的一位学者，他是一位多才多艺、极具天赋的政治家型法学家。他早年的职业生涯过得有条不紊；在到罗马任教的愿望落空后，他成了一名刚正不阿的高等法官，最后被强制退休。他是 20 世纪初期一系列重要立法的缔造者、坚定的反法西斯主义者，也是一名博学而务实的犹太人。

立法活动的最终成果，是一部内容全面、细致，语言优美的法典（1942 年生效，1950 年进行了修订）。虽然该法典的立法报告非常巧妙地强调了奇奥文达学派和法典间的渊源

---

〔1〕 格朗蒂在负责法典编纂的立法委员会之下设立了一个范围更小的委员会，由格朗蒂、卡拉曼德雷、弗朗西斯科·卡尔奈路迪、雷奥波尔多·孔佛尔蒂和恩里克·雷邓迪 5 人组成，他们制订的草案成为《民事诉讼法典》的基础。

〔2〕 卢多维科·莫尔塔拉（LodovicoMortara，1855 年 4 月 16 日~1937 年 1 月 1 日），意大利著名律师、政治家和宪法学教授，1919~1920 年担任司法部部长。

〔3〕 意大利诉讼法学的发展可以分为两个阶段：第一个阶段的研究主要着眼于程序本身，这一阶段的研究者被称为"诉讼法学家（proceduristi）"；第二个阶段由奇奥文达以及莫尔塔拉开始，他们为诉讼法的研究开创了体系性的研究方法，这一阶段的研究者被称为"程序法学家（processualisti）"。本文此处的"后诉讼法学家时代"指诉讼法学发展的第二阶段。

关系以及该学派所主张的基本教义包括：审理的非书面性、直接和即时性以及关注当事人间和当事人与调查法官[1]之间的对立统一关系。但实际上，法典并没有受到奇奥文达学派过多的影响：它奉行的仍是"当事人主义"的基本原则，仅仅包含适度的权威主义因素（如第175条规定的诉讼引导权，以及永远属于合议庭成员的调查法官这一新角色对案件调查的某种程度上的推动——该规定直到1990年还在适用，参见第50条Ⅱ）。

二、四卷的体例和立法上的创新

各国民事诉讼法的规范模式，既可以承袭本国传统的习惯法，也可以植根于最高法院发布的规则体系（后者为英国模式；美国模式被认为是一种混合模式；在意大利，国会授权司法行政院[2]制定的《行政诉讼法典》也曾采用某种中间模式）。作为上述各种模式中的一种选择，很多国家的诉讼法典都继受了法国模式。尽管这些法典往往是直接在皇权或行政权的要求下编纂的，但由于在整体上考虑了社会经济的发展变化，这些法典通常都十分稳定、富有生命力：法国的诉讼

---

〔1〕 地方法院的调查法官可以按照第277条的规定，在通过合议庭对案件作出最终的判决——最常见的是一份统一的、定案性的一审判决——前，有时候甚至是在作出了第278、279条规定的非定案性判决之后，通过附带有简单理由的裁定命令收集用以支持当事人的诉讼请求的证据，并决定哪些证据可以在诉讼中得到采纳。

〔2〕 司法行政院（Consiglio di Stato），意大利政府的附属机构之一，具有行政和司法的双重职能。根据意大利宪法的有关规定，该机构一方面是意大利总统的最高司法-行政顾问，旨在保证国家行政行为的合法性；一方面又是意大利审理行政案件的特别法院，旨在维护行政行为相对人的合法权益。

法典从 1806 年一直适用到了 1980 年；德国和奥地利的诉讼法典也存续了上百年的时间。我们正在谈论的这部意大利的《民事诉讼法典》，也已经有 70 多年的历史。虽然这 70 多年以来，意大利经历了一系列的重大"变革"：比如结束了君主制（1946 年）、通过了 1948 年共和国《宪法》并在其中确立了程序保障原则（第 24 条、第 101 条以下、第 111 条——1999 年又通过第 113 条强化了这一条）、建立了欧盟并通过了《欧洲人权公约》，但没人会想把这部法典完全废除掉。《欧洲人权公约》第 6 条规定：公正的诉讼程序应受到合理审限的限制——而意大利的《民事诉讼法典》从一开始就对此给予了高度重视（尤其在最近十年，审限问题引起了越来越多的争论）。和法典草案一起提交审议的《立法报告》用了大量的篇幅（一共 34 段）对审限上能实现各种利益的平衡的最终解决方案作出了合理的说明（该方案成功地排除了奉行法西斯主义的前司法部部长索尔弭的建议稿中体现出来的过度管制因素。学术界对索尔弭的管制主义有诸多反对，其中也包括大学的评论——尽管这些评论在当时为数不多、也不具有很大的影响力）。

无论是过去还是现在的版本，《民事诉讼法典》都分为四卷，各卷又再细分为各编……法典编纂者们分门别类、秩序井然地为权利的程序性保护规划出一幅理性的蓝图。这幅蓝图从法典第一卷的一般规定开始，先规定了司法裁判权和管辖权，然后是有关法官和当事人的规定，接着规定了诉讼的原则性规范，最后是有关送达的规定和有关诉讼文书及决定在程序上无效的规定；法典的第二卷先规定了一审程序的

"动态规则"（包括普通案件和劳动案件），然后对不同等级的质疑方式作出了规定——毫无疑问，这一卷构成了整个诉讼法的核心；随后，法典第三卷规定了强制执行；而第四卷则对适用特别程序的案件的审理作出了规定——它们大多适用简易程序（其中，法典第633条及其以下各条规定了有关强制令的诉讼程序和相关异议的一审诉讼程序；第702条Ⅱ及其以下各条则规定了对于易于调查和审理的案件所适用的简易程序。在1942年以前，这两个特别程序是由莫尔塔拉起草的两个单行法来规定的，它们都取得了实践上的巨大成功）。

1942年到2015年间，《民事诉讼法典》被多次修订。该法典原先有840条，现在则增加了10多条（增加法条的主要方法是在原来的一个法条下再分出多个法条）。遗憾的是，这些法条的修订技术并不都很高明。迄今为止，被修改的法条大约有200多条，其中大部分修改发生在第二卷，这一卷的修改也最为频繁。以1950年和1990年立法对法典进行的最为重要的两次修订为例：1950年的立法曾一度废除了起诉阶段各种丧失诉权[1]情形的规定，从而取消了对当事人诉权的限制；但1990年修法时，又再次恢复了这些限制（尽管有所削弱）——我们可以在《民事诉讼法典》第180、183、184、189条的规定中看到这种变化。此后，对第二卷的修改又再次发生于1998年、2005年、2006年、2009年、2012年和

---

〔1〕 丧失诉权（Preclusione），指当事人丧失诉权并导致诉讼活动无法再继续进行的情形。主要包括三种情况：①当事人之前的行为与该诉权的行使相矛盾；②超过法定期限未完成相应的诉讼活动；③已经行使过该诉权。其中，因到期不行使权利而导致权利失效，又特别称为 decoranza。

2014 年，此外还有超过 12 次的较小的修订。后来的这些对法典的修订，大多都是由政府先颁布"法律性行政法规"[1]，经议会修改后才转化为成文法的。这一卷修改得最多的是审理一审案件的规则，结果在一审中，地方法院几乎在整个诉讼过程中，甚至包括宣判时，都变成了独任审理（该修改是从 1990 年开始的）；此外修改得较多的，是上诉审规则和向最高法院申诉的终审规则；对狭义上的案件调查阶段的规定修改得较少；几乎没有对作为"少数派"的质疑方式（再审和第三人异议）作出修改；而对于最高法院判决支持申诉请求后再将案件发回重审的规定（根据第 384 条的规定，此时已经不能再对案件的实体问题作出改变），修改得就更少了。向最高法院申诉是唯一需要通过《宪法》加以规范的质疑方式，它被规定在《宪法》第 111 条。《宪法》的这条规定也是卡拉曼德雷提出的，他在战后十分积极地参加了立宪委员会的工作。

法典的规定从一审起诉阶段开始，就很好地实现了"辩护自由"和"辩护人责任自负"之间的平衡。法典原来在诉讼的各个阶段都规定了当事人"丧失诉权"的情形（但并未随意限制当事人的诉权），而且原则上禁止当事人在上诉审中提出新的诉讼请求、新的答辩理由以及新的证据。1950 年对该法典第一次大的修订废除了上述规定，在整体上减轻了律

---

〔1〕 法律性行政法规（Decretolegge）。根据意大利《宪法》第 77 条的规定，政府内阁所颁布的行政法规通常不具有法律同等效力，但有两个例外：①立法性行政法规（decreto legislativo 或 decreto delegato）：指政府经两院委托而颁布的、具有法律同等效力的行政法规；②法律性行政法规（decreto legge）：指在紧急情况下政府内阁依职权发布的、短时间内具有法律同等效力的行政法规。法律性行政法规公布后 60 日内，如果内阁不报请两院将该法规制订为成文法，则该法规视为自始无效。

师辩护工作的负担。然而，这次修法却导致诉讼风险的大大增加。因此，在 1990 年再次修法时，实际上又恢复了 1950年以前的情况。这第二次重大的立法改革，是通过 1990 年第353 号立法完成的。值得注意的是，该法律并不是由"法律性行政法规"转变而来的，而是真正意义上的议会直接立法的产物——由此我们可以想象得到，这次立法的成果是何等的来之不易！1990 年的诉讼法改革后，除了上诉审判决或获得既判力的判决具有执行力外，一审判决也可以立即得到执行。随后，法典又规定最高法院在审理申诉案件时，不仅可以撤销适用法律错误或认定事实的理由不充分的上诉审判决（作为例外，还可撤销采取一审终审制的案件的一审判决），而且还可直接就实体问题作出新判决以取代旧的判决。此时，最高法院无需将案件发回重审，也不需要收集新的证据或对已经采纳的证据再次进行评估——也就是说，并不需要对案件事实作出新的认定（第 384 条）。最高法院的职责本就是统一全国法律适用，它也只进行法律审；如果要重新认定案件事实的话，最高法院必然会违背自己的职能。因此，在法典最早的文本中，最高法院审查认定案件事实的理由的权力就被限制于原审法院没有审查该事实，或法院对事实的认定有重大矛盾的情形（这也构成了第 360 条第 5 项的立法理由）。然而，最高法院的上述职权很快就得到了扩张：为了加强对"当事人权利"的保护，在 1950 年对法典进行修订时，最高法院的上述权力被扩张到了"原审法院认定事实理由不充分"的情形——也就是说，最高法院不仅在原审法院没有审查某项事实，而且在原审法院的审查实质上不够充分的情况下，也可以自己对案件事实进行认定，尽管此时确实存在违反最高法院本职的危险。不过，在2012年，《民事诉讼法典》又恢复了以前的规定：为了更一般性地强调最高法院统一全国法律适用的职能，新的立法限制了最高法院的上述权力以及相应的申诉条件（即使允许按这些条件提起申诉可能有重大意义），并专为审查申诉规定了确实有效的筛选程序（这些对申诉灵活多变的审查程序是在2006年修法时引入的，并在2012年通过第348条Ⅱ、Ⅲ的规定扩张到了对上诉的审查。这一改革实际上是引入了国外的模式，但引入的方式实在太过生硬）。

整个劳动诉讼的规则都规定在第二卷中。1973年第533号法律对其进行了进一步的反思和重构。最初，法典把重心放在了独任审理的公共事务官[1]身上，将该职位专业化，并在制度上保证其自治地位；此外，还在起诉阶段重新规定了非常严苛的导致丧失诉权的情形；第420条规定了开庭辩论时的口头辩论原则；第421条规定了法官展开案件调查的自主权；第423条第1、2款规定了判决预先支付一定款项的措施；最后，法典还规定，在判决有利于劳动者时，判决书可以被立即执行，而且当事人只需提交判决内容而无需提交完整的判决书。从1973年开始，处理从属性或半从属性劳动关

─────────

[1] 公共事务官（Pretore），是意大利曾经有过的一种法官职位，负责处理数额较低、案情简单的民事、刑事案件，同时承担各种公共事务职能。其司法管辖的范围主要包括涉及劳动、社保、小额民事诉讼、环境保护、健康保护、发布驱逐房客的许可等案件的一审，其行政职能主要包括行政处罚异议、公民身份登记、选举权的审查和选举、管理监狱等。同时，也负责监督调停法官的工作。通过1989年和1998年的两个立法，该职位已经被治安法官和地方法院所取代。

系问题的特别程序被扩张适用于其他敏感领域，例如城市不动产租赁和农业合同（包括租赁）引起的争议。

在1991年，法典引入了治安法官一职，负责管辖数额较小的案件和一些特殊案件（尤其是道路交通损害案件），同时废除了市政机构中的调停法官[1]一职。调停法官的管辖权，即使在1991年之前也显得小得不合时宜：早在1940年，意大利就已经有8000位调停法官，在他们的调停下，2/3的争端甫一出现即告解决。根据《民事诉讼法典》第113条的规定（该规定是在宪法法院作出2004年第206号判决后制订的），治安法官（他们都是获得法学文凭的、非宗教性的法官）在审理标的价值在1100欧元以内的案件时，应当按照衡平原则来处理——他们仅能根据处理该问题的示范性原则，而不是一般意义上的狭义的原则来审理案件；超过这个数额时，根据《民事诉讼法典》第114条的规定，如果各方当事人一致要求，由治安法官或地方法院按衡平原则——即优先按照"事物中包含的人性"来进行裁判。

第一卷的一般规定，尤其是第51条以下、第99条以下、第121条以下和第156条以下各条规定的基本原则，在这一时期变化很少。变化最大的是：关于司法裁判权的规定；关于法院管辖权、管辖权类型以及管辖权审查的规定；对地方法院合议性的保留；各诉讼请求以及各诉讼程序之间的关联等。

诉讼法的规则重新在实质意义上与当代《民法典》及其

---

〔1〕 调停法官（Giudice conciliatore），1991年以前设置在市政府的一种法官，主要负责处理邻里纠纷民事案件。1991年后调停法官被治安法官所取代。

新修订的第六编，即"权利的保护"一编相关联。这种关联是全方位的，尤其是在证据方面所有的静态规则上。如果将新、旧文本作个比较的话，该编最初的文本基本上是根据菲利普·瓦萨里[1]的建议来制订的，而且得到了两位程序法学家——即卡尔奈路迪和卡拉曼德雷的帮助，尽管他们在其他问题上的观点并不一致（我们当然不会忘记，他们的思想冲撞可谓是硕果累累，《民事诉讼法期刊》即为代表）。该编第四章对权利的保护作出了丰富而明晰的规定，其中除规定诉讼之外的权利保护方式外，还专门规定了权利的司法救济。这一章的前三条——从第 2907 到第 2909 条，勾勒出了当事人提出诉讼请求的原则（特殊情况下则由公诉人提起诉讼，或者公诉人由于案件涉及公共利益而参加诉讼，这后来演变成为《民事诉讼法典》第 69 条及其以下各条的规定）；并确定了诉讼和判决的基本规则；最后还规定了获得实质上既判力的判决的效力（这种效力在时间和形式上都意味着判决的不可改变性。判决产生实质上的既判力后，当事人就无法再对其提出任何常规性的质疑——这才是《民事诉讼法典》第324 条规定的形式上的既判力）。最为重要的是，《民法典》第六编第四章对财产责任作出了制度性安排，其中十分详尽地规定了不同类型的强制执行，包括因一方当事人未履行缔约义务而判决合同生效的新规定（《民法典》第 2932 条；奥奥文达过去就提出过这一规则）。所有这些规定都和《民事诉讼法典》

---

〔1〕 菲利普·瓦萨里（Filippo Vassalli, 1885~1955 年），意大利著名民法学家，于 1928~1942 年间主持编纂了《意大利民法典》。

第三卷关于执行方法和方式的详尽规定相关联。直至 2009 年，才在《民事诉讼法典》第三卷（这一卷原先的规定可能还更符合《民法典》一些）中第一次引入了一种十分具有吸引力的技术：通过被称为 astreintes[1] 的司法上的罚款来执行所有以作为或不作为为内容的不可替代之债。这一点现在被规定在《民事诉讼法典》第 614 条 II 中，学习的是法国法。

1940 年编纂法典的第三卷时，立法者对卡尔奈路迪过去 20 多年的研究给予了高度重视；此外，法典的编纂还得益于博洛尼亚学者雷邓迪的实践智慧和他年轻的学生卡尔纳奇尼（Carnacini）的学术天赋。最终，这部分的制度安排被证明既稳定又高效。这解释了为什么直到 2009 年和 2015 年夏天，立法者才对这部分内容作出大的修改，而且修改仅仅只发生在技术层面——经常针对的是技术性的细枝末节。这部分的修改，主要吸取了执行法官过去的经验，致力于提高扣押财产清算后的变现率和效率（重点考虑市场状况和债权实现障碍的动态变化）；更多地考虑到其他竞争性债权人参与执行的可能性；加强对债务人的债权和不动产的执行力度——这是银行信贷中亟待解决的关键问题；此外，修订后的执行程序也致力于确保债务人财产的透明度，从而确保即使不利用罚款这样一种显然只具有辅助效果的手段来促使债务人合作并披露其财产状况，其财产也可被扣押。

最后来看一下第四卷。这一卷可以说是各种特别程序的

---

〔1〕 Astreintes，源于法国法，是一种间接性强迫不履行债务的债务人履行债务的手段，即让不按照法官的要求完成给付的未履行债务的债务人支付一笔罚款。

大杂烩。其中特别值得一提的是强制令发布程序和租客驱逐效力的确认程序。这些特别诉讼程序不同于所谓的自主裁判[1]的诉讼：通常情况下，它们所适用的程序或多或少都较为简易。和其他各卷相比，这一卷中细碎的新规定简直数不胜数，而其中需要特别强调的，是 1990 年订立的、在理论和实践上都具有重要地位的 13 个法条（从第 669 条 II 到第 669 条 XIV）。这些法条旨在建立一个统一的预防诉讼制度。我们之所以能做到这一点，是因为我们现在更好地遵循了程序正义的要求，并真正确保了辩论原则和二级复查原则这两个原则的最高地位；而在过去，我们在这些方面做得都不够好。第 672 条关于司法保全性假扣押的规定就是一个典型：过去之所以采纳这一规则，是因为忽略了其他预防性决定的存在。这些决定中包括卡拉曼德雷提出并最终规定在《民事诉讼法典》第 700 条中的"特别紧急的情况下提前作出的决定"。

第四卷最后一部分全面规定了仲裁制度（在很多国家，仲裁是通过特别立法来规范的），这是一个非常古老的制度。意大利从 1940 年开始就不再把仲裁理解为一种诉讼外的调解机制。1865 年的法典曾经把仲裁和调解放在一起进行规范，而现在却把仲裁看作一种确定的、以法律规范或衡平原则（如果当事人这样要求的话）为基础的、在很多实质方面（尤其是效力方面）都和司法途径没什么区别的纠纷解决机

---

〔1〕 自主裁判（Volontaria giurisdizione）：在意大利的司法体制下是一种由司法机构进行的民法上的行政性活动。不同于权利的司法保护，这种活动的目的不是为了保障权利，而是为了补充或实现某种私人主体状态或家庭状态（如夫妻协议分居就必须由法院按照法律规定来宣告），或实现某一项确定的权力（如处置未成年人的财产），或补足法人的设立、变更和终止的构成要件。

制。其中，虽然早在一个世纪之前学理和判例就已经接受和认可了由成文法规范化了的仲裁（也就是所谓的程序性仲裁）和仅仅以合同为基础的仲裁（也就是所谓的非程序性仲裁或自由仲裁）之间的关系，但成文法对这一点的接受和认可，却一直拖延到1993年和2006年的两次诉讼法改革。这两次改革致力于进一步规范诉讼制度，更好地协调仲裁机构和国家法院之间的相互关系，扩大有瑕疵的仲裁的救济范围，加强证据的采纳，最终保证仲裁的公正性。在第四卷的最后一个部分，即第839条和840条后面（这两条规定的是对境外仲裁书的承认），将来可以再加上意大利有关集团诉讼的规定。目前，集团诉讼仍只规定在《消费法》第140条Ⅱ中；该条将集体救济的适用对象局限于消费者（他们自愿成为原告集体中的一员）的损害赔偿之债——这还是传统的做法，如今看来已经有点过时了。

在2011年第150号立法性行政法规[1]中，意大利政府行使议会根据2009年第69号立法委托给它的立法权，对不同时期制订的、独立于《民事诉讼法典》之外的一系列特别法所规范的特别程序作出了系统性的统一规定。根据该法规的规定，这些特别案件有的适用一般的审理程序，有的适用劳动争议程序，不过大多情况下适用的则是简易程序——也就是适用《民事诉讼法典》第4卷第702条以下各条的规定。因此，虽然这些特别案件所适用的是《民事诉讼法典》之外的法源，但是该法规在功能上也确实构成了《民事诉讼法

---

〔1〕 立法性行政法规（Decretolegislativo），参见第14页注释〔1〕。

典》体系性的组成部分。这个法规将那些过于陈腐的和极度琐碎无聊的程序进行了革新;对于错误地适用了某一程序的情况,该法规还规定了非常现代化的机制,以便灵活地转换诉讼程序。迄今为止,没人能对该法规提出有依据的违宪性方面的质疑(与之相比,现在包括程序法在内的许多立法都经不起合宪性的质疑,有些立法甚至对合宪性问题置若罔闻)。

三、法典体系对法官权力和当事人权力的协调

索尔弭的建议稿特别强调诉讼程序的简单和快捷,这同样也是法西斯制度所鼓吹的价值。通过在地方法院中设置独自审案的法官(同样的情况还包括那时的公共事务官和调停法官),很大程度上废除了以合议性为标志的传统合议制,只有在整体上对案件进行直接重新审理[1]时,才留有适用合议制的余地(而 1990 年改革之后的第 50 条 II 也只规定了少数例外)。他们想要赋予独自审案的法官引导诉讼程序的专断权力,即所谓的实质性的程序控制(*materielle Prozessleitung*),而不仅仅是形式上的控制。在这些权力中,在证据的选择和采纳方面,存在一种法律没有界定、底线不清的究问权;与此同时,独自审案的调查法官还有权要求律师和当事人本人(法官可以在任何时候要求该当事人本人出庭)回答法官讯

---

〔1〕 直接重新审理(Giudizi devolutivi di gravame),是一种对有错误的判决进行纠正的诉讼程序,但在学理上,有别于狭义上的对判决的质疑。狭义上的质疑针对的是判决书的某些特定问题,并且要求先撤销原判决,再重新组成法庭审理案件,并作出取代被撤销的原判决的新判决——撤销原判和重新审理是两个相区分的阶段;而直接重新审理是对整个判决的所有方面都提出质疑,并且不需要对原判决的合法性进行审查,而由有相同权力的法官直接进行重新审理以取代原来的判决。

问并揭示案件真相（第 117 条）。

　　法官同样也垄断了案件事实的证明权，而当事人只能部分地分享这一权力。不过，法典编纂时并没有特别执着于"纠问制"和"处分制"之间的争论[1]，而是作出了一定程度的妥协（正如卡拉曼德雷通常所做的那样）：尽管调停法官和公共事务官享有案件调查的全权，但调查法官的权力却受到部分限制：他们不能决定证人证言和书证——其中包括鉴定结论（后来对鉴定结论这项证据进行了实质性修改，并最终改名为"专家报告"）。1999 年后，公共事务官这一法官职位被废除，地方法院独自审案的调查法官承袭了公共事务官推动调查取证的全权。不过，在最近的 15 年中，调查法官在维持自身的中立地位方面做得很少，而且也没有认真考虑律师在调查取证中本应享有的地位。

　　总之，卡拉曼德雷在其主持编纂《民事诉讼法典》的过程中，逐渐显露出一个右翼分子近乎保守的自由主义情操，后来更表现出对于辩论原则和职业传统的极度忠诚。他在立法过程中说服了格朗蒂，并通过格朗蒂的影响力，也说服了1939 年 10 月成立的国会立法委员会的其他官员，最终采纳了

---

　　〔1〕　纠问制（Principio inquisitorio），指在诉讼过程中，法官在认为原告有某项权利需要保护时，可以自行为原告主张该权利，并为原告收集相关的证据的制度；处分制（Principio dispositivo），指在诉讼过程中，由当事人自己来决定是否要主张某项权利，并由当事人自己来提供证据的制度。通常认为，纠问制仅适用于刑事诉讼，但实际上刑事案件中为保证法官的中立地位，究问和举证的工作通常是由一名公诉人来完成的；民事诉讼原则上应奉行处分制，即由当事人自己来处置自己的利益，但这种做法对无力聘请律师的弱势方当事人不利。因此，意大利诉讼法仍然赋予法官较大的案件调查权，在当事人无法自己主张权利或举证时，法官可以采取适当的措施代其主张权利或举证。在这种诉讼模式下，纠问制和处分制之间的分歧在一定程度上被调和了。

一份平衡的、符合诉讼工作者习惯的草案。草案没有规定披露真相的义务，取而代之的是一般性的诚实义务——这一成果可谓弥足珍贵——据此，草案采取了一种复杂而巧妙的方式，在整体上的合议制（尽管在实行时充满了混乱）和奉行唯我论[1]、蕴藏着专断因素的独任制之间取得了微妙的平衡：草案从调查法官的工作开始——他们从第一次开庭到倒数第二次开庭（即总结陈词的开庭）前，通过裁定的方式处理（包括证据上的）争议、灵活地推动诉讼进行；随后根据第 187 条关于调查法官"移送案件"的规定，案件被移交给合议庭进行判决。判决以判决书的形式作出，通常应该就所有诉讼请求作出判决，但在个别案件中也可以仅就部分诉讼请求作出判决（第 187、279 条）——在此之前，要经过两个期间的转换，即由最后的总结陈词阶段过渡到公开开庭辩论阶段（辩论以口头方式进行，因此这一阶段耗时甚短）。

在从 1939 年底到 1940 年初的 9 个月中，以卡拉曼德雷和孔佛尔蒂二人为主的立法团队在青年法官卢果（Lugo）的协助下，以简单而灵活的诉讼政策为基本方针，专门设计出一些具备特定功能的规则——它们对后来所有新规则的制定都产生了深刻影响。这些规则中特别值得一提的是，草案赋予了合议庭对独自审案的法官在调查阶段作出的裁定在最终环节上的审查权。刚开始时，这一权力还只限于修改或撤销

---

〔1〕 唯我论，指以笛卡尔和贝克莱为代表的一种唯心论哲学思想，其核心观点不仅否认外部客观世界的存在，也否认他人精神和意识的存在。认为自我的意识具有不可言说的私人性，人只有通过类比才能了解他人的思想。

调查法官的裁定；后来，这一权力逐渐发展成为一种可以真正对独自审案的法官在调查阶段作出的裁定进行"重新审理"[1]的权力，当事人可以直接向合议庭提出对裁定的质疑并要求合议庭行使这一权力。调查法官本人也是合议庭的成员之一，并在开庭时担任发言人：以此确保其在当事人眼中的权威性——权威国家在任何情况下都不会放弃其权威性。随后，合议庭可以作出四种不同的非定案性判决：①留待以后再确定应支付的具体数额的不涉及具体数额的判决（其中可以包含、也可以不包含预先判给债权人的款项）；②对阻碍诉讼继续进行的先决问题所作出的判决，这些先决问题可以只是程序上的或涉及程序上先决条件的问题，也可以是诉讼条件方面的问题；③对应当先予处理的、较为简单的实体问题——即对调查阶段所发生的法律事实（比如权利因过期不行使而失效或发生导致诉权丧失的其他情形）所作出的判决；④最后，还包括部分判决或仅针对某些诉讼请求的判决（当事人在同一诉讼程序中，可能还会陆续向调查法官提出新的、但因条件尚不成熟而无法立即对其作出决定的诉讼请求）。过去曾经倾向于限制针对这些判决提出的质疑，不过在1950年的重要改革中，立法者采纳了律师们的意见，进一步减少了法典的专断因素，废除了起诉阶段对当事人诉权的限制，允许当事人选择要么对各种非定案性判决立即提出质疑，要么先保留诉权等到将来再提出质疑。

---

[1] 重新审理（Gravame），参见第22页注释 [1]。

四、法典的持久性及其原因，以及对法典越来越多的局部增补和令人烦恼的修改及替换

我们注意到，几乎所有欧洲的诉讼法典都有很强的生命力。尽管1806年的《拿破仑民事诉讼法典》在其存续期间被加入了大量内容（通常是局部的补充），有时甚至被大范围的重构（但从来都没有发生过触及作为法典基础的"一般规定"部分或涉及各种决定的构成要件的全局性重构），但直到近40年之前，该法典才被新法典替代。就意大利《民事诉讼法典》而言，我们也可以发现很多重要规定，它们在整个法律体系中总能保持自身持久的稳定性。例如：第81条（限制代替他人进行诉讼），第100条（诉讼行为中的利益），第102、103条（必要和任意诉讼参加人），第105~107条（自愿参加诉讼和被要求参加诉讼的类型），第108、109条（一方当事人债务的免除），第110、111条（继承问题），第112条（请求和判决的对应性），第115、116条（证据规则）以及很多其他法条——其中也包括第一卷之外的规定：例如第700条对要求法院作出紧急决定的合理要件的规定，以及第670、671条关于两种假扣押的规定。这些规定从1940年至今完全没有发生任何变化（这一点是非常幸运的）。相反地，对第183、184条关于口头或书面审理的规定、第283条关于一审判决书执行效力中止的规定、第360条及其以下各条关于受理向最高法院提出的最后的申诉所应具备的必要条件的规定所进行的修改则从来都没有中断过。

由此可以看出，在法典中暗藏一条分界线：在分界线的

一边，是那些可以永载史册的法学家们简明而优雅的立法杰
作（这些法学家，正如那个时代人们所说的那样，同时是理
论和实践上的天才），与围绕民事司法危机展开的争论以及对
这一危机经常随心所欲和过于草率的干预相比，法典这部分
的规定显得十分稳定和持久，这些规定之所以具有高度的稳
定性，是因为它们所关注的并不是抽象的诉讼程序，而是实
体法和司法确定性之间的关联——它们致力于协调二者的复
杂性；在这条分界线的另一边，约占法典文本 3/4 篇幅的规
则所构建出的诉讼程序则显得生硬而突兀。为此，每任政府
几乎每年都会通过往往同样生硬的方式将一些新的法条嵌入
法典，这种做法让我们的诉讼法典总是变得更为冗长、繁杂、
难以记忆和教授（有时法典的规定完全就是难以理解的谜
团）。我们不得不每年都将去年的法典付之一炬，对法典的评
注也总是过早地丧失时效。看似难以理解的是：各部或立法
委员会的成员之所以习惯于奉行这种"病态的行动主义"，
恰恰是因为他们过于沉迷于探究在诉讼程序中应设计怎样的
阶段转换的"关节点"或内部运行机制，才能更好地保障近
乎神秘的"审限合理性"。实际上，这些研究往往既不合逻
辑也不人性化，因此除了在引入那些新鲜玩意儿上浪费时间、
或因其不确定性而增加诉讼交易成本外，并没有产生任何有
价值的成果。法典的其他部分则关系到权利保护的基本结构，
这部分内容太过重要而不容随意改动。因此，人们也总是对
此保持敬畏之心，克服对诉讼效率的过度追求，避免新规则
的不断增加。

　　无论是要求不断修改诉讼法的"干预主义"的自我宣

扬，还是那些随心所欲修改诉讼法的人对诉讼内在"关节点"所具有的神秘属性的敬畏，都可以在事实上说明：尽管已经出现了一些新法典的建议稿，安德雷亚·普罗托·皮萨尼（Andrea Proto Pisani）最近还主持制订了一个新法典的研究性草案，但实际上我们还没有到需要制订一部新诉讼法典的时候！然而，在继续推动意大利和欧洲司法全面数字化和一体化进程的背景下，对意大利民事诉讼法概念体系进行重构的需要自身就可能会催生出一部取代卡拉曼德雷-格朗蒂法典的新法典（卡拉曼德雷，这位伟大的托斯卡纳人，本人就是一位极富想象力和行动力、先知先觉的政治家，他预先就估计到了1943年7月所发动的和平政变，并十分巧妙地进行了自我保护；在这之前，在所有人都开始对未来感到绝望的时候，正是卡拉曼德雷作出了重要的抉择，他不仅唤醒了格朗蒂的爱国热情，使之成为一位真正的爱国知识分子，而且有效地坚守住了自己丰富而平衡的立法规划）。例如，英美诉讼法中，当事人并不被强行要求承担披露真相的义务，这种做法也已经为欧洲大陆的一些国家所接受；但在意大利，尽管学理上早就准备好了接受英美法的这种观念（实际上，卡拉曼德雷早在其20世纪30年代的学术著作中就已经探讨过这一问题，他非常谨慎地提出了将披露真相的义务仅作为一种"法庭伦理规则"的做法，而这一"法庭伦理规则"现在几乎已经被完全废除了），但现实中，法律对此的态度却是谨小慎微的：我们没有立刻就在所有的民事争议中完全废除这一义务。

意大利以及对意大利法学独一无二的黄金时代给予了高

度重视的拉丁美洲的学理，都较为一致地将我们的诉讼所存
在的问题（例如令人无法忍受的漫长的审理过程，以及案件
审理质量的下降等）主要归因于日渐萎缩和越来越混乱的财
务和人事状况、数量上过于庞大的律师队伍和不合理的律师
职业状况以及审判者的僵化。然而，学理并没有关注到引起
上述问题的另一个重要因素：在司法实践中，通过对法典的诠
释（这种诠释是以被说得神乎其神的"合理审限"的不惜代价
的研究活动为基础而发展起来的）而获得实质性内容的"法典
的理性结构"自身对诉讼所施加的限制（这些限制有时是突然
出现的）。在我们看来，和意大利《民法典》及其第六编的情
况一样，对于那些能认真阅读诉讼法典的《立法报告》（该报
告对法典作出了非常清楚的说明），因而能够从多变的意识形
态因素的错误引导，和无数不断被随意修改的新规定的迷雾中
拨云见日，并在此基础上深入研读《民事诉讼法典》的人而
言，该法典确实是一部厚重、深刻而又稳定的作品。我们可以
自豪地说，这是一部植根于古罗马传统的伟大作品——对这一
传统的尊崇，实际上是法典唯一真正奉行了的一种法西斯主
义价值观。我们可以从法典简单明了的语言风格（法典在语
言上刻意与5~19世纪以来的专业术语和精神保持了距离），
以及法典所表现出的在洞悉事理和人性方面的圆滑和相对主
义的价值立场中，看到古罗马传统对法典所造成的影响。

克劳迪奥·孔索罗

2016年10月

第二卷　审理程序

第三卷　执行程序

第四卷　特别诉讼

《民事诉讼法典》实施细则和过渡性规则

CONTENTS 详 目
意大利民事诉讼法典

第二卷　审理程序

第三卷　执行程序

第四卷　特别诉讼

《民事诉讼法典》实施细则和过渡性规则

第一卷

总　则

第一章 法 院

第一节 有关司法裁判权和管辖法院的一般规定

第1条 普通法院的司法裁判权

除法律另有规定（第 806 条，《海事法》第 585 条）外，应当由普通法院根据本法典的规定行使民事司法裁判权（第 37 条，《民法典》第 2907 条，《宪法》第 102、103 条，《海事法》第 14 条）。

第2~4条 （已废除）

第5条 确定司法裁判权和管辖法院的时点

即使法律或案件的事实状况在原告起诉后又发生了变化，案件的司法裁判权和管辖法院仍应根据原告起诉时（第 163、316、414 条）有效的法律以及案件事实状况来确定。

第6条 有关管辖法院规定的强制性

除非法律另有规定（第 28 条以下，《民法典》第 1341 条），当事人不得通过协议排除有关管辖法院规定的适用。

第二节　根据案件性质和金额确定管辖法院

第7条　治安法院的管辖范围

除非法律规定了其他法院的管辖权，否则治安法院有权管辖标的金额不超过 5000.00 欧元的动产案件。

治安法院还有权管辖机动车、船舶和航空器肇事引起的、诉讼标的金额不超过 20 000.00 欧元的损害赔偿案件。

此外，无论诉讼标的金额是多少，治安法院都有权管辖以下案件：

1）在涉及树木种植和树篱搭建问题上，有关定界和按照法律、法规和习惯保持适当间隔的案件；

2）有关区分所有的住宅建筑物使用上的限制和使用方法的案件；

3）有关用于居住的不动产的所有人或承租人之间涉及烟雾、热量、排气、噪音、震动或其他类似的、超出通常容忍限度的排放或干扰的案件。

3）II有关社会保障或社会协助供给迟延的利息和附带损失的案件。

第8条　（已废除）

第9条　地方法院[1]的管辖权

地方法院对其他法院无权管辖的所有案件都享有管辖权。

地方法院对下列案件有排他性的管辖权：税费的缴纳、个人的身份和法律上的能力、名誉权、伪造之诉、强制执行以及其他难以确定标的价值的诉讼案件。

第10条　案件价值的确定

确定管辖法院需要考虑案件的价值。案件价值的计算应以诉讼请求为基础，按下款规定进行。

---

〔1〕　地方法院（Tribunale），管辖普通的民事、刑事案件以及治安法院的上诉案件。

计算案件的价值时，在同一诉讼程序[1]中，针对同一人的诉讼请求应合并计算；在案件受理前发生的迟延利息、支出和损害赔偿（《民法典》第1282、1223条以下，第2043条以下）也应以金钱形式合并计算（第31、104条）。

第11条 涉及按份之债的案件

多数债权人提出请求或多数债务人被请求（第102、103条）按份履行债务时（《民法典》第1314条），案件价值应按整个债务关系的价值来确定。

第12条 涉及债务关系、租赁和财产分割的案件

涉及债务关系是否存在、其合法性和终止的案件（《民法典》第1173条以下），其案件价值应以债务关系中发生争议的部分为基础予以确定。

（原第2款于1995年4月30日废除）

财产分割（《民法典》第713、1111条）之诉的案件价值应按被分割的积极财产的整体价值来确定（第784条以下）。

第13条 涉及抚养费、扶养费、赡养费和年金的案件

涉及抚养费、扶养费或赡养费的定期给付的案件（《民法典》第433条以下），对权属有争议的，其案件价值应按2年的应给付总额予以确定。

涉及永久年金的案件（《民法典》第1861条以下），对权属有争议的，案件价值按20年的年金数额予以确定；涉及临时年金或终身年金的案件（《民法典》第1872条以下），应将诉讼请求中主张的

---

[1] 意大利的诉讼法中，案件（causa）、诉讼（procedimento）和诉讼程序（processo）是相互关联但又有所不同的概念。具体而言，一个案件有可能引发多个诉讼；而同一诉讼也可以同时处理多个关联案件。当事人行使同一诉权可以多次提起诉讼，从而产生多个诉讼程序；这时，一个诉讼程序的终止并不导致诉讼终止，当事人还可以再次就同一案件起诉。

年数累积起来以计算案件价值，但累积的年数最多不超过 10 年。

前款规定也可用于确定涉及让与人权利的案件（《民法典》第 957 条以下）的价值。

第 14 条　涉及金钱或动产的案件

涉及金钱或动产的案件（《民法典》第 812 条），案件价值按原告主张的金钱数额或物之价值予以确定；不能确定上述主张的，则推定案件受地方法院管辖。

第 15 条　涉及不动产的案件

涉及不动产的案件（《民法典》第 812 条），其案件价值为到案件受理之日止发生的地租和建筑物房租乘以以下数字所得的乘积：

涉及所有权的案件，乘以 200（《民法典》第 832 条）；

涉及用益权（《民法典》第 978 条）、使用权（《民法典》第 1021 条）、居住权（《民法典》第 1022 条）、空头所有权和永佃权的案件（《民法典》第 959 条），乘以 100；

涉及地役权的案件（《民法典》第 1027 条），为供役地地租乘以 50；

定界案件（《民法典》第 950 条）中，所有权权属有争议部分的价值已经确定的，则按其确定案件价值；否则由法官按照下述规则确定案件价值：

案件受理时可以确认地租或建筑物房租的，由法官按照诉讼请求来确定案件价值；诉讼中没有提供确定案件价值所必需的要素时，法官应当认为案件价值难以确认（第 9 条）。

第 16 条　（已废除）

第 17 条　涉及强制执行的案件

对强制执行（第 615 条）提出异议的案件，其案件价值按执行标的的价值予以确定。

涉及第三人根据第 619 条提出执行异议的案件，按争议财产的价值予以确定。

涉及财产分配引起争议的案件（第 512 条），按争议的最高数额予以确定。

第三节 地域管辖

第 18 条 自然人的一般管辖

除法律另有规定外，案件由被告经常居住地或住所地的法院管辖（《民法典》第 43 条）；无法确认上述地点时，案件由被告居住地法院管辖（第 139 条，《民法典》第 43 条）。

被告在意大利既没有经常居住地、住所地，也没有居住地或居住地无法确认的，案件由原告经常居住地法院管辖。

第 19 条 法人和非法人社团的一般管辖

除法律另有规定外，被告为法人时，案件由该法人住所地法院管辖（《民法典》第 16、46 条，第 2328 条第 2 款，第 2463 条第 2 款，第 2521 条第 2 款）；此外，案件也可以由法人分支机构和为应诉而授权的诉讼代表所在地的法院管辖（第 77 条，《民法典》第 41 条）。

为确定管辖法院，不具备法人资格的公司（《民法典》第 2251、2291、2313 条）、《民法典》第 36 条以下所规定的非法人社团和委员会持续性开展活动的地点为住所地。

第 20 条 债权案件中的选择管辖

涉及债权的案件，也可以由争讼债务关系发生地和债务履行地的法院管辖（第 12、413、444 条，《民法典》第 1182、1326 条）。

第 21 条 涉及物权和占有保护案件的管辖

涉及不动产物权的案件，涉及不动产租赁或无偿借用和以企业为标的物的租赁的案件，以及涉及划定地界并根据有关树木种植和栅栏设置的法律、法规和惯例规定设定不动产间距离的案件，由不动产或企业所在地法院管辖。不动产分属多个司法辖区时，则由缴纳国税最高的那部分不动产所在地的法院管辖；该不动产无须纳税的，则不动产所在各个辖区的法院均有案件管辖权。

涉及占有保护的案件（第 703 条以下，《民法典》第 1168 条以下）、涉及对新施工进行控诉和担忧损害（第 688 条，《民法典》第 1171、1172 条）的案件，由所主张事实发生地的法院管辖。

第 22 条　继承案件的管辖

继承开始地（《民法典》第 456 条）的法院对下列案件有管辖权：

1）申请遗产继承人资格确认以诉请返还遗产（《民法典》第 533 条）和遗产分割（第 12、784 条，《民法典》第 713 条）的案件，以及涉及遗产分割前共同继承人间的任何其他争议（第 784 条以下）的案件；

2）继承开始后 2 年内请求撤销遗产分割（《民法典》第 763 条）和继承份额担保（《民法典》第 758 条）的案件；

3）在继承开始后 2 年内、遗产分割前，债权人向死者主张债权（《民法典》第 752 条）或受遗赠人要求继承人履行义务（《民法典》第 662 条）的案件；

4）在前项规定的期限内，控告遗嘱执行人（《民法典》第 700 条以下）的案件。

继承开始于意大利共和国境外时，上述案件由意大利共和国内大部分遗产所在地法院管辖；如果没有上述地点，则由被告或任一被告经常居住地（《民法典》第 43 条）法院管辖。

第 23 条　公司股东间或共有人间案件的管辖

股东间（《民法典》第 2247 条）的案件由公司所在地（第 19 条，《民法典》第 46 条）法院管辖；共有人（《民法典》第 1117 条以下）间的案件，由共有财产或大部分共有财产所在地法院管辖。

只要在财产分割后的 2 年内提起诉讼，本条规范也适用于终止之后的公司或共有关系。

第24条 监护和财产管理案件的管辖

涉及监护中管理（《民法典》第 343 条以下、第 424 条以下）的案件，以及根据法律或相关部门授权进行财产管理的案件，由监护或管理行为实施地法院管辖。

第25条 行政机构案件的管辖

一方当事人是国家行政机构的案件，根据法律有关特定案件中国家诉讼代理和辩护的具体规定，由国家法律顾问局[1]所在地所属辖区的、根据法律对该案件通常具有管辖权的法院管辖。如果该行政机构是被告，上述辖区应依据债务发生地或履行地，或作为诉讼标的的动产或不动产所在地予以确定。

第26条 强制执行案件的管辖

对动产（第 513 条以下）或不动产（第 555 条以下）的强制执行，由物之所在地法院管辖。如果被强制执行的不动产并不完全处于某个法院的辖区内，则按照第 21 条的规定执行。

对机动车、摩托车及拖斗的强制执行，由债务人经常居住地、住所地、居住地或办公场所所在地法院管辖。

对作为和不作为之债的强制执行（第 612 条以下，《民法典》第 2931、2933 条），由债务本应被履行之地的法院管辖（《民法典》第 1182 条）。

第26条 II 债权强制执行的管辖

债权人是第 413 条第 5 款所规定的公共行政机构时，除非特别法有专门规定，对其债权的强制执行应当由第三方债权人的经常居

---

〔1〕 国家法律顾问局（Avvocatura dello Stato），其职能是为国家的行政机构提供法律顾问服务，并为其在各种诉讼（包括民事、刑事、行政、仲裁、欧共体和国际诉讼等）中提供辩护。

住地、住所地、居住地或办公场所所在地法院管辖。

除了第 1 款规定的情况外，对债权的强制执行，应当由债权人经常居住地、住所地、居住地或办公场所所在地法院管辖。

第 27 条　执行程序异议案件的管辖

对于根据第 615 和 619 条的规定对强制执行提出异议的案件，除第 480 条第 3 款（第 28 条、第 618 条 Ⅱ）规定的情况外，由执行地（第 17 条）法院管辖。

对单个执行文书或行为提出异议（第 617 条）的案件，由正在处理执行案件的法院管辖。

第 28 条　当事人的协议管辖

除了第 70 条第 1~3、5 项涉及的案件、涉及强制执行（第 26 条、第 483 条以下）或执行异议（第 27 条、第 615 条以下）的案件、诉讼保全（第 669 条 Ⅱ 以下）和占有保护（第 703 条以下）的案件、法官评议会处理的案件（第 737 条以下），以及民事立法明确规定不得排除管辖权的其他案件外，地域管辖的规定均可以由当事人通过约定（第 29 条）予以排除。

第 29 条　当事人协议管辖的形式和效力

当事人排除法律关于地域管辖规定（第 18 条以下）的协议，必须涉及案件的某个或多个要素，且必须采取书面形式。

除非有明确约定，协议管辖并不排斥其他法院对案件的管辖。

第 30 条　依据择定住所地进行的管辖

对根据《民法典》第 47 条的规定选择了住所地的法人，可以在该住所地法院对其提起诉讼（第 141、170 条）。

第 30 条 Ⅱ　法官作为当事人的案件的管辖

法官作为当事人的案件，如果根据本章规定本应由该法官所属系统的上诉法院辖区内的司法机构管辖，则转由根据《刑事诉讼法典》第 11 条的规定予以确定的、位于该上诉法院辖区首府所在地的、对案件具有同等管辖权的法院管辖。

如果某法官在进入诉讼后，调职到根据前款所确定的辖区工作，则该案件应交由根据《刑事诉讼法典》第 11 条关于新地点的规定予以确定的、位于其他上诉法院辖区的首府所在地的法院管辖。

第四节　关联案件导致的管辖权变更

第 31 条　附带性案件

对主要的诉讼请求有地域管辖权的法院也可审理附带性的诉讼请求，以便在同一诉讼程序中处理该请求，但此时还必须考虑到第 10 条第 2 款涉及案件价值的管辖规定（第 18、40、274 条）。

第 32 条　担保案件

受理主案的法院可以在同一诉讼程序中审理对第三人的担保请求。如果诉讼请求的总价值超过了该法院的管辖权，它必须将两个案件都呈交给上级法院，并给当事人指定重新起诉的固定期限。

第 33 条　共同诉讼

根据第 18、19 条对多人提起的诉讼，应当由不同的法院进行审理；如果案件在标的或权属上存在关联，也可以由某一被告经常居住地或住所地（《民法典》第 43、46 条）的法院在同一诉讼程序中进行审理（第 103、274 条）。

第 34 条　附带性审查

根据法律规定（《民法典》第 124 条）或当事人的明确申请，法官应当以终局性裁定（第 324 条，《民法典》第 2909 条）的方式，对涉及案件性质或价值方面的上级法院的管辖权作出裁定，将案件转呈该上级法院，并为当事人指定向上级法院重新起诉（第 50 条、307 条第 3 款，《施行细则》第 125 条）的期限（第 153 条）。

第 35 条　拒绝抵销

当案件涉及拒绝抵销（《民法典》第 1241 条），而争讼的债务数额超出了法院有关案件价值的管辖权时，如果诉讼请求所依据的权属没有争议或易于确认，法院可以仅就该诉讼请求作出判决，并把案件转呈对抵销拒绝的决定有管辖权的上级法院，以处理有关抵销拒绝的问题，同时，在需要时，可以让当事人提供担保后即执行判决（第 119 条）；否则，案件仍应按上一条的规定处理。

第 36 条　反诉

只要反诉的性质或价值不超出本诉案件法院的管辖权，对本诉案件有管辖权的法院，也同样有权管辖基于原告诉讼请求所依据的同一权利，或基于可以对抗原告诉讼请求的一项权利而提起的反诉案件（第 167、416 条）；否则，案件仍应按前两条的规定处理。

第五节　无司法裁判权、无管辖权和管辖权冲突

第 37 条　无司法裁判权

对应由行政机关或特别法院管辖的案件，普通法院可以在诉讼程序中任何审级的任何时间自主地主张其没有司法裁判权（第 41、360、382 条）。

第 38 条　法院无管辖权

因案件性质、价值或地域引起的管辖权异议必须在答辩状中毫不迟疑地提出，超过期限则不得再提出异议。如果当事人在其涉及地域管辖的异议中，没有表明他认为哪个法院有管辖权，则应视为未提出异议。

除第 28 条规定的情况外，如果出席了诉讼的双方当事人就某法院的地域管辖权达成了共识，那么只要当事人在案件被法院的立案登记处注销之日起的 3 个月内重新起诉，他们一致认可的法院仍然具有管辖权。

根据第 28 条的规定而提出的涉及案件性质、价值和地域的管辖权异议，应该由法官自主地在第 183 条规定的首次开庭之前提出。

为确定管辖权，在处理前面几款规定的问题时，可以直接依据相关诉讼文书作出决定；在必要时，对被告或法官提出的异议，也可以要求当事人提交简要的证明材料。

第 39 条　重复管辖和涵盖其他案件的案件

如果同一当事人就同一案件向不同的法院提起诉讼，受理后案的法院可以在任何审级的任何时候自主地发布一个表明管辖重复的裁定（第 42、43 条），并由法院的立案登记处注销该案（第 279 条）。

当一个案件涵盖了其他案件时，如果受理先案的法院同样也有权管辖后来由其他法院受理的案件，受理后案的法院应发布一个表明先案涵盖了后案的裁定，并为当事人指定一个固定期限（第 153 条），在此期限内，当事人应当就后案的内容向受理先案的法院重新起诉（第 50 条，《实施细则》第 125 条）。如果受理先案的法院无权管辖后来由其他法院受理的案件，则受理先案的法院应发布一个表明后案涵盖先案的裁定，并为当事人指定一个期限，当事人应在此期限内就先案的内容向受理后案的法院重新起诉（第 42、44 条）。

案件受理的先后顺序以起诉状[1]（第 137 条以下、第 163 条）送达或提起申诉的先后顺序为准。

第 40 条　关联案件

如果关联案件被不同的法院受理，而这些案件由于相互关联（第 31 条以下）而可以在同一诉讼中处理（第 274 条），法院应发

---

〔1〕诉状（Citazione），用于提出诉讼请求、传唤当事人出庭的诉状，详见第 163 条的注释。

出指令，为当事人指定一个固定期限（第 153 条）；当事人应在此期限内向受理主案或最先受理案件的法院重新就附带性案件起诉（第 39、42、50 条，《实施细则》第 125 条）。

首次开庭后（第 183 条），当事人和法院就不能再主张存在关联案件了。如果主案或最先受理的案件的情况表明其不适于合并[1]，法院也不能移送案件（《海事法》第 1040 条）。

在第 31、32、34~36 条规定的情况下，无论关联案件是在起诉时就被合并受理，还是在分别受理后才被合并，除了根据第 409 条和 422 条的规定其中有一个案件应当适用特别诉讼程序规则外，其他情况下都必须按照普通程序对案件进行审理和判决。

如果关联案件涉及不同的特别诉讼程序规则，则这些案件应该按照被用以决定合并后案件管辖权的那个案件所适用的程序规则进行审理和判决；如果没有这样一个案件，则应按照诉讼标的额最高的那个案件所适用的程序规则进行审理和判决。

如果案件已经按照不同于本条第 3 款的规则进行了审理，则法官应按照第 426、427、429 条的规定进行处理。

如果根据第 31、32、34~36 条规定的某种情况，某一应由治安法院管辖的案件与另一应由地方法院管辖的案件发生关联，则相关的诉讼请求可以由该地方法院在同一诉讼程序中一并进行审理。

如果根据第 6 款的规定，当事人分别在治安法院和地方法院都针对关联案件提起了诉讼，治安法院的法官必须表明为了便于地方法院的审理，关联案件应由地方法院合并审理。

---

〔1〕 不适于合并的情况包括：关联案件中有的案件已经快结案了，或者关联案件并不处于同一诉讼阶段，合并审理将会造成诉讼拖延；合并将导致案件的审理变得复杂加重诉讼负担等。

第六节 对司法裁判权和法院管辖权问题的审查

第 41 条 对司法裁判权问题的审查

在对案件实体问题作出一审判决（第 227 条）之前，任何一方当事人都可以申请最高法院进行全院庭审[1]以解决第 37 条规定的司法裁判权问题（第 374、382 条）。这一申请必须根据第 364 条及其以下各条的规定提出，并可产生第 367 条所规定的法律效果。

在案件的司法裁判权经取得既判力的终局性判决确认之前，并非案件一方当事人的行政机关可以在该案诉讼程序的任何审级和任何时间，根据相关法律规定授予行政机关的职权，要求（第 368 条）最高法院全院审判庭对普通法院的司法裁判权瑕疵进行裁判。

第 42 条 对法院管辖权问题的必要审查

确定案件管辖法院（包括第 39、40 条规定的管辖权）的裁定并不影响案件实体问题的处理（第 279 条）；根据第 295 条的规定中止诉讼程序的裁定，也只可能因必须审查法院管辖权的申请而受到质疑（第 47 条，《实施细则》第 187 条）。

第 43 条 对法院管辖权问题的任意性审查

如果对案件管辖法院的质疑是与对实体问题判决的质疑一起提出的，针对案件管辖法院和实体问题（第 277、279 条）的判决可能因对法院管辖权进行审查的申请（第 47 条，《实施细则》第 187 条）或因常规的质疑方式（第 323 条）[2]而受到质疑。

如果一方当事人运用常规质疑方式质疑了法院的判决（第 323 条），其他当事人仍然可以提出任意性的申请，要求审查法院管辖权（第 47 条）。

---

〔1〕 由最高法院全部的 8 名大法官和院长（共 9 人）组成合议庭进行裁判。

〔2〕 除了向最高法院提起的申诉外，其余的质疑方式（包括上诉、申请再审和第三人异议）均属于常规性的质疑。

如果在常规的质疑被提出之前，要求审查法院管辖权的申请就先被提出了，则常规质疑的提出期限，应从确定管辖法院的裁定以通知的方式告知当事人之日起计算（第133、136、325条）；如果要求审查法院管辖权的申请是在常规的质疑之后提出的，则应该适用第48条的规定（《实施细则》第187条）。

第44条　确定管辖法院的裁定的效力

对于本法院没有案件管辖权（包括第39、40条规定的情况）的裁定，如果当事人没有针对该裁定提出要求审查法院管辖权的申请（第47条），而且案件已经在第50条规定的期限内重新起诉，则该法院对自己没有管辖权的判断，以及该裁定中对有管辖权的法院的确定，都是终局性的，除非法院没有管辖权是出于案件标的的原因，或涉及第28条规定的地域管辖问题。

第45条　法院管辖权冲突

在法院基于诉讼标的的原因或第28条关于地域管辖规定的理由而作出了本法院没有管辖权的裁定后，如果当事人在第50条规定的期限内向另一法院重新提起了诉讼，但该法院认为自己也没有案件的管辖权时，该法院可以提出审查法院管辖权的申请（第47条）。

第46条　不可申请审查法院管辖权的情况

治安法院审理的案件，不适用第42条和第43条的规定（第339、360条）。

第47条　审查法院管辖权问题的诉讼

要求最高法院（第375、382条）审查法院管辖权的申请（第42、43条）必须由代理律师（第82、83条）签名；如果没有代理律师，则由当事人本人签名（第86、125条）。

上述申请必须送达（第330条）给那些从确定管辖法院的裁定被传达给当事人之日，或者从第43条第2款规定的普通的质疑方式被送达之日起计算的 30 日的固定期限（第 153 条）内没有加入该申请的当事人。其他同意加入该申请的当事人也可以以在申请书上署名的方式加入申请。

在上述申请送达最后一个当事人之日起的 5 日内，提出申请的当事人应当要求审理案件的法院的书记员将相关的案件档案（第 168 条）[1] 递交最高法院的书记室（第 48 条，《实施细则》第 137 条）。在送达后 20 日的固定期限内，当事人应当将申诉书和必要的文件提交给最高院的书记室（第 369 条）。

以裁定方式提出审查法院管辖权申请（第 45 条）的法官，也要把法官的案件档案发送给最高法院的书记室。

收到上述申请或接到有关裁定的通知的当事人，可以在 20 日内向最高法院的书记室提交书面的辩护意见和文件材料。

第 48 条 诉讼程序的中止

审查法院管辖权的申请提交后，从根据前一条规定将申请提交给法院的书记员之日，或者从法院作出审查法院管辖权的裁定（第 43、47 条，《实施细则》第 133 条 II）之日起，诉讼程序发生中止（第 295 条以下）。

诉讼程序中止后，法官仍可以在其认为紧急的情况下，授权完成一定的司法活动（第 298 条）。

第 49 条 确定法院管辖权的裁定

在第 47 条最后一款规定的期限到期后的 20 日内，最高法院法官评议会应作出确定法院管辖权的裁定（第 375 条）。

通过确定法院管辖权的裁定（第 382 条），最高法院应采取必要措施，以便能够在其认为有管辖权的法院继续进行诉讼（第 50 条），并在必要时重新给当事人指定答辩期限，以便其能够如期答

---

〔1〕 案件档案（Fascicolo），包括案件要点简述，起诉状、答辩状和申请的副本，诉讼笔录，法官的裁定，证据相关文件和法官的判决等。

辩（第 310 条）。

第 50 条　案件的重新起诉

如果当事人在裁定中所规定的期限内（如果超出了这一期限，则在最高法院确定法院管辖权的裁定传达给当事人之日起的 3 个月内）向有管辖权的法院重新提起了诉讼（第 44、49 条），则案件应当在新的法院继续审理（第 392 条，《实施细则》第 125、126 条）。

如果当事人没能在上述期限内重新起诉，则诉讼程序终止（第 307、310、393 条）。

第六节 II　地方法院审判庭的组成

第 50 条 II　地方法院法官合议审理的案件

下列案件由地方法院的法官组成合议庭进行审理：

1）有检察官强制介入的案件，法律另有规定的除外；

2）第三人提出异议、当事人提出质疑或申请再审的案件，以及根据 1942 年 3 月 16 日颁布的第 267 号王室指令或其他有关行政性强制清算的法律规定而迟延申报债权的案件；

3）由特殊审判庭审理的案件（第 409 第 2 项）；

4）在破产程序中可以与债权人达成和解协议的案件；

5）对合伙人会议决议或董事会决议提出质疑的案件，以及要求公司、保险公司或相互公司以及参股或联合体的管理者或控制者、总经理、负责制作公司会计文件的财务经理、清算人承担责任的案件；

6）因损害了特留份而对遗嘱提出质疑并要求削减遗嘱指定的继承份额的案件；

7）涉及 1988 年 4 月 13 日的第 117 号立法的案件；

7）II 涉及《消费法典》第 140 条 II 以及 2005 年 9 月 6 日的第

206（4）号立法性行政法规[1]的案件；

地方法院还应组成合议庭审理根据第 737 条的规定在法官评议会审理的案件，法律另有规定的除外（第 736 条Ⅱ）。

第 50 条Ⅲ　地方法院法官独任审理的案件

除了第 50 条Ⅱ规定的案件外，都由地方法院的法官独任进行审理。

第 50 条Ⅳ　对合议或独任审理规则的违反

第 50 条Ⅱ和第 50 条Ⅲ的规定不能被理解为是对法官选派的规定（第 158 条）。因违反上述规定而导致的判决无效，应适用第 161 条第 1 款的规定。

第七节　法官的自行回避、要求回避与责任

第 51 条　法官的自行回避

下列情况下，法官应该自行回避（《实施细则》第 78 条）

1）同本案有利害关系，或者同与本案涉及相同法律问题的另一案有利害关系；

2）本人或其配偶与一方当事人或其辩护人是四亲等以内的亲属（《民法典》第 74 条以下），或有收养关系，或共同生活，或经常共同进餐；

3）如果其本人或其配偶与一方当事人或其辩护人之间有未决的诉讼正在进行，或有强烈的敌意，或有债权、债务关系；

4）如果在本案中提供过法律建议，或进行过辩护（第 84 条），或在本案中担任证人，或者在本诉讼程序的其他审级中担任过法官，或担任过仲裁员（第 810 条），或作为技术专家提供过协助

---

〔1〕　立法性行政法规（Decreto legislativo 或 Decreto delegato）：指政府经两院委托而颁布的、具有法律同等效力的行政法规。

（第 61 条）；

5）如果是当事人一方的老师、监护人（《民法典》第 343、392 条）、行政支持人、代理人、中介人或雇主；此外，如果是与本案有利害关系的某一团体、社团（包括未登记社团，《民法典》第 36 条以下）、委员会（《民法典》第 39 条）、公司（《民法典》第 2247 条）或工厂的董事（理事）或管理者。

如果存在其他可能造成偏袒的重大事由时，法官可以请求法院院长允许其回避本案的审理；如果提出请求的法官本人就是法院院长，则上述申请应该向上一级法院院长提出。

第 52 条　要求法官回避

在法官应当回避的案件中（第 51 条），任何一方当事人都可以根据特定的理由和证据，提出要求法官回避的申请。

如果申请人知道处理或审理案件的法官的名字，上述申请在提出申请的当事人及其辩护人签字后，必须在开庭前 2 日之前交给书记员；否则，上述申请应当在审理开始前以及开庭辩论前（第 54 条）提出。

法官被要求回避的，诉讼程序发生中止（第 296、298 条）。

第 53 条　有管辖权的法院

对治安法院的回避请求，由地方法院的院长处理；对地方法院和上诉法院某位法官提出的回避请求，由合议庭处理。

处理时应听取被要求回避的法官的意见，在必要时可要求他提供相关证据。决定应以终局性裁定的方式作出（第 177 条）。

第 54 条　要求法官回避的裁定

同意法官回避的裁定应当同时指定接替的法官。

如果要求法官回避的申请没有按照第 52 条规定的时间和方式提出，则该申请将不被受理。

在宣布不予受理或驳回要求法官回避的申请的裁定中，法官应确定裁定的费用，并可要求申请人支付不超过 250 欧元的罚款。

书记员应将裁定的结果传达（第 136 条）给法官和当事人，当事人应该在法定的 6 个月的固定期限内重新起诉（《实施细则》第 125 条）。

第 55~56 条 （已废除）

第二章 书记员和司法官

第 57 条 书记员的职责

书记员按照现行法规定情形和方式，记录其本人、司法机关和当事人的活动。

书记员协助法官完成那些以诉讼笔录为基础的司法活动（第 126、130、422 条，《实施细则》第 44 条）。

法官撰写判决书时，除非法律另有规定，书记员应负责起草判决书，并在判决书上法官的署名之后签名。

第 58 条 书记员的其他职责

书记员负责发送诉讼文件的副本和摘要（第 743 条以下，《实施细则》第 76、100 条，《民法典》第 2714 条）、在法院的立案登记处登记案件（第 168 条，《实施细则》第 71 条）、准备法官的案件档案并保管当事人的案件档案（第 169 条，《实施细则》第 72 条）、发布通知（第 136 条，《实施细则》第 45 条）、根据现行法的规定或根据法官的指令进行送达（第 137、151 条），并完成现行法规定的其他工作。

第 59 条 司法官的职责

司法官在开庭期间协助法官，督促法官裁定的执行，完成司法文书的送达（第 137 条以下，《实施细则》第 47 条以下），并负责完成现行法规定的其他任务。

第60条 书记员和司法官的责任

下列情况下，书记员和司法官应承担民事责任：

1）没有正当理由，未能完成现行法规定应由其完成的工作，或者没有在合理期限内完成上述工作（根据当事人的请求，该期限由负责案件的法官或受当事人委托的法官予以指定）。

2）出于故意或重大过失，作出了无效的行为（第162条）。

第三章　专家、保管人以及法官的其他辅助人

第 61 条　专家

为完成特定的诉讼活动或在整个诉讼过程中，法官可以根据需要，要求特定专业领域的一个或多个专家进行协助（第 191 条以下，第 217、259、260、424、441、445 条，《民法典》第 419 条）。

通常情况下，应该从按照《〈民事诉讼法典〉实施细则》所制作的专家名册中挑选专家（《实施细则》第 13 条以下、第 146 条）。

第 62 条　专家的职责

专家接受法院的委托进行调查，并在庭审中或在法官评议会中，应法官根据本法第 194 条及以下、第 424 条和第 445 条的规定提出的要求，对相关问题作出说明（《实施细则》第 90~92 条）。

第 63 条　专家接受委托的义务和要求专家回避

根据专家名册挑选的专家有义务接受法院的委托提供服务，除非法官认为存在不适宜由其提供服务的正当理由（第 192 条）。

当事人可以基于第 51 条规定的事由要求专家回避。

要求专家回避的请求由指定该专家的法官进行裁决（《实施细则》第 89 条）。

第 64 条　专家的责任

《刑法典》有关专家的规定，同样适用于民事诉讼中的专家（《刑法典》第 314 条以下，第 366、373 条）。

任何情况下，在完成委托的工作时发生重大过失的专家，将被处以 1 年以下的监禁刑，或处以 10 329 欧元以下的罚款。这种情况下应该适用《刑法典》第 35 条的规定。任何情况下，专家应赔偿因此给当事人造成的损害（《民法典》第 2043 条以下，《实施细则》第 19 条以下）。

第 65 条　保管人

除法律另有规定外，被扣押或被假扣押的财产应当由保管人负责保管或管理。

如果保管人是由司法官指定的，保管费由负责执行的法官发布裁决予以确定；其他情况下，由指定保管人的法官发布裁决予以确定。

第 66 条　保管人的替换

法官可以随时行使职权，或根据当事人的申请，以替换保管人。

除了没有费用请求权的保管人（第 522、546、559、679 条）可以随时请求替换保证人外，其他情况下保管人请求替换必须有正当理由。

替换保证人的裁决，应由第 65 条第 2 款所规定的法官以终局性裁定的方式作出。

第 67 条　保管人责任

除《刑法典》规定的责任（《刑法典》第 328、366 条，第 388 条 II）外，不履行职责的保管人将被法官处以 250~500 欧元的罚款。

如果在进行保管时未尽到善良家父的注意义务（第 521 条，《民法典》第 1176 条），则保管人应赔偿因此给当事人造成的损害（《民法典》第 2043 条）。

第 68 条　其他辅助人

在出现法律规定的情形或在需要时，法官、书记员或司法官都可以请求特定行业或专业的专家予以协助。该专家通常是一个能够完成法官所无法单独完成的诉讼活动的人（第 122～124、212、261、518、535、568、576、773 条，《实施细则》第 52、53、161、194 条）。

根据法律的有关规定，法官可以委托一个公证人完成特定的活动。

法官可以随时要求警方的协助。

第 69 条　公诉人提起诉讼

公诉人根据法律规定提起诉讼。

第 70 条　公诉人参加诉讼

在下列情况下，公诉人应参加诉讼，否则法院可依职权认定诉讼无效（第 158、397 条，《实施细则》第 2、3 条）：

1）公诉可以根据法律规定提起诉讼的案件（第 69 条）；

2）包括涉及分居（第 706 条以下，《民法典》第 150 条以下）在内的婚姻案件（《民法典》第 117 条）；

3）与民事主体的状态和能力相关的案件（第 713、721、723、728 条）；

4）（根据 1973 年 8 月 1 日的第 533 号法律废除）

5）其他法律规定的情况。

在法律规定的情况下，公诉人应参加最高法院审理的案件（第 375、379 条）。

公诉人可参加所有其认为与公共利益相关的案件的诉讼。

第 71 条　通知公诉人诉讼文书

审理上一条第 1 款规定的案件时，法官应下令将诉讼文书通知公诉人，以便其参加诉讼（第 136、713、723 条，《实施细则》第 1 条）。

法官认为属于上条最后一款规定的、与公共利益相关的案件时，可发布同样的命令。

第 72 条　公诉人的权力

公诉人参加根据法律规定可以提起诉讼的案件时（第 70 条），享有与案件当事人同样的权力，并通过法律为当事人规定的方式行使自己的权力（第 115 条，《实施细则》第 2 条）。

公诉人参加第 70 条规定的其他类型案件的诉讼时，除最高院审理的案件外，可针对当事人诉讼请求提供文件、进行证明并作出总结。

除夫妻分居的案件外（第 706 条以下），公诉人可对婚姻案件的判决提出质疑。

除夫妻分居的案件外（第 706 条以下），公诉人有权对认定婚姻案件的外国判决效力的判决提出质疑。

在本条第 3 款和第 4 款规定的情况下，作出判决的法院的公诉人或对质疑案件有管辖权的法院的公诉人均可对判决提出质疑。

自根据第 133 条的规定通知判决之日起对期限进行计算。

第 397 条的规定在此继续有效。

第 73 条　公诉人的回避

公诉人参加民事诉讼时，适用本法中有关法官回避的规定（第 51 条），但当事人要求法官回避的规定除外（第 52 条）。

第 74 条　（已废除）

第三编

当事人和辩护人

第一章　当事人

第 75 条　诉讼能力

能在诉讼中自主行使权利者享有诉讼能力（第 299、300、328、716 条，《民法典》第 1 条）。

未根据相关法律规定被代表、被辅助或得到授权的，不能自主行使权利者不能参加诉讼（第 182、716 条）。

法人根据法律或章程的规定通过其法定代表人参加诉讼。

社团和委员会根据《民法典》第 36 条的规定通过代表人参加诉讼。

第 76 条　（已废除）

第 77 条　代理人和经营管理人代表参加诉讼

除非为在紧急情况下采取预防性措施，无书面授权一般代理人和特别代理人（《民法典》第 1387、1704、1903、2203、2209 条）不能代表被代理人参加诉讼（第 669 条 II 以下，《民法典》第 1745、2212 条）。

当事人在意大利境内没有经常居住地或住所地的，推定其授权一般代理人代表本人参加诉讼（《民法典》第 2204 条）。

第 78 条　特别保佐人

无代理人或辅助人的无行为能力人、法人或非法人社团因紧急事由参加诉讼时，在根据法律规定为其指定代理人或辅助人之前，可为其指定特别保佐人代表或辅助其参加诉讼。

代理人与被代理人有利害冲突时（《民法典》第 244、273、279 条），应为被代理人指定特别保佐人。

第 79 条　指定特别保佐人的申请

在任何情况下，公诉人都可提出指定上一条规定中的特别保佐人的请求。应通过代理或辅助参加诉讼的当事人（包括无行为能力人在内）、当事人的近亲属或者存在利害冲突时的代理人也可提出指定特别保佐人的请求。

参加诉讼的利害关系人也可提出指定特别保佐人的请求（第 100 条）。

第 80 条　指定特别保佐人的决定

当事人应向将向其起诉的治安法官或法院院长提出（第 121、125 条）指定特别保佐人的申请。

法官收集必要资料并尽可能听取利害相关当事人的意见后，通过裁决指定特别保佐人（第 135 条）。裁决应通知公诉人，以便其在必要时作出决定，为无行为能力人、法人或非法人社团指定一般代理人或辅助人。

第 81 条　代替诉讼

除法律有明确规定外，不得在诉讼中以自己的名义为他人主张权利。

第二章　辩护人

第 82 条　辩护

当事人可本人参加治安法官主持的标的不超过 1 100 欧元的案件的审理。

在其他情况下，无辩护人的协助（第 417、442 条），当事人不得参加诉讼。治安法官根据当事人的口头请求，参考案件的性质和数额，可通过裁决准许当事人本人参加诉讼。

除法律另有规定的情况（第 86、417、707 条），当事人应在执业律师的协助下参加地方法院和上诉法院的案件的审理，在列入辩护律师名册的律师的协助下参加最高法院的案件的审理（第 365 条）。

第 83 条　案件的代理权

协助当事人参加诉讼时，辩护人须获得授权委托（第 125 条）。

授权委托可以是一般授权或者特别授权，并以公证书或经认证的私证书的形式作出（《民法典》第 2699、2703 条）。

特别授权可记载于起诉状、上诉状、申诉书、反诉书（第 370 条）、答辩状（第 167、416 条）、第三人诉状（第 267 条）、催告支付令（第 480 条）、参加执行申请书（第 499、525、552 条）或者增加或替换原辩护人并任命新辩护人的诉讼意见书（第 5 条）等文书的页边或页底，并由辩护人对当事人的签名进行检验。特别授权也可以通过单独的授权书进行，并与相应的诉讼文书一并提交；也可以根据司法部规定的电子方式，一并提交电子文档形式的单独的授权书和相应的诉讼文书。通过上述方式提交的特别授权，其效力等同于书写于诉讼文书页底的授权。如果授权委托是通过纸质版提交的，通过互联网方式出席诉讼的辩护人应按照有关签名、发送和接收通过互联网传送的电子文档的规定发送经认证的、附有电子签名的授权书的电子副本。

除诉讼文书中作出明确的不同指示外，只能在诉讼的特定阶段作出特别授权。

第84条　辩护人的权力

除法律明确规定应由当事人完成的活动外，辩护人在协助当事人参加诉讼时（第82条），可为当事人利益完成各项诉讼活动、接收各种诉讼文书（第170条，《实施细则》第108条）。

除非获得明确授权（第306、390、391、430条），辩护人不得对有争议的权利作出处置。

第85条　代理权的撤回与放弃

当事人可随时撤回代理权，辩护人亦可随时放弃代理权。但在替代的辩护人出现之前，代理权的撤回与放弃行为不发生效力（第301条，《民法典》第1396条）。

第86条　当事人本人辩护

当事人、当事人的代表人或辅助人具备必要的辩护能力时，无需其他辩护人的协助即可参加诉讼（第47、82、125、165、166、300、373、417条）。

第87条　律师和专家的协助

当事人可获得一位或多位律师的协助；根据本法规定，当事人还可通过法定方式获得专家的协助（第201条）。

第三章　当事人和辩护人的义务

第 88 条　忠实和诚实义务

在诉讼中，当事人及其辩护人应履行忠实和诚实义务（第 92、116 条，第 395 条第 1 项，第 404 条）。

辩护人违背该义务时，法官应向行使惩戒权力的主管部门报告。

第 89 条　不当和冒犯性的表达

在向法官提交的材料中以及进行法庭辩论时，当事人及其辩护人不得作出不当和冒犯性的表达。

在案件调查阶段，法官可随时发布裁定要求当事人取消其不当和冒犯性的表达。当冒犯性表达与诉讼标的无关时（《民法典》第 2059 条，《刑法典》第 185 条），法官还可在判决中判处冒犯法庭者支付包括非财产损害在内的损害赔偿金。

第四章　当事人承担诉讼费用和损害赔偿责任

第90条　（已废除）

第91条　诉讼费用的判决

法官通过结案性质的判决（第279条第1~3项），判定由败诉方承担对方的辩护费用和诉讼费用（第385、391条，《实施细则》第75、151、152条）。除第92条第2款的规定外，如果当事人提出的调解建议中的要求获得采纳，法官判定由无正当理由拒绝调解建议的对方当事人承担提出调解建议后的诉讼程序的费用。

书记员对诉讼费用（第132条）进行计算，并记载于判决书的页边；司法官对送达判决书、执行文书（第474条）和支付催告令（第480条）的费用进行计算，并记载于送达文书原件和副本的页边。

书记员和司法官所属法院的院长通过第287条和第288条规定的形式，对上款计算数额的异议作出决定。

在第82条第1款规定的案件中，法官计算的诉讼费用、辩护费用和酬金数额不得超过诉讼标的的价值。

第92条　对单项诉讼活动费用的判决和费用的抵销

宣布支付上条规定中的费用时，法官认为费用过多或不必要时，可以免除胜诉方重复支付费用的义务。不论是否败诉，一方当事人违反第88条规定的义务时，法官可以判决违背义务的一方当事人（即使不是败诉方）向对方当事人支付损害赔偿的费用（第

216条,《实施细则》第151条)。

双方当事人均败诉,或者被审理的问题出现全新情况,或者无效问题出现法律变动时,法官可判定在双方当事人之间部分或全部地抵销判决费用。

除双方在调解笔录中另有协议外,达成调解后双方的费用互相抵销(第185、199、420条,《实施细则》第88条)。

第93条 诉讼费的划扣

获得授权委托的辩护人(第83条)可请求法官在确定诉讼费用的判决中作出决定,划扣部分费用以支付自己和其他辩护人尚未获得的酬金及预付费用。

辩护人未获得费用的报销之前,被代理人表明其已向辩护人支付酬金和费用的,可请求法官根据法律规定的形式修改判决(第288条),撤销划扣诉讼费的决定。

第94条 代理人或保佐人承担费用

根据法官在判决书上注明的重大理由,按照遗产清单接受继承的继承人(《民法典》第484条以下)、监护人(《民法典》第348、424条)、保佐人(《民法典》第392、424条)和其他诉讼当事人的代表人或辅助人可与被代表人或辅助人一起,按份或连带地(《民法典》第1292条)承担整个诉讼程序或单项诉讼活动的费用。

第95条 执行程序的费用

除《民法典》规定的先取特权外(《民法典》第2749、2755、2770、2777条),被执行人应承担诉讼债权人和其他参加执行的人(第499、500、510条)参加财产分配的费用。

第96条 加重责任

在提起诉讼或进行辩护时,败诉方存在恶意或有严重过失的,法官根据相对方当事人的请求,判决由败诉方承担诉讼费用以外的损害赔偿责任。损害赔偿的数额也可由法官依职权在判决书中作出计算（《实施细则》第 152 条）。

法官认为作为预防性决定（第 670、671、688、692、696、700 条）、登记的诉讼请求（《民法典》第 2652 条以下，第 2690 条以下）、登记的司法抵押（《民法典》第 2818 条）或已开始或完成的强制执行（第 491 条以下）基础的权利不存在时，根据受损害方的请求，法官可判定未行使谨慎义务的原告或参加诉讼的债权人承担损害赔偿责任。损害赔偿的数额根据上款的规定进行计算。

法官根据第 91 条的规定判决诉讼费用时，还可依职权判定由败诉方支付对方当事人（依据衡平原则确定的）相关费用。

第 97 条　多名败诉方的责任

败诉方是多人时（第 33 条，第 102 条以下），法官根据每个败诉方在案件中的利益，判决按比例承担诉讼费用和损害赔偿责任；部分或全部败诉方之间存在共同利益时，法官也可判决其共同承担连带责任（《民法典》第 1292 条）。

判决未确定承担责任的比例时，败诉方根据平等份额承担诉讼费用和损害赔偿责任。

第 98 条　诉讼费用的保证金

（根据 1960 年第 67 号法令被意大利宪法法院宣告违宪）

第四编

诉讼的进行

第 99 条　请求的原则

在诉讼中主张权利的当事人，应向有管辖权的法院提出诉讼请求（第 7 条以下，《民法典》第 2697、2907、2943 条）。

第 100 条　诉讼利益

只有与诉求有利益相关的人才能提出或否认诉讼请求（第 81 条，第 105 条以下，第 216 条）。

第 101 条　辩论原则

除法律另有规定外，被诉当事人未被依法传唤且未出席诉讼的，法官不能对当事人的请求作出决定。

认为自己提出的问题是判决的基础时，法官应暂缓作出判决，并要求当事人自通知后 20~40 日的期限内（逾期无效）向书记室提交诉讼意见书，表明对该问题的意见。

第 102 条　必要共同诉讼

其他主体不参加诉讼，法官就不能作出判决时，其他主体应在同一诉讼程序中提起诉讼或成为被告。

部分主体提起诉讼或成为被告时，法官应下令（第 152 条）未参加诉讼的必要诉讼参与人在其确定的（第 268、307、331、354、383、420 条）期限内（第 152 条）参加诉讼。

第 103 条　任意共同诉讼

案件标的或争议的权属（第 31 条以下，第 40 条）存在关联、或者判决部分或全部地取决于同一问题的解决时，当事人可在同一诉讼程序中提起诉讼或成为被告。

根据全体当事人的请求，或者共同诉讼将导致诉讼程序的拖延或负担加重时，法官可在证据调查阶段或在判决中作出分离共同诉讼的决定，并将案件发给有管辖权的下级法院进行审理（第104、274、277条，第279条第5项）。

第104条　对同一当事人提出的多个诉讼请求

只要符合第10条第2款的规定，在同一诉讼程序可对同一当事人提出多个诉讼请求（不管请求之间是否有关联）。

在此适用上一条第2款的规定（第279条第5项）。

第105条　自愿参加诉讼

对全体或部分当事人主张的权利与案件标的相关，或者该权利属于诉讼所确认的权利时（第111、267、268、419条，《民法典》第704、974、1015、1113、1292条），任何人都可参加他人之间的诉讼（第267~272条）。

为支持某一当事人的诉讼理由，利害关系人也可参加诉讼（第100、344条，《民法典》第1595、1944条）。

第106条　应当事人的请求参加诉讼

认为第三人与本诉相关或者意图获得第三人的保证时，当事人可请求第三人参加诉讼（第108、111、167、269、271、420条，《民法典》第1012、1485、1585、1777、1917、1953条）。

第107条　根据法官命令参加诉讼

认为与本诉相关的第三人应当参加诉讼时，法官可下令第三人参加诉讼（第111、270、272、420条）。

第108条　保证的免除

保证人出席诉讼并代替被保证人成为案件的当事人时，在其他诉讼当事人无异议时，保证人可提出免除保证义务的请求（第111、354条，《民法典》第1586、1777条）。法官通过裁定作出免除的决定，但在审理中对实体问题作出的判决对被免除保证义务的人继续有效（《民法典》第2909条）。

第109条 义务的免除

多名当事人均提出要求对方履行义务的请求、债务人亦表明将根据权利人的请求履行义务时，法官可下令债务人提交物或应付款项。债务人提交完成后，法官可免除其诉讼中的义务（第354条，《民法典》第1777条）。

第110条 诉讼中的继承

因死亡或其他原因（《民法典》第63条）导致当事人缺席时，由全体继承人继续进行诉讼（第299、300、328条）。

第111条 特定理由下对系争权利的继承

因特定理由，他人基于法律行为而取得系争权利时，原当事人之间的诉讼继续进行。

因死亡而导致权利转移时，全体继承人继续进行诉讼（第299、300条，《民法典》第2312、2324、2495、2484条，《〈民法典〉实施细则》第16条）。

在任何情况下，有特定资格的继承人可主动或应要求参加诉讼（第105、106、107条）。经其他当事人同意，让与人或全体继承人可被排除参加诉讼。

针对当事人作出的判决亦对特定财产的继承人有效。除动产善意占有（《民法典》第1153条）和登记（《民法典》第2652、2653、2690条）的相关规定外，特定财产的继承人可对上述判决提出质疑。

第五编

法官的权力

第 112 条　请求与判决的一致性

法官应在当事人提出请求的范围内作出判决（第 163、167、277、414 条，第 360 条第 4 项）。针对只能由当事人提出的异议，法官不能自行作出判决（第 38、307、630 条，《民法典》第 1242、1442、2938、2969 条）。

第 113 条　根据法律规定作出判决

除法律授权可依据衡平原则作出判决的情况外（第 114、432 条，《实施细则》第 119 条），法官应根据法律规定作出判决。

除《民法典》第 1342 条规定的格式合同案件外，治安法官根据衡平原则对诉讼标的在 1100 欧元以下的案件作出判决。

第 114 条　应当事人请求根据衡平原则作出判决

案件的实体问题涉及当事人可处置的权利时，应双方当事人的一致请求，一审或上诉法官根据衡平原则对其作出判决（第 84、339 条，《实施细则》第 112、118、119 条）。

第 115 条　证据的采纳

除法律另有规定外，即使参加诉讼的当事人并未对案件事实作出明确否认，法官仍应以当事人或公诉机关提交的证据作为判决的依据。

依据常识作出的事实判断无需另行证明，亦可作为法官判决的依据。

第116条　证据的评估

除法律另有规定外，法官应以审慎的态度对证据作出评估。

通过考量当事人对非正式询问的回答、无正当理由拒绝接受法官下令的检查的行为（第118，258条）以及在诉讼过程中的行为举止（第88、200、207、232、310、428条），法官对案件事实作出推断。

第117条　针对当事人的非正式询问

在诉讼的任何状态和阶段中，法官都有权下令当事人本人出席诉讼（第350、485条）、进行质证并接受对案件事实的自由询问（第229条）。当事人可得到辩护人的协助。

第118条　检查人身和物的命令

出于了解案件事实的必要（第258条以下，《实施细则》第93条），法官可下令当事人或第三人接受对其人身或占有物的检查。进行检查时，不得对当事人或第三人造成严重损害，亦不可强迫上述主体泄露《刑事诉讼法》第351条和第352条规定的秘密。

当事人无正当理由拒绝接受检查时，法官可依照第116条第2款的规定，通过当事人的拒绝对证据进行推断。

第三人拒绝接受检查时，法官可判处其支付250~1500欧元的罚款（第179条）。

第119条　设定保证金

法官作出设定保证金的决定时，应明确保证金的内容、缴纳方式和缴纳期限（《实施细则》第86条）。

第120条　判决的公布

公布案件实体问题的判决有助于补偿损害时（包括第96条规定的效果在内），法官根据当事人请求，可判定由败诉方公布判决并承担相应费用。为公布判决，败诉方在一家或多家报纸、电台、电视台和法官指定的网页刊登判决简报或依据法律规定的特别方式进行通知。

败诉方未在法官确定的期限内刊登判决的，可由胜诉方代其完成。胜诉方有权向义务人追偿费用。

第一章　决定和文书的形式

第一节　一般文书

第 121 条　自由形式

法律未规定特别形式时，诉讼文书可采用最适宜达到其目的的形式（第 125、126、131~135 条，《实施细则》第 46 条）。

第 122 条　意大利语的使用和翻译人员的指定

在诉讼中应使用意大利语。

应听取不懂意大利语的人的意见时，法官可指定翻译人员。

翻译人员在履行职责前，应在法官面前宣誓忠诚履行职责。

第 123 条　翻译人员的指定

需要对非意大利语文件进行查验时，法官可指定翻译人员。翻译人员应根据上一条的规定宣誓。

第 124 条　对聋哑人的询问

在诉讼中需要听取聋、哑或聋哑人的意见时，可通过书面方式进行询问和回复。

必要时法官可指定翻译人员，翻译人员应根据第 122 条最后一款的规定宣誓。

第125条　当事人文书的内容和签名

除法律另有规定外，在有传讯功能的诉状、申请书、诉状、反诉状（第370条）和支付催告令（第480条）中应写明司法机构、当事人、诉讼标的、请求理由、结论或申请。本人参加诉讼的当事人（第82、86条）或辩护人（第83、163条，《实施细则》第170条）应在送达文书的原件和副本上签名并注明税号，辩护人还应写明其注册登记的电子邮箱和传真号码。

原告可在送达文书之后、被代表人参加诉讼（第165条）之前签发其辩护人的授权委托书。

法律规定应由获得专门授权的辩护人在诉状上签字时（第221、365、370、398条），不适用上款规定。

第126条　诉讼笔录的内容

在诉讼笔录（第130、195、207、422条，《实施细则》第44、46条）中应记明参与诉讼的当事人以及完成诉讼活动的时间和地点。此外，诉讼笔录还应记明诉讼活动的情况、调查结果和接收的声明（《实施细则》第87条）。

书记员应在诉讼笔录上签名（第57条）。有其他人参加诉讼的，法律无其他规定时（第130条），书记员应向其宣读诉讼笔录并要求其在笔录上签字。参加诉讼人不能或不愿签字的，书记员应作出明确记录。

第二节　庭　审

第127条　主持庭审

一名法官或合议庭庭长负责庭审的主持（第175、275条，《实施细则》第54、113条）。

为确保庭审有秩序地顺利进行（《实施细则》第84条），主持庭审的法官可作出决定或为当事人订立规则；法官还应主持辩论，归纳争议的焦点，并在其认为辩论已经充分进行后宣布庭审的结束。

第128条 公开庭审

辩论案件的庭审应公开进行（《实施细则》第84条），否则无效；但法官可以国家安全或公序良俗为由进行不公开审理。

为维持庭审的秩序和尊严，法官可行使警察的职权，并要求违背命令的当事人（第68条）离开法庭。

第129条 庭审参加者和出席者的义务

参加或出席庭审的人应保持安静，不得携带武器或棍棒，也不得遮挡面孔。

禁止以制作含有支持或反对内容的标志等方式干扰庭审。

第130条 庭审笔录的撰写

书记员在法官的指导下撰写庭审笔录（第126条，《实施细则》第46、84条）。

主持庭审的法官和书记员在庭审笔录上签名。非应当事人请求，无需宣读庭审笔录。

第三节 决 定

第131条 一般决定的形式

法官根据法律的规定作出判决、裁定或裁决。

法律未作出规定时，法官可采用任何适宜达到其目的的形式作出决定（第121、156条）。

在诉讼笔录的摘要中应记明合议庭的决定，包括合议庭成员对该决定的一致意见或不同意见，并注明对每个决定提出过意见的合议庭成员的姓名。合议庭中最为年轻的法官负责撰写诉讼笔录。经所有合议庭成员签字后，合议庭庭长将笔录放入密封信封并提交法官的书记室存档。

第 132 条　判决的内容

判决应"以意大利人民的名义"作出，并在抬头处标明"意大利共和国"。

判决应包括以下内容：

1）作出判决的法官；

2）当事人及其辩护人；

3）公诉方和当事人的总结；

4）对判决事实和法律理由的确切阐述（《实施细则》第 118 条）；

5）判决书的内容、发布日期和法官签名（第 161 条，《实施细则》第 119 条）。

合议庭发布的判决仅需合议庭庭长和撰写判决的法官的签名；合议庭庭长因死亡或其他原因而不能签名时，判决应由合议庭中最为年长的法官签名，并在其签名的前面注明合议庭庭长不能签名的原因；撰写判决的法官因死亡或其他原因而不能签名时，判决可以仅由合议庭庭长签名，并在其签名的前面注明撰写判决的法官不能签名的原因。

第 133 条　判决的公布和通知

通过向作出判决的法官的书记室提交存档的方式（第 430、438 条），判决得到公布。

书记员应在判决书的页底记载存档行为，签署姓名和日期，并在 5 日的期限内通过包含判决书完整内容的通知单，将判决告知案件当事人（第 43、47、50、136、367、731 条，《实施细则》第 135 条）。通知应在第 325 条规定的异议期限届满前进行。

第 134 条　裁定的形式、内容和通知

裁定中应写明简要理由。在庭审中作出的裁定应附入庭审笔录（第 176 条）；在庭外作出的裁定应记于庭审笔录的页底或者单独

的文书，并由法官或合议庭庭长签署姓名和日期（第 176 条以下，279、487 条）。

除法律规定应送达的情况外（第 137、179、192、237、292 条），书记员将庭审外作出的裁定告知当事人（第 58 条）。

第 135 条　裁决的形式和内容

法官依职权或根据当事人的申请（包括口头形式）作出裁决。根据申请书作出的裁决应书于申请书的页底。

当事人以口头形式提出的申请应写入诉讼笔录，对此作出的裁决也应附入诉讼笔录（第 126 条）。

除法律明确规定的情况外（第 163 条 II，第 640、641、737 条），无需在裁决中注明理由。法官或合议庭庭长应在裁决上签署姓名和日期。

第四节　通知与送达

第 136 条　通知

根据法律规定或法官的命令，书记员通过无印花纸制作的书记室通知单（《实施细则》第 45 条），向公诉人、当事人、专家、法官的其他辅助人和证人发送通知，同时将根据法律规定作出的决定摘要通知上述主体。

书记员向收件人交付通知单，并由后者出具收据；书记员也可通过注册登记的电子邮箱发送通知单，并遵守法律法规关于电子文书的签名、传送和接收的相关规定。

除法律另有规定外，不能根据上款规定交付通知单时，可通过传真传送通知单，或者将其交给司法官进行送达。

第 137 条　送达

除法律另有规定外（第 150、151 条），根据当事人的请求或者公诉人或书记员的要求（《实施细则》第 47 条以下），司法官负责进行送达（《实施细则》第47条以下）。

司法官通过向收件人送达与文书原件一致的副本（第170条）的方式完成送达。

送达或通知电子文书，而收件人没有注册登记的电子邮箱地址时，司法官应送达（经其声明的）与电子文书原件一致的纸质副本，并将电子文件保存2年。根据当事人请求，司法官也可通过互联网的形式向被送达人或其代理人提供的电子邮箱地址送达文书，或者在取得相关权利后以只读形式的电子文档格式向其送达文书的副本。

除第143条第2款规定的情况外，不能向收件人本人送达文书时，司法官应将送达的文书副本放入密封信封，按时间顺序在信封上载明送达的序号，并在文书正本和副本页底的送达报告中作出记载。在信封上不能有任何可推测文书内容的标记或指示。

根据第133条和第136条的规定以书记室通知单的形式进行通知时，亦适用第4款的规定。

第138条　向本人送达

进行常规送达时，司法官应将文书副本送至收件人的居所并交付收件人本人；无法完成上述交付时，司法官应在其所属法院辖区的范围内寻找收件人。

收件人拒绝接收文书副本时，司法官应在送达报告上作出记录（第148条），并视为文书已送达本人（第141条）。

第139条　经常居住地、居住地或住所地的送达

文书未根据上一条规定的方式进行送达时，司法官应在收件人经常居住地（第142、143条，《民法典》第43条）所在的市进行送达。司法官应在其居所、工作地点或从事工商业活动的地方寻找收件人。

不能在上述地点找到收件人的，司法官将文书副本交给其家庭成员或者其家庭、办公室或企业的负责人。代收文书者须年满14

周岁且从表面上具备相应能力。

无前款规定的主体可代收送达文书的，司法官将文书副本交给收件人居所、办公室或企业的门房；没有门房时，可将文书交给同意代收的邻居。

门卫或邻居应在回执上签字，同时司法官通过寄发挂号信的方式告知收件人文书已经送达。

如果收件人经常居住于商船上，可将文书送达给船长或行使船长职务的人（《海事法》第293、321条）。

不能确定收件人经常居住地所在市时，可在其居住地所在市进行送达；也不能确定其居住地所在市时（第144、145条，《民法典》第43~45条），可在其住所地所在市进行送达，在此应尽可能遵守前面的规定。

第140条　无法联络或拒绝接收文书副本

因无法与上一条中的主体取得联络，或者因上述主体不能或拒绝接收文书而无法交付文书副本时，司法官应向执行送达地区的市政局寄存文书副本，将装入密封信封的寄存通知发送至收件人的居所、办公室或企业，并通过附回执的挂号信的形式告知收件人（《实施细则》第48条）。

第141条　住所地的送达

向将特定个人或机构选择为择定住所地的人（第30条，《民法典》第47条）送达时，可将文书副本送至择定住所地（第660条），交给有接收文书资格的个人或机构的负责人。

当事人在合同中对住所地作出明确选择的，须在该住所地进行送达。

根据第138条的规定在择定住所地向个人或机构负责人本人送达副本时，其效力等同于送达收件人本人。

接收人提出请求、死亡、搬离择定住所地或机构停止运行时，不能在择定住所地进行送达。

第 142 条　向在意大利共和国境内没有经常居住地、居住地或住所地的人的送达

除本条第 2 款的规定外，收件人在意大利共和国境内没有经常居住地、居住地或住所地，且没有择定住所地或者未根据第 77 条的规定指定代理人时，应通过向收件人的邮箱寄送挂号信的方式完成送达；同时，还应向公诉方寄送另一份副本，以便由公诉方将副本送交外交部，再由其将文件送交收件方。

只有根据国际条约和 1967 年 1 月 5 日签署的第 200 号总统法令的第 30 条和第 75 条的规定的方式均不能完成送达时，才适用本条第 1 款的规定。

第 143 条　向经常居住地、居住地或住所地不明的人的送达

收件人的经常居住地、居住地或住所地（《民法典》第 43 条）不明且未根据第 77 条的规定指定代理人的，司法官以向最后经常居住地所在地的市政厅寄存文书的形式进行送达；最后经常居住地也不明的，以向其出生地的市政厅寄存文书的形式进行送达。

收件人的最后经常居住地和出生地不明的，司法官将文书的副本交给公诉人（《实施细则》第 49 条）。

在本条和上一条前两款规定的情况下，根据法律规定的形式进行送达 20 日后视为送达完成。

第 144 条　向国家行政机构的送达

根据特别法律规定，应向国家法律顾问局完成对国家行政机构的送达。

除上款规定的情况外，对国家行政机构的送达应直接向审理法院（第 25 条）所在地的行政机构负责人完成。为完成送达，应在机构所在地将文书副本交给负责人或者下一条法律中规定的主体。

第 145 条　向法人的送达

应在法人的住所地（第 19 条，《民法典》第 16、46 条）对法人进行送达。为完成送达，应将文书副本交给法定代表人或负责接收送达的人；没有法定代表人或接收人时，应将文书副本交给法人所在地的负责人或所在地建筑的门房。根据第 138 条、第 139 条和第 141 条的规定，如果在送达文书中指明代表法人的自然人的职务，并对其经常居住地、住所地和惯常居住地作出了详细说明，也可对该自然人进行送达。

向《意大利民法典》第 36 条及其以下各条规定的非法人企业、未注册组织和委员会送达时，应在第 19 条第 2 款规定的地址完成；如果在送达文书中指明代表团体的自然人的职务，并对其经常居住地、住所地和惯常居住地作出了详细说明，也可对该自然人进行送达。

不能根据上款规定完成送达时，可根据第 140 条或第 143 条的规定对送达文书中指明的代表团体的自然人进行送达。

第 146 条　向现役军人的送达

收件人是现役军人且未向本人送达时（第 138 条），根据第 139 条及其以下各条的规定，应向公诉方送交文书副本，并由后者将其送交军人所属部队的指挥官（《实施细则》第 49 条）。

第 147 条　送达时间

送达时间为早上 7 点至晚上 9 点之间。

第 148 条　送达报告

通过记载于送达文书原件及副本的页底（《实施细则》第 47 条）的送达报告，司法官确认送达的完成。司法官应在送达报告上签署日期和姓名。

送达报告中应记载接收文书副本的主体、该主体的职位以及送交副本的地点或者司法官作出的包括户籍信息在内的调查、未送交副本的原因以及为寻找收件人所收集的信息。

第 149 条　邮寄送达

法无明文禁止时，可通过邮寄的方式进行送达。

在此情况下，司法官应在送达文书的原件和副本上撰写送达报告，并注明通过附回执通知的挂号信形式寄出文书副本的邮局。回执应附入原件。

对送达人而言，自其将信函交给司法官时送达完成；对收件人而言，自其获悉文书的法律意义时送达完成。

第 149 条 II　通过电子邮箱进行送达

法无明文禁止时，可通过注册登记的电子邮箱进行送达；在送达之前也可向上述邮箱发送纸质文件的电子副本摘要。

根据第 1 款的规定进行送达时，司法官应向收件人登记注册的电子邮箱发送附有电子签名的文书副本。该电子邮箱应登记于公开名录或可在公共行政机构获取。

系统管理员确定电子文档已经发送到收件人注册登记的电子邮箱时，视为送达完成。

司法官在单独的电子文件上撰写第 148 条第 1 款规定的送达报告，并附加电子签名。通过司法部的特别裁决所指明的信息化工具的方式，送达报告与送达文书合并。送达报告中应记明第 148 条第 2 款规定的内容，且寄发文件的电子邮箱地址为交付的地点。

应根据第 4 款规定的方式，将按照有关以互联网方式发送和接收电子文档的法律、法规的规定的发送和交付的回执放入纸质文件的电子原件或电子副本的附件。

完成送达后，司法官向申请人或请求人返还（包括电子形式的）被送达的文书、送达报告和第 5 款规定的附带文书。

第 150 条　公告送达

因收件人的号码或信息难以确定而不能进行常规方式的送达时（第 138 条），审理案件的法院院长根据利害关系人的申请，并听取公诉方的意见后，可批准通过公告的形式进行送达（《实施细则》第50条）。

应将批准公告送达的裁决记载于送达文书的页底。必要时，应在裁决中指明以常规方式向其送达的收件人以及让其他利害关系人获悉文书内容的最适宜的方式。

在任何情况下，都应将文书副本寄存在提起或进行诉讼的法院所在地的市政厅，并将其内容摘要登载于《意大利共和国公报》以及全部或大部分收件人所在省的法律公报。

司法官根据本条规定完成公告，并将文书副本、送达报告和已完成诉讼活动的证明文件送交审理法官的书记室（《实施细则》第51条）存档后，送达完成。

治安法官主持案件的审理时，不得采用公告的方式送达。

第151条　法官对送达方式作出的决定

因特定情况的需要，或者为以最快速度完成送达、保密送达或保护当事人的尊严，通过记载于文书页底的裁定，法官可以下令或依职权作出决定，以附回执通知的电报（《民法典》第2706条）等不同于法律规定的方式进行送达。

第二章　期　限

第 152 条　法定期限和法官确定的期限

法律应对诉讼活动完成的期限作出明确规定；只有法律明确许可时，法官可对诉讼活动的期限作出附过期无效条件的决定。

除法律明确规定的固定期限外，法定期限为普通期限。

第 153 条　固定期限不可延长

即使双方当事人一致同意（《民法典》第 2964、2966 条），也不能延长或缩短固定期限。

当事人证明因不可归责于本人的原因而超过期限的，可请求法官重新设定期限。法官根据第 294 条第 2 款和第 3 款的规定作出决定。

第 154 条　普通期限的延长

法官也可依职权在期限届满前作出决定，缩短或延长不附带过期无效条件的期限（第 203 条）。延长的期限不得超过原本期限的时间。除非有重大特殊理由且通过附理由的决定，法官不得作出再次延长期限的决定。

第 155 条　期限的计算

以日期和小时计算期限时，开始的第一日或第一个小时不计入期限内。

以月或年计算期限时，应按照公历进行计算。

节假日应被计入期限之内。

期限届满日为节假日时，届满日延长至节假日后的第一个工作日。

庭审之外的诉讼活动的期限届满日为星期六时，适用本条第4款延长期限届满日的规定。

星期六为工作日时，当日正常进行的庭审和其他（包括法官辅助人在内作出的）诉讼活动继续有效。

第三章　诉讼文书的无效

第 156 条　无效规定

法律未对无效作出规定时，不得因形式上的不符合要求而宣告诉讼文书无效。

只要诉讼文书不具备为实现其目的（第 121 条）所必需的形式，即可宣告其无效。

不得宣告已经实现其目的的司法文书无效。

第 157 条　无效的提出和补救

除法律规定法官可以依职权宣告无效的情况外（第 158、164 条），非经当事人请求，法官不得宣告文书无效。

欠缺特定要件导致文书无效时，只有将该要件规定为文书的生效要件的当事人可对无效提出异议；但当事人应在作出或通知文书后的第一次审理或答辩中提出上述请求。

导致文书无效的当事人和已弃权（包括法律视为弃权）的当事人不能对文书的无效提出异议。

第 158 条　法官构成导致的无效

因法官构成（第 276 条）的瑕疵或公诉方参与诉讼（第 70、211 条，第 397 条第 1 项，第 709 条）的错误导致文书无效时，该无效不可被补救，且应由法官依职权指明（除本法第 161 条的规定外）。

第 159 条 无效的范围

文书的无效不影响在之前或之后制作的独立文书的效力（第162、336 条，《民法典》第 2929 条）。

文书部分地无效不影响文书其他独立部分的效力（第 336 条）。

文书的特定效力受到瑕疵的影响时，文书的其他合法内容仍然有效。

第 160 条 无效送达

除本法第 156 条和第 157 条规定的情况外（第 291 条），未遵守向本人送达的相关规定（第 138 条以下）或者送达人或送达日期不明时（第 148 条），送达无效。

第 161 条 无效判决

只有根据法律规定并在其规定的范围内被提出质疑时，可宣告被提起上诉（第 339 条）或向最高院提出申诉（第 360 条）的判决无效（第 158、339 条，第 360 条第 4 项）。

此规定不适用无法官签名的判决（第 132 条第 5 项，第 354、383 条，《实施细则》第 119 条）。

第 162 条 宣告无效

宣告文书无效后，法官在可能时应下令针对无效的部分重新制作文书（第 159、291、350、354、356 条）。

诉讼文书的无效可归责于书记员、司法官或辩护人时，法官应作出决定，由导致无效的责任人承担重新制作文书的费用；根据当事人的请求，法官还应依据第 60 条第 2 款的规定作出判决，由责任人承担无效所引起的损害赔偿责任。

第二卷

审理程序

第一编

向地方法院提起的诉讼

第一章　诉讼的开始

第一节　起诉以及当事人出席诉讼

第 163 条　起诉状[1]的内容

诉讼请求应通过传讯当事人参加开庭的起诉状提出。

在每个司法年度开始时，经上诉法院首席院长的批准，地方法院的院长确定当事人首次出庭在星期几以及出庭时间（《实施细则》第 69 条 Ⅱ，第 80、128 条）。

起诉状应该包括以下内容：

1）受理案件的法院名称（第 164 条）；

2）原告的姓名、经常居住地和税号，被告及其各自的代理人或辅助人（第 75 条以下）的姓名、税号、经常居住地或住所地（《民法典》第 43~45 条）或居所，原告或被告是法人、未登记社团或委员会的（《民法典》第 11、13 条，《民法典》第 36 条以下），则诉状中应该记载其名称，并注明代表其参加诉讼的机构（第 75、164 条）；

---

〔1〕　意大利语为 Citazione，指传讯当事人出庭的诉状（区别于 comparsa，后者指不具有传讯内容的诉状，如一般的答辩状）。Citazione 包括起诉、上诉、申请再审、第三人提出异议、提出执行异议等各种情况下发起诉讼一方当事人提交的各种诉状。因此，对应不同的诉讼阶段，分别表述为起诉状、上诉状、再审申请书、异议第三人的起诉状、执行异议起诉状等。

3）对诉讼请求标的的说明；

4）对诉讼请求所依据的事实和法律的陈述以及相应的结论（第 183 条）；

5）详细地说明原告将在诉讼中提交的证据（第 210、211、230、233、234 条），尤其是其所提交的文件资料（《实施细则》第 74 条；

6）代理律师的姓名，已经获得授权的，应说明授权的情况（第 125 条）；

7）明确首次开庭的时间，通知被告在开庭前 20 日（在期间缩短的情况下则是 10 日）按照第 166 条的规定出席诉讼，并通知被告出席根据第 168 条 Ⅱ 指定的法官主持的庭审，同时提醒被告逾期出席将会导致他丧失第 38 条和第 167 条所规定的权利。

当事人或其诉讼代理人应将根据第 125 条的规定将已经署名的起诉状呈交给司法官，司法官应根据第 137 条及其以下各条的规定完成起诉状的送达。

第 163 条 Ⅱ 　开庭的期限

送达的范围在意大利境内的，起诉状送达之日起到开庭之日止的开放性期间[1]应不少于 90 日；送达地点在意大利境外的，上述期间不少于 150 日。

在需要加速处理的案件中，应原告的请求，院长可以在起诉状原件和副本的页面底部作出附有理由的裁决，将第 1 款规定的法定期间缩短一半（第 165、166 条）。

原告为被告指定的开庭期限长于第 1 款规定的最短法定期间时，在该最短法定期间届满之前，被告可以请求地方法院的院长在原告指定的期日之前安排开庭，新的开庭时间必须符合上述法定期间的规定。法院院长应就开庭期日的提前作出裁决。书记员应在院长重新安排的开庭之日的前 5 日，将新的开庭时间通知原告（《实

---

〔1〕　开放性期间（Termini liberi），指起算日和终止日都不计算在内的期间。

施细则》第70、70条Ⅱ）。

第164条　无效的起诉状

起诉状缺少第163条第1、2项的内容或内容含糊不清，或缺少有关开庭时间的说明，或原告为被告指定的开庭期限短于现行法规定的最短期间（第163条Ⅱ），或缺少第163条第7）项规定的提醒事项时，起诉无效。

如果被告没有出席诉讼（第294、327条），而法官根据第1款的规定判定起诉状无效，则该法官可以要求在固定期限内重新起诉。重新起诉后，起诉在第一次送达之日后产生的所有实体性（《民法典》第1148、2943、2945条）和程序性（第5、39条）的效力都不受影响。如果重新起诉未能完成，法官应裁定法院的立案登记处注销案件。根据第307条第3款的规定，诉讼程序归于消灭。

如果被告按时出席了诉讼，起诉状的瑕疵将得到弥补，第2款所规定的起诉的实体性和程序性效力也不受影响。不过，如果被告主张原告没有按照现行法的规定为他指定开庭期限，或起诉状没有载明第163条第7项所规定的提醒事项，则法官应该在法定期限内重新安排开庭。

当起诉状缺少第163条第3项规定的内容或完全无法确定其内容，或缺少第4项有关事实的陈述时，起诉状无效。

根据前款规定判定起诉状无效的法官，应为原告指定一个重新起诉的固定期限；如果被告已按时出席了诉讼，则为原告指定一个完善其诉讼请求的期限。超过期限则原告丧失相应权利。在重新起诉或完善诉讼请求之前原告所获得的既得权益不受影响。

如果要补充诉讼请求，法官应根据第183条第2款和第167条的规定安排开庭时间。

第165条　原告出席诉讼

在起诉状送达被告之日起的10日内（在根据第163条Ⅱ规定

缩短期限的情况下则是5日内），原告必须出席诉讼（第171、290、307条）。法律许可的情况下，出席诉讼的可以是原告本人，也可以是其代理人（第82、86条）。出席诉讼时原告应向书记室提交立案登记处给的案件登记表以及原告的案件档案，后者包括起诉状原件、授权委托书以及要提交法庭的证据文件（第168条，第163第5项，《实施细则》第71、74条）。如果原告本人到庭，原告还应声明其经常居住地或法院所在辖区（第170条）的择定住所地（《民法典》第43条）。

如果起诉状被送达给多数被告，则在送达最后一个被告之日起的10日内，应当把起诉状的原件放入案件档案中。

第166条　被告出席诉讼

在起诉状记载的首次开庭的20日以前（在根据第163条Ⅱ规定缩短期限的情况下则是10日以前；根据第168条Ⅱ第5款的规定安排开庭日期则是20日以前），被告必须出席诉讼。法律许可的情况下，出席诉讼的可以是被告本人，也可以是其代理人（第82、86条）。被告出席诉讼时要向书记室提交被告的案件档案，其中包括根据第167条进行的答辩状、被送达的起诉状的副本、授权委托书以及要提交法庭的证据文件。

第167条　答辩状

在答辩状中，被告应该针对原告起诉时依据的所有事实（第163条）提出所有的答辩理由，记载自己的基本信息和税号，说明其在诉讼中将要提交的证据和文件，并阐明自己的结论。

在法定期限内被告可以提出反诉，或对案件在程序上和实体上的问题提出法官不能主动提出的异议，这一权利随期间届满而丧失。如果欠缺或完全无法确定反诉的标的或权利，法官可判定答辩无效，并为被告指定一个完善其反诉请求的固定期限。超过期限则被告丧失相应权利。在其完善反诉请求之前被告所获得的既得权益不受影响。

如果被告想追加第三人参加诉讼（第106条），他应当在答辩状中提出要求，并按照第269条的规定进行追加。

第168条　法院的立案登记处登记案件和法官案件档案的制作

原告出席诉讼时（第165条）——如果原告没有出席诉讼，则是被告出席诉讼时（第166条），在其提交了进入诉讼的案件登记表后，书记员应当在法院的立案登记处进行案件登记（《实施细则》第71、72条）。

与此同时，书记员应制作给法官的案件档案（《实施细则》第36条）。案件档案中包括案件登记表、在没有印花的空白纸上制作的起诉状副本、答辩状副本和诉讼意见书[1]的副本；在诉讼过程中还要逐步加入开庭记录、法官的各项裁定、证据文件和判决书判决内容的副本（第168条Ⅱ，第199、280、347、369条，《实施细则》第72、73、76、89、96、111条，第123条Ⅱ，第126条）。

第168条Ⅱ　调查法官的指定

在根据前一条的规定制作了法官的案件档案后，书记员应立刻将档案呈交给法院的院长。此时，除法院院长想自己负责案件的调查外，他应在案件登记表页面底部作出裁决，指定会见当事人的调查法官。法院分设多个审判庭，院长应将案件分配给其中的一个审判庭，再由该审判庭的庭长按相同的程序指定调查法官（第174条）。

在任何情况下，最迟应当在最先到法院的一方当事人出席诉讼之日的次日完成调查法官的指定。

指定了调查法官后，书记员应当立刻分别在该审判庭的立案登记处和该法官的立案登记处登记案件，并向该法官移交案件档案。

如果指定的调查法官在起诉状指定的开庭之日不开庭，则他应

---

〔1〕 诉讼意见书（Memorie），指当事人用于陈述或补充其诉讼请求和理由的书面文件。

当在紧接着的下一个开庭日安排开庭。

在案件档案移交后的 5 日内，调查法官可以发布裁决推迟开庭。但新的开庭日期必须安排在自起诉状中指定的开庭日期起算的 45 日内。在此情况下，书记员应通知当事人在新的开庭之日按时出庭。

第 169 条　当事人档案的取回

经调查法官的批准，任何一方当事人都可以从书记室取回其档案（《实施细则》第 77 条）；但根据法官的要求，该当事人应重新提交档案。

当法官根据第 189 条的规定将案件移交给合议庭时，任何一方当事人都有权取回其档案，但最迟在提交总结性的诉状前必须归还档案。

第 170 条　诉讼中的送达和通知

原告和被告出席了诉讼之后（第 165、166 条），除法律另有规定外（第 237、286、288、292 条，《实施细则》第 125、129 条），任何对他们进行的送达（第 137 条）和通知（第 136 条）都应该向受他们的委托出席诉讼的代理人作出（第 84 条）。

即使该代理人所代理的当事人不止一人，也只需要向其递交一份起诉状或答辩状。

如果出席诉讼的是当事人本人，则送达和通知应当在该当事人声明的经常居住地或择定住所地进行（第 165、166 条）。

得到法官许可的起诉状、答辩状以及诉讼意见书可以以提交给书记室方式告知其他当事人；也可以以送达或交换（采取交换的方式的，当事人或其代理人应在该文书原件的页面底端或页边空白处签名认可）的方式进行告知。在该诉讼程序的任何审级、任何时候，法官都可以按照法律、法规中对于对电子文档或远程传输的文件署名表示同意、传送和签收规定，授权通过传真和电子邮件将单份诉讼文书的内容通知当事人或与其进行交换。提出质疑的一方当事人应当将质疑文书的内容告知作出原审判决的法官的书记室。为此，辩护人在第一次进行书面辩护时，应写明其用于接收通知的传真号或电子邮件地址。

第 171 条　当事人未按时出席诉讼

如果双方当事人于法律规定的期限内（第 165、166 条）均没有出席诉讼，则应当适用第 307 条第 1 款和第 2 款的规定。

一方当事人按时出席了诉讼后，在首次开庭前，另一方当事人都可以出席诉讼，但被告未按时出席诉讼将导致其丧失第 167 条所规定的权利。

如果直到开庭时，一方当事人都没有出席诉讼或出庭，除存在第 291 条规定的情况外，调查法官应当裁定其缺席诉讼（第 290 条，《实施细则》第 59 条）。

第二节　调查法官的指定

第 172 条~173　（已废除）

第 174 条　不可替换调查法官

调查法官负责整个案件调查阶段的诉讼活动，并负责将有关情况汇报给合议庭（第 175~260、275 条）。

只有在存在无法克服的障碍，或确有必要更换调查法官的重大事由时，法院院长才能以裁定的方式替换调查法官（《实施细则》第 79 条）。在必要的情况下，为了完成某个特定的诉讼活动，也可以裁定替换调查法官。

第二章　诉讼的调查阶段

第一节　调查法官的职权的一般规定

第 175 条　诉讼的引导

调查法官应当利用赋予他的所有权力，确保诉讼活动能及时而公正地进行（第 88 条）。

他负责确定下一次开庭的时间（《实施细则》第 81 条），并为当事人的诉讼活动指定完成期限（第 152 条）。

如果调查法官未按前款规定履行职责，则应适用第 289 条的规定。

第 176 条　法官作出决定的方式

除法律另有规定外，调查法官的所有决定（第 187、205 条）都应以裁定的方式作出（第 134 条）。

开庭时作出的裁定，视为已通知出庭了和应当出庭的当事人；其他裁定应当由书记员于裁定作出之日起的 3 日内通知当事人。按照法律、法规有关对电子文档或远程传输的文件署名表示同意、传送和签收规定，上述通知可以通过传真或电子邮件进行。为此，辩护人在第一次进行书面辩护时，应写明其用于接收通知的传真号或电子邮件地址。

第 177 条　裁定的效力及其撤销

无论基于何种理由而作出的裁定，都不能影响对案件的判决（第 275 条以下）。

除下一款情况外，作出裁定的法官可以随时变更或撤销原裁定

（第 205、208、279 条）。

作出裁定的法官不能变更或撤销以下裁定（第 287 条）：

1）双方当事人对其可以处分的诉讼标的达成了合意，并在此基础上作出的裁定。不过，如果当事人一致同意撤销该裁定，则调查法官或合议庭均可撤销该裁定；

2）法律明确规定不能撤销的裁定（第 53、66、179、192、263、264、270、279、306、348、515、593、648、649、652、684、695、749、764、789 条，《实施细则》第 129 条Ⅱ、第 133 条Ⅱ）；

3）法律规定了特殊的质疑方式的裁定。

第 178 条　合议庭对裁定的控制

如果根据第 189 条的规定案件被移交合议庭进行审理，当事人可以将调查法官以可撤销的裁定方式处理了的问题，再次提交给合议庭进行处理（第 187、279 条，《实施细则》第 80 条Ⅱ）。

如果合议庭的成员中包括调查法官，当事人对该调查法官作出的终止诉讼程序的裁定不满的，可以立刻向合议庭提出异议。

如果裁定是在开庭时作出的，对该裁定的异议应当在裁定作出之日起的 10 日的固定期限内提出；其他情况下，对裁定的异议应当从以通知的方式告知当事人裁定内容之日起的 10 日内提出。

当事人可以在开庭时直接口头提出对裁定的异议，也可以在其他时候向调查法官提交质疑裁定的申请。

如果裁定被当庭质疑，应当事人的要求，法官应要求当事人在指定的期限内提交相应的诉讼意见书，并要求另一方当事人在随后的一定期限内提交答辩意见书。如果当事人在其他时候提交了质疑裁定的申请，书记室应当将申请内容以及调查法官的裁定内容通知对方当事人，并要求后者在指定的期限内提交可能的答辩意见书。上述期限届满后，合议庭应当在 15 日内作出裁决。

第 179 条　罚款的裁定

除法律另有规定外（第 220、226、476 条），按本法的规定所处的罚款，均应由调查法官以裁定的方式作出决定（第 64、67、118、255 条）。

如果裁定是在开庭时当着被处罚的当事人的面作出的，而且罚款已经缴纳，则该裁定是终局性的。其他情况下，书记员应当将裁定送达给被处罚的当事人。后者在收到裁定之日后的 3 日的固定期限内，可以向作出裁定的法官提交异议申请。法官在接到申请后，应当审查申请人提出的异议理由，并以终局性裁定的方式对申请人的异议作出决定。

本条所规定的罚款的裁定，可以被强制执行（第 474 条）。

第二节　案件的审理

第 180 条　审理的方式

应以口头的方式审理案件，并制作诉讼笔录。

第 181 条　开庭时当事人的缺席

如果首次开庭时双方当事人都没有出庭，法官应安排好下一次开庭的时间，并由书记员通知已经出席了诉讼的当事人。如果第二次开庭时仍然没有当事人出庭，法官应作出终局性的裁定，终止诉讼并在立案登记处注销案件。

如果已经出席了诉讼的原告在首次开庭时未出庭，而被告也没有要求法官在原告缺席的情况下继续进行案件的审理，法官应当安排下一次开庭的时间（《实施细则》第 81 条），并由书记员通知原告。如果原告在第二次开庭时仍未出庭，而被告也没有要求法官在原告缺席的情况下继续进行案件的审理，法官应作出终局性的裁定，终止诉讼并在立案登记处注销案件（第 307、310 条）。

第 182 条　代表或授权的瑕疵

调查法官可以审查当事人是否按照规定出席了诉讼（第 165、166、171 条）。必要时，可让当事人对诉讼文书和文件进行补充或弥补其存在的瑕疵（第421条）。

如果发现代表、协助或授权（第75、77条）有缺陷或发现导致辩护人的代理权无效的瑕疵，法官应为当事人指定一个固定期限，要求代表或提供协助的人出席诉讼，以便得到法官的批准、授予或重新授予律师代理权。如果上述期限得到遵守，则缺陷得到弥补，诉讼请求在第一次送达之后引起的实体和程序上的效果继续保留。

第183条　当事人首次出庭及审理

在当事人首次出庭并进行案件审理时，调查法官可以审查对争议的处理是否符合规定，并根据第102条第2款，第164条第2、3、5款，第167条第2、3款，第182条和第291条第1款的规定作出决定。

如果法官作出了第1款所规定的决定，则还应指定重新开庭进行审理的时间。

如果需要适用第185条，调查法官也要指定重新开庭的时间。

在本次开庭或按照第3款规定指定的日期开庭审理案件时，在当事人所主张的事实的基础上，法官应当要求当事人作必要的说明，并归纳案件争议的焦点。

在同一次开庭过程中，原告可以提出诉讼请求，对被告提出的反诉请求或抗辩理由进行抗辩。出于回应被告辩护理由的需要，原告还可以根据第106条和第269条第3款的规定，请求法官授权其传讯第三人出庭。当事人可以对其发表过的诉讼请求、对对方的请求的抗辩和作出的总结进行进一步的解释或修改。

应当事人请求，法官可以按以下规定为他们指定相应的期限：

1）对诉讼请求、对对方的请求的抗辩和作出的总结作进一步解释或修改的诉讼意见书的提交期限为30日；

2）在当事人提交了上述文书之后的30日内，可以对对方的新诉讼请求和对己方请求作出的抗辩进行答辩，或对对方修改后的诉讼请求和前述抗辩进行答辩，或对同一诉讼请求和对己方请求作出的抗辩再进行抗辩，或对证据和文件进行说明；

3）在随后的 20 日内，当事人可以对相反的证据进行说明。

除了第 187 条规定的情况外，法官在处理上述请求时，也应确定第 184 条规定的开庭日期，以便采纳那些可采信的、与案件具有相关性的证据。如果法官在庭外以裁定的方式作出上述决定，则该裁定应当在 30 日内发布。

如果法官按照上述第 7 款的规定发布了关于收集证据的裁定，则各方当事人都应当在同一裁定指定的固定期限内，结合法官已经自行采纳的证据，请求采纳其认为必要的证据，并在法官进一步指定的某个固定期限内提交答辩意见书。该期限的指定应当预留出第 7 款所规定开庭日期。

法官在认为需要时，可以在其收集证据的裁定中，安排当事人对证据进行自由的质证。调查法官所安排的质证适用第 3 款的规定。

第 183 条 Ⅱ　从一般审理程序转变为简易审理程序

在地方法院决定独任审判的案件中，法官在审理案件进行开庭的过程中，评估了争议的复杂性和证据情况后，可以以终局性裁定的方式，按照第 702 条 Ⅲ 的规定作出决定，并在同一次开庭时请当事人说明其想要提交的证据以及文件，以及想要提供的反面证据，过期不说明即丧失这一权利。经当事人申请，法官也可以另行安排一次开庭，并为当事人指定一个不超过 15 日的期限，以便当事人能够在此期间内对其要提供的证据和文件作出说明；法官应在此之后再为当事人指定一个不超过 10 日的期限，让当事人对其要提供的反面证据作出说明。

第 184 条　为采纳证据进行的开庭

在根据第 183 条第 7 款的规定指定的日期开庭时，调查法官应收集已被法庭采纳的证据。

第 184 条 Ⅱ　（已废除）

第 185 条　尝试进行调解

在当事人的共同要求下，调查法官应安排一次开庭，让当事人自由质证并进行调解。调查法官也可以根据第 117 条的规定，安排当事人本人参加的为采纳证据而进行的开庭。法官要求当事人本人出庭时，当事人有权要求由其一般授权或特别授权的诉讼代理人代其出庭，后者应了解案件的事实。代理权的授予应当以公契或经过认证的私人文书的形式进行，而且该授权应包括进行调解或和解的权力。如果代理授权是通过私人书面文件进行的，也可以由当事人的辩护人进行认证。如果代理人不清楚案件事实，且对此不能提供正当理由，则法官应根据第 116 条第 1、2 款的规定对其进行审查。

在调查阶段，法官可以随时再次进行调解（第 198 条）。

如果当事人达成了和解，应制作调解笔录（第 92 条，《实施细则》第 88 条，《民法典》第 1965 条）。调解笔录可以被强制执行（第 199、474 条）。

第 185 条 II　法官的调解建议

在首次开庭时，或者在举证的开庭完结时，法官经过对案件的性质、争议的价值以及是否存在法律上很容易或已经得到解决的问题等各方面因素的考量，在可能的情况下，可以向当事人提出一个解决问题的建议或一个调解的建议。提出进行调解的建议，并不构成可以要求法官回避或法官需要自行回避的理由。

第 186 条　决定的宣布

对于当事人的请求或拒绝，在听取了当事人陈述的理由后，调查法官应及时作出决定；不过，法官也可以选择于随后的 5 日内宣布其决定（第 176 条）。

第 186 条 II　支付无争议款项的裁定

在当事人作总结陈词之前（第 189 条），应当事人的申请，调查法官可以以裁定的方式要求已出席了诉讼的当事人支付他们之间没有争议的款项。如果上述申请是当事人在庭外提出的，则法官应传召该当事人会面，并指定向对方当事人送达申请和裁定的期限。

上述裁定可以强制执行，并不受诉讼程序终止的影响。

上述裁定属于第 177 条第 1、2 款和第 178 条第 1 款规定的可撤销的裁定。

第 186 条Ⅲ　申请发布强制令

在当事人作总结陈词之前（第 189 条），在诉讼中的任何时候，只要出现了第 633 条第 1 款第 1）项、第 2 款和第 634 条规定的情况，当事人都可以向调查法官提交申请，要求其发布强制令，以强制对方当事人付款或交付货物。如果申请是在休庭时提出的，法官应传召该当事人会面，并指定向对方当事人送达申请和裁定的期限。

发布强制令的裁定应包含根据第 641 条最后一款作出的决定。如果出现了第 642 条规定的情况，或出现第 648 条第 1 款规定的情况，且对方当事人没有缺席（第 290 条以下），该裁定可以得到临时性地强制执行。如果对方当事人对被作为证据出示的、对其不利的私人文书予以否认（第 214 条），或主张对方伪造公契（第 221 条），则不可采取临时强制措施。

上述裁定属于第 177 条和第 178 条第 1 款规定的可撤销的裁定。

根据第 653 条第 1 款的规定，本来不可强制执行的裁定因诉讼程序终止（第 310 条）而可以被强制执行。

如果强制令所针对的当事人缺席诉讼，则裁定应当根据第 644 条的规定予以送达。在这种情况下，裁定应包含下述警示：即如果该当事人在送达之日起的 20 日内仍未出席诉讼，根据第 647 条的规定，可以强制执行该裁定。

对上述可执行的裁定，可进行诉讼抵押登记（《民法典》第 2818 条）。

第 186 条Ⅳ　调查阶段结束后的裁定

调查阶段结束时（第 187、188 条），应提出强制对方当事人付款或交付和处置货物要求的一方当事人的申请，调查法官在认为证据充分时，可以针对上述款项的支付或货物的交付和处置作出裁定。在同一裁定中，法官还应决定诉讼费用。

上述裁定可以被强制执行。该裁定可能被本案的判决撤销。

如果上述裁定作出后诉讼程序终止（第 310 条），则该裁定在申请事项上取得与非终局性判决同等的法律效力。

如果在当庭宣布上述裁定之日起或当事人收到通知之日起的 30 日内，裁定所强制的当事人没有向书记室提交申诉书并将其送达对方当事人，以表明其认为已经可以进行判决的意愿，则上述裁定在申请事项上取得与非终局性判决同等的法律效力。

第 187 条　调查法官的决定

当调查法官认为案件无需再收集任何证据即可以进入实体问题的判决时，他应将案件提交给合议庭（第 189、277 条，《实施细则》第 80 条Ⅱ）。

如果对某个实体问题的判断对案件最终的判决具有决定性意义，法官可以将案件提交给合议庭，让合议庭预先对该实体问题进行审理（第 272、279 条）。

与此类似，法官可以对涉及案件司法裁判权或管辖法院的问题（第 37 条以下、第 164 条）作类似的处理。不过，法官也可以决定将该问题与案件的实体问题一同处理。

合议庭根据第 279 条第 2 款第 4 项的规定对案件进行审理时，如果在案件被提交给合议庭审理前，法官还没有为当事人指定第 183 条第 8 款规定的期限，应当事人要求，调查法官可以在首次开庭时为当事人指定该期限。

调查法官也要对和诉讼相关的其他事项作出决定（第 191、290、785、789、791 条）。

第 188 条　法官的调查活动

调查法官负责证据的采纳（第 202 条以下），证据采纳活动完成后，他应根据以下法条的规定，将案件提交给合议庭进行审理。

第 189 条　案件提交合议庭

调查法官根据第 187 条前三款和第 188 条的规定将案件提交给合议庭时，应当请当事人向其说明他们准备提交给合议庭的总结陈词，该总结陈词的内容不应超出他们第一次提交，或按第 183 条的规定补充提交的诉讼文书的范围。即使是在第 187 条第 2、3 款规定的情况下，当事人也应提交其涉及案件实体问题的总结。

即使是在第 187 条第 2、3 款规定的情况下，一旦案件被提交给合议庭，合议庭都应对案件整体进行审理（第 190、227 条）。

第 190 条　总结性的诉状和诉讼意见书

当事人应当在案件提交合议庭审理（第 189 条）之日起的 60 日的固定期限内提交总结性的诉状；并在随后的 20 日内提交答辩意见书。

调查法官在将案件提交给合议庭时，可以要求当事人在一个更短的期限内提交总结性的诉状，不过最短也不得少于 20 日。

第 190 条 II　（已废除）

第三节　调查阶段

第一分节　专家的指定及其调查工作

第 191 条　专家的指定

在第 61 条及其以下各条规定的情况下，调查法官应在第 183 条第 7 款规定的裁定中或在之后的某个裁定中指定一名专家，向其说明问题并指定必须有该专家参加的庭审的开庭日期（第 201 条，

《实施细则》第 22 条以下）。

第 192 条　专家的弃权和回避

书记员负责向专家送达裁定并邀请其按时参加开庭。

不愿接受所指派的工作或意图放弃其工作职责的专家，应该在其被通知出庭的 3 日之前，通知指定他参加诉讼的法官或向其提出申请，表明其意图。当事人要求专家回避的申请，也应在同一期限内通过书记室向调查法官提出（第 63 条）。

调查法官以终局性裁定的方式对上述事项作出决定（第 177 第 2 项，《实施细则》第 89 条）。

第 193 条　专家的宣誓

在有专家参与的庭审中，调查法官应提醒出庭专家其职责的严肃性，并要求该专家宣誓，表明其为了能实现让法官了解事实真相这唯一的目的，将诚实、认真地履行职责（《实施细则》第 19 条，《刑法典》366、373 条）。

第 194 条　专家的职责

应调查法官的邀请，专家应按时出庭。专家应根据第 62 条的规定，完成的调查任务（包括在法院管辖区之外的调查任务）。由法官来决定该专家是应该单独完成任务，还是与法官配合完成任务（第 259、260 条）。在得到有关授权后，专家可以要求当事人说明情况，可以要求第三人提供信息，也可以制作平面示意图、铸模和浮雕（第 261、424、445 条）。

即使法官决定由专家单独完成调查任务，当事人仍可以自己或由其指定的专家和辩护人参与调查，并可向法官指定的专家提出意见或要求（第 195、201 条，《实施细则》第 90、91、92 条）。

第 195 条　笔录和报告

在有调查法官参与的调查中，由专家制作调查笔录。不过，法官也可以让专家作书面报告。

如果调查过程没有法官的参与，则专家应提交书面报告；报告应附带有当事人的意见和要求。

专家应当将报告发送给按照法官在第 193 条所规定开庭时通过裁定所指定的时间出席了诉讼的当事人。在同一裁定中，法官应指定一个期限，要求当事人在期限内将其对调查报告的意见和要求发送给专家；此外，法官还应指定一个在下一次开庭之前的期限，要求专家向书记室提交调查报告、当事人的意见以及对当事人意见的综合评价（第 424、441 条）。

第 196 条　重新调查和专家的替换

法官有权随时重新进行调查，并在有重大理由时替换专家。

第 197 条　开庭时专家的协助和专家参加法官评议会

合议庭庭长在其认为适当的时候，可以邀请专家参与合议庭对案件的讨论（第 275 条）、并在有当事人出席的法官评议会陈述观点。出席的当事人可通过其辩护人进一步对其论点进行说明和修正（第 201、441 条）。

第 198 条　查账

需要审查财务文件和记账册时，调查法官可指定专家来完成该工作，也可让专家同时尝试让当事人调解（第 185 条）。

专家应听取当事人的陈述。在征得当事人的同意后，专家还可以审查当事人未在诉讼中提交的财务文件和记账册。不过，未经各方当事人一致同意，专家的调查笔录和第 195 条规定的报告均不得涉及上述财务文件和记账册。

第 199 条　调解笔录

当事人达成和解后，应制作调解笔录。调解笔录应有各方当事人和专家的签名。调解笔录应放入法官的案件档案中。

调查法官应当通过裁定的方式，使调解笔录可以被强制执行（第 474 条）。

第 200 条　调解不成功

如果当事人未达成和解，专家应当在调查法官指定的期限内，向书记室提交一份报告，在报告中陈述调查结果以及个人意见。

根据第 116 条第 2 款的规定，法官可以对专家在调查报告中记载的当事人的陈述进行评价。

第 201 条　当事人指定的专家

调查法官应当在其指定专家的裁定中，为当事人指定一个期限；在该期限内，当事人可以发表一份声明以指定自己的专家，并将该声明提交给书记员（第 87 条，《实施细则》第 91、145 条）。

当事人指定的专家，除了按照第 194 条的规定协助法官指定的专家进行调查外，经合议庭庭长的授权后，还应当参加所有有法官指定的专家参与的开庭和法官评议会，以便对调查的结果进行说明和评论（第 197 条）。

第二分节　举证的一般规定

第 202 条　举证的时间、地点和方式

由调查法官发出举证的要求；如果无法在本次开庭中完成举证，调查法官应当指定举证的时间、地点和方式（第 210 ~ 266 条）。

如果在法官指定的时间再次开庭时，仍然没能完成举证，法官应确定一个继续举证的截止日期（第 420 条，《实施细则》第 82 条）。

第 203 条　在法院管辖区之外采纳证据

当需要在法院管辖区之外采纳证据时，调查法官应当委托一名该管辖区的调查法官代为完成证据的采纳。但在当事人的共同要求下，经法院院长同意，调查法官也可以自己跨越管辖区进行证据的采纳（第 232、255 条）。

根据委托采纳证据的裁定，被代表的法官应指定采纳证据的期限，并指定证据采纳完成后继续进行诉讼的开庭日期。

接受委托的法官根据相关当事人的要求采纳证据，并在被代表的法官指定的证据采纳完成后继续进行诉讼的开庭日期之前，提交采纳证据的笔录（即使证据的采纳尚未完成）。

当事人可以直接或者通过接受委托的法官向被代表的法官申请延长举证期限。

第204条　对外国官方机构和意大利领事的委托

意大利法官委托外国官方机构进行调查的决定应通过外交途径予以传达。

如果委托的调查涉及在国外定居的意大利人，调查法官应委托有管辖权的领事进行调查，后者应按照领事法的规定进行调查。

为完成证据的采纳并继续进行诉讼，法官应就上一条后三款规定的事项作出决定。

第205条　与证据相关的问题的解决

负责采纳证据的法官（包括根据第203条的规定接受委托的法官），应当以裁定的方式解决举证过程中发生的所有问题（第176条）。

第206条　当事人参与证据的采纳

当事人本人可以参与证据的采纳（《实施细则》第84条）。

第207条　证据采纳的笔录

应当在法官的监督下，制作采纳证据的笔录（第126、130条）。

记录当事人和证人发表的声明时应使用第一人称。笔录的内容应向发表上述声明的当事人或证人宣读，并由其签名认可。

第 208 条　因举证期限届满而丧失权利

如果要求进行举证或要求继续举证的一方当事人缺席为此而进行的开庭（第 202 条），调查法官应宣告其丧失举证权利，除非参加诉讼的另一方当事人要求采纳该证据。

在下次开庭时，相关当事人可以向调查法官请求撤销宣告其丧失举证权利的裁定。此时，如果法官认为当事人未能出庭是出于不可归责于该当事人的原因，他应该作出撤销原裁定的裁定。

第 209 条　举证的结束

在完成了所有证据的采纳工作后，或在按照上一条的规定宣告当事人丧失举证权利后已没有任何其他证据可以采纳时，或其认为已没有必要再收集更多的证据便可得出结论时，调查法官可以宣告举证结束。

第三分节　证据的提交

第 210 条　要求当事人或第三人提交证据

在第 118 条规定的的范围内，当事人可以要求审查另一方当事人或第三人所占有的物件。为此，应当事人申请（《实施细则》第 94 条），调查法官在认为有必要采纳某一证据时，可以要求另一方当事人或第三人向法庭提交特定的文件或物品（第 213、670 条）。

在要求提交证据的指令中，法官也应该作出有关证据提交时间、地点和方式的指示（第 202 条，《实施细则》第 95 条）。

如果提交证据会产生费用，申请提交证据的当事人应当预先垫付该笔费用。

第 211 条　第三人权利的保护

在要求第三人提交证据时，调查法官应尽最大可能协调司法利益和第三人权利（第 118 条）。在要求其提交证据之前，调查法官可以要求申请人传讯第三人参加诉讼，并为申请人指定传讯第三人的期限。

在传讯其出席诉讼的期限届满之前，第三人可以参加诉讼并对要求其提交证据的裁定提出异议（第 105、267 条）。

第 212 条　文件副本和账簿的提交

调查法官可以要求提交文件的副本、影印本或经认证的摘录（《民法典》第 2714、2718、2719 条），以替代原件。

如果要求提交账簿或记账册（《民法典》第 2711 条）是为了摘录其中的特定项目信息，应相关当事人的申请，法官也可以直接要求提交上述摘录。为此，法官应指定公证人、并在需要时指定一名专家协助公证人进行公证（第 68 条）。

第 213 条　要求行政机关提供信息

除了第 210 和 211 条规定的情况外，法官在认为有必要时，可以要求行政机关提交和案件相关的书面材料和该行政机关自己制作的文件（《实施细则》第 96 条）。

第四分节　对私人书证真实性的承认和鉴定

第 214 条　否认私人书证的真实性

如果因提交的书证而处于不利地位的当事人（《民法典》第 2702、2703 条）意图否认该书证的真实性，他必须在形式上否认自己曾撰写该书证或曾在书证上签名（第 215、293 条）。

继承人或潜在的继承人意图否认书证真实性时，只需主张其不认识该书证文字或签名的笔迹。

第 215 条　对私人书证真实性的默认

下列情况下，可推定诉讼中所提交的私人书证具有真实性（第 219 条，《民法典》第 2702、2703 条）

1）如果该书证的作者或因该书证的提交而处于不利地位的当事人未出庭（第 293 条第 3 款规定的情况除外）；

2）如果在首次开庭时或私人书证提交后的第一次答辩中，出庭的当事人没有否认该私人书证的真实性或没有主张其不认识该书证的笔迹（第214条）。

在法律允许的情况下，如果提交的是经认证的副本（《民法典》第2715条），调查法官应指定一个期限，当事人可以在该期限内根据上述第2项的规定要求否认书证的真实性。

第216条　申请鉴定

意图否认书证的真实性（第214条）的当事人，应当申请对书证进行鉴定。为此，他应当请求法庭采纳其认为有助于证明书证真实性的证据，并提交可资参考的其他书面文件或对其作出说明（第217~219条）。

如果当事人表明书证的鉴定将影响其利益，鉴定书证的申请也可以在主诉中通过起诉状提出；不过，如果被告承认了私人书证的真实性，鉴定书证所支出的费用应由原告承担。

第217条　书证的保管和调查指令

收到鉴定书证的申请后，调查法官应采取适当的预防措施以保管好相关文件，并向当事人指定向书记室提交可资参考的书面文件的期限；在需要时，调查法官可以指定一名专家（第61条以下，第191条以下，第219条），或要求采纳其他证据。

在决定可资参考的其他书面文件时，如果当事人意见不一致，调查法官应当采纳那些确实为被承认的书证（第215条）的作者所撰写的，或者为法院的判决或公契（第324条，《民法典》第2699条）所证实的文件。

第218条　保管人保管的用于参考的书面文件

如果用于参考的书面文件被委托给公共的或私人的保管人保管，且法律不禁止将其取走，调查法官可以指令保管人在其所规定的期限内将这些文件移交书记室（《实施细则》第98条）。

如果参考工作必须在书面文件被保管的地方进行，法官应当采取必要的措施，以便在保管人在场的情况下完成参考工作。

第219条 用于参考的书面文件的撰写

调查法官可以要求当事人书写指定的文字，这一听写过程可以在专家面前进行（第194条）。

法官要求当事人本人出席诉讼时，如果该当事人无正当理由没有出席诉讼或拒绝书写指定的文字，则推定他承认了书证的真实性（第215条）。

第220条 合议庭的判决

鉴定书证的申请只能由合议庭作出判决（第279条）。

合议庭发现被当事人否认的书证的字迹和签名确实是当事人本人所为时，在作出上述确认的判决书中，可以同时判处该当事人支付2~20欧元的罚款（第170条）。

第五分节 伪造之诉

第221条 伪造之诉的起诉和内容

伪造之诉（《实施细则》第65条）可以在主诉中提出（第163条，《实施细则》第99条），也可以在诉讼过程中（第222条）的任何审级、任何时候（第313、355条）提出，除非相关文件的真实性已经为终局性判决所确认（第324条）。

伪造之诉必须包含对指控要点的说明和证明文件虚假的证据（缺乏上述内容将导致起诉无效），并且必须由当事人本人或经其特别授权的代理人（第82条）在起诉状中或在附加在诉讼笔录的声明中提出。

公诉人必须参加伪造之诉（第70、158条）。

第222条 对提交书证一方当事人的询问

如果在诉讼过程中提起了伪造之诉，调查法官应询问提交书面文件一方当事人是否仍希望在诉讼中使用该文件。如果该当事人对此予以否定，则在诉讼中不得再使用该文件；如果当事人仍希望使用该文件，调查法官在认为该文件与案件具有相关性时，应当在本次开庭或下一次开庭时批准受理伪造之诉（《实施细则》第 65 条），采纳其认为适当的证据，并确定证据收集的方式和期限（第 202 条）。

第 223 条　提交书面文件的笔录

在受理伪造之诉的庭审中，应制作将被质疑的文件提交给书记员的笔录（《实施细则》第 100 条）。

上述笔录应当在公诉人和当事人都在场时制作。笔录应包含对文件状况的描述、对所有的删节、磨损、补充、字里行间撰写的文字以及其他文件中发现的特殊之处所作的说明。

调查法官、公诉人和书记员应当在文件上签名。法官还可以要求制作文件的影印本。

第 224 条　文件的扣押

如果真实性被质疑的文件被他人保管，调查法官可以根据《刑事诉讼法》的相关规定（《刑事诉讼法》第 253 条以下）命令扣押该文件，并根据上一条的规定制作笔录。

如果无法向书记室提交文件，法官应当采取必要的预防措施以保存好该文件，并在文件的保管地、在保管人在场的情况下制作笔录（《实施细则》第 98 条）。

第 225 条　有关伪造之诉的判决

只有合议庭才能作出有关伪造之诉的判决（第 226、279 条，《实施细则》第 65、101 条）。

调查法官可以将当事人的伪造之诉提交合议庭，由合议庭在实体问题之外单独对伪造之诉进行审理。在这种情况下，应当事人的申请，法官可以继续审理那些不受被质疑的文件影响的诉讼请求

（第187、313条）。

第226条　判决的内容

在驳回伪造之诉的判决中，合议庭应要求归还被质疑的文件，并指令书记员在该文件的原件或复印件上记载判决。此外，应对提起伪造之诉的当事人处以2~20欧元的罚款。

在确认文件虚假性的判决中，合议庭可以根据《刑事诉讼法》第480条（现第537条）的规定作出决定。

第227条　伪造之诉判决的执行

上一条所规定的判决在成为终局性判决之前，不得予以执行（第324条）。

如果当事人没有请求执行，根据《刑事诉讼法》第481条（现第675条）的规定，公诉人应当推动判决的执行，并由败诉一方当事人支付执行的费用。

第六分节　诉讼承认和正式询问

第228条　诉讼承认

诉讼承认可以是自发的（第229条），也可以是被正式询问后作出的（第230条）。

第229条　自发的承认

除了第117条规定的情况外，当事人可以在任何一个由其本人签名的诉讼文书中作出自发的承认。

第230条　询问的方式

询问当事人的事项应当是单一的和具体的。

调查法官应当按照批准进行询问的裁定所规定的方式和期限询问当事人。

除非当事人对提问的内容没有异议且法官认为需要进行询问，

否则不能向当事人询问与问题主旨无关的事情。不过，法官可以随时要求当事人对其已经作出的回答作出合理说明。

第 231 条　对询问的回答

被询问的当事人应当本人作答，而且不得按照提前准备好的书面材料作答。不过，如果回答的内容涉及人名、数字或存在其他需要使用笔记的情况，调查法官可以允许当事人使用笔记作答。

第 232 条　未能作答

如果当事人无正当理由缺席询问或拒绝作答，合议庭在参考了其他证据后，可以对被询问的事项作出对该当事人不利的判断（第548 条）。

调查法官发现当事人有正当理由无法参加询问时，可以安排在法院之外进行询问（第 203、239 条）。

第七分节　宣　誓

第 233 条　要求对方进行决定性宣誓

诉讼中，通过当事人或经特别授权的代理人在开庭时发表的声明，或通过当事人的签署的文书，可以随时向调查法官要求对方当事人进行决定性宣誓（第 125、345、394、421、437 条，《民法典》第 1305、2736、2737、2738、2739 条）。

应分别就各个事项宣誓，誓言应当是明确的和具体的。

第 234 条　反要求对方进行决定性宣誓

只要被要求进行决定性宣誓的一方当事人未表明自己已准备好进行宣誓，他都可以要求对方当事人在《民法典》规定的范围内进行同样的决定性宣誓（《民法典》第 2739 条）。

第 235 条　不可撤销

如果对方已经表明准备好进行宣誓，要求或反要求进行决定性宣誓的当事人不得再撤销对对方宣誓的要求。

第 236 条　可以撤销的情况

如果法官在同意进行决定性宣誓时对当事人提出的誓词进行了修改，则该当事人可以撤销对对方宣誓的要求。

第 237 条　争议的解决

当事人间有关进行决定性宣誓的所有争议都只能由合议庭来解决（第 279 条）。

合议庭同意进行决定性宣誓的裁定必须送达给被要求宣誓的当事人本人（第 292 条）。

第 238 条　进行宣誓

宣誓由当事人本人进行，并向调查法官作出。调查法官要提醒当事人宣誓的道德意义以及虚假宣誓会导致的刑事后果，然后再邀请当事人宣誓。

宣誓人应起立，声音清楚地说出："我清楚地知道我对誓言所承担的责任，我发誓……"随后他应该复述所要求的誓词。

第 239 条　拒绝宣誓

如果被要求进行决定性宣誓的当事人无正当理由未能参加为宣誓安排的开庭，或虽然参加了开庭但拒绝宣誓，或没有反要求对方宣誓（第 234 条），则法官将在诉讼请求上或在同意进行宣誓所涉及的事实问题上作出对其不利的认定；如果被反要求进行宣誓的对方当事人拒绝宣誓（《民法典》第 2738 条），他也将遭受同样的不利。

调查法官发现要宣誓的当事人有正当理由无法参加为宣誓安排的开庭时，应按照第 232 条第 2 款的规定处理。

第 240 条　要求当事人进行补充性宣誓

在必须由合议庭审理的案件（第 50 条Ⅱ）中，只有合议庭才可以要求当事人进行补充性宣誓。

第 241 条　同意为评估物之价值而进行宣誓及宣誓的内容

只有在通过其他方式无法确认系争标的物价值的情况下，为评估系争标的物的价值，合议庭才可以要求一方当事人进行宣誓（《民法典》第 2736 第 2 项）。在上述情况下，合议庭还应确定标的物价值的上限，宣誓中的价值只有在这一限制内方才有效。

第 242 条　不得反要求对方当事人进行补充性宣誓

法官要求一方当事人进行补充性宣誓时，该方当事人不得反要求对方当事人进行宣誓。

第 243 条　有关决定性宣誓的规范的准用

进行法官所要求的宣誓，可以适用有关决定性宣誓的规定（第 238、239 条）。

第八分节　证人证言

第 244 条　证言的陈述方式

证人作证时，应向证人具体说明被调查的人和应予调查的事件，并分别陈述需要作证的各个事项（第 421、621 条，《民法典》第 1417、2721~2726 条）。

第 245 条　采纳证人证言的裁定

在采纳证人证言的裁定中，调查法官可以在证人名单上删除那些他认为没有必要出庭的证人，并删除那些根据法律规定不得采纳的证言（第 246、247 条，《实施细则》第 102 条）。

如果指定了某证人出庭作证的一方当事人事后反悔，除非对方当事人和法官同意，他的反悔无效（第 257 条）。

第 246 条　证人资格的缺乏

对本案有利害关系且这种利害关系有可能导致其参与诉讼的人

不能作证（第 100、105 条）。

第 247~248 条　（已废除）

第 249 条　免于作证的权力

在听取证人证言的问题上，可以适用《刑事诉讼法》第 200、201、202 条关于证人免于作证权力的规定。

第 250 条　传唤证人出庭

应利害相关当事人的请求，司法官应传唤调查法官认可的证人按法官指定的时间和地点出庭作证。司法官应告知该证人听取其证言的法官的姓名，并对其说明需要使用其证言的案件的情况（《实施细则》第 103、104 条）。

第 1 款所说的传唤，如果没有直接交到或邮寄到收件人手中，则应当用信封封好后再送达。

应当事人私下的要求，辩护人也可以通过带回执的挂号信、经过注册登记的电子邮箱或传真，传唤经认可的证人出庭作证。

以带回执的挂号信向证人送达传唤其出庭作证的文件的辩护人，应当将其寄出的文件的副本（保证其和原件一致）和回执提交法官的书记室。

第 251 条　证人的宣誓

证人应分别出庭作证。

调查法官应提醒证人宣誓的道德意义以及作伪证或隐瞒真相会导致的刑事后果，并向其宣读："你很清楚你对人民和上帝（如果是基督徒）所承担的责任；通过宣誓，你要发誓讲真话，并且除了真话什么都不讲。"随后，证人应起立并进行宣誓并说："我发誓。"

第 252 条　证人身份的确认

调查法官应询问证人的姓名、出生日期和地点、年龄和职业，并让其表明是否与任何一方当事人之间存在亲属关系《民法典》

第 74、78 条），是否受雇于一方当事人或与本案有利害关系。

当事人可以质疑证人的可信度，而证人应当对此作出必要的说明。上述质疑和相应的说明都应当在听取证人证言前记入诉讼笔录。

第 253 条 提问和回答

调查法官应围绕需要证人证明的事实向证人提问。法官也可以依职权或应当事人要求向证人提出其认为有助于澄清上述事实的任何问题。

当事人和公诉人不得直接向证人提问。

证人的回答适用第 231 条的规定。

第 254 条 证人的对质

如果两个或两个以上证人所提供的证言之间存在分歧，调查法官可以依职权或应当事人申请要求各方证人对质。

第 255 条 证人未出庭作证

如果被正常传唤的证人未能出庭作证（《实施细则》第 103 条），调查法官可以裁定再次传唤该证人，或裁定该证人由司法人员陪同参加本次或下次开庭。如果证人未出庭没有正当理由，法官可以在同一裁定中对该证人处以 100~1000 欧元的罚款。如果证人被再次传唤后仍未出庭且没有正当理由，法官可以安排司法人员陪同证人参加本次或下次开庭，并对该证人处以 200~1000 欧元的罚款。

如果证人确实无法出庭或根据法律（第 249 条，《实施细则》第 105 条）或国际惯例而免于出庭，法官应该造访其住宅或办公室；如果证人不在法院的管辖区，法官应委托证人所在地的调查法官询问证人（第 203 条）。

第 256 条 拒绝作证和作伪证

如果出庭的证人无正当理由（第 249 条）拒绝宣誓或拒绝作

证，或有理由认为他说谎或隐瞒真相，调查法官应向公诉人检举该证人，并向公诉人递交记录证人证言的诉讼笔录副本。

第 257 条　新证人证言的采纳以及重新询问证人

如果某位证人在证言中提到了知道案件事实的其他人，调查法官可以裁定传唤他们出庭作证（第 421 条）。

法官也可以要求听取那些他在之前根据第 245 条的规定认定没有必要听取的，或之前经他同意免于提供的证人证言；同样地，为了能进一步弄清已经提交了的证人证言，或为了能纠正上一次作证时存在的程序问题，法官也可以要求已经被询问过的证人再次接受询问。

第 257 条 II　书面的证人证言

经当事人同意，在考虑了案件的性质以及其他情况（包括第 203 条规定的情况）后，法官可以要求证人在其指定的期限内，书面回答向其提出的问题，以完成证人证言的采纳。

法官在其根据第 1 款的规定所作出的指令中，可以让要求采纳证人证言的一方当事人预先制作好包含法官所提问题的证人证言记录表（《实施细则》第 103 条 II），并将其送达给证人。

证人作证时应逐项填写证人证言记录表，分别回答每一个提问，指明其无法回答的问题并说明原因。

证人应在其书面陈述的每一页加上其经过认证的签名以完成对其书面证言的签署，并将该书面证言装入信封，通过挂号信的方式邮寄，或直接递交给法官的书记室。

即使证人行使了其根据第 249 条享有的免于作证的权力，他仍有义务填写证人证言记录表，完整地说明其个人情况并说明其免于作证的理由。

如果证人没有在指定的期限内邮寄或递交他的书面回答，法官可以按照第 255 条第 1 款的规定对该证人处以罚款。

如果证人证言中涉及有关费用支出的文件，而这些文件已经由当事人提交给了法庭，证人可以向因此证据而受益的当事人的辩护人邮寄一份有其签名的书面声明，此时不再需要使用第 2 款规定的证人证言记录表。

在审查了证人的回答或说明之后，法官仍可以随时要求该证人在他或他委托的法官面前作证。

第九分节　检查、机械复现和实验

第 258 条　检查的裁定

调查法官负责安排对特定地点、动产、不动产或人的检查，并指定检查的时间、地点和方式（第 118、202、421 条，《实施细则》第 93 条）。

第 259 条　检查的方式

调查法官应亲自进行检查（第 260 条）；不过在需要时，他也可以要求一名专家的协助（第 61 条以下，第 191 条以下）。这一点即使调查工作需要在法院管辖区之外进行也不例外——除非确有紧要事由导致调查法官无法离开法院；在这种情况下，调查法官应按照第 203 条的规定，委托该地区的调查法官进行检查。

第 260 条　身体检查

调查法官可以不参与身体检查，并把检查工作完全交给专家来进行（第 194 条）。

检查身体时，应采取一切预防措施以保证被检查者的人格不受侵害（《实施细则》第 93 条）。

第 261 条　复现、复制和实验

调查法官可以要求制作物体、文件和场所的浮雕、铸模和复现品（包括影印品），必要时还可以摄制影片，或采取其他要求使用工具、仪器或机械进程的观测手段。

同样地，为了判断某一事件是否发生或是否可能以某种特定的

方式发生,在需要时,法官可以要求通过拍照或摄像来复现同一事件的发生过程。

法官主持实验的进行。在需要时,可以将实验委托给一名专家,该专家要按照第 193 条的规定宣誓(第 68 条)。

第 262 条　调查法官的权力

在检查或实验的过程中,调查法官可以听取证人证言以获取信息,或作出必要的指令以获取物证,或进入特定场所(第 210、421 条,《实施细则》第 94 条)。

法官还可以要求进入并非诉讼参加人所有的场所,如果条件允许的话应听取他们的意见,并采取一切必要的预防措施以保护他们的权益不受侵害(第 118、211、421 条)。

第十分节　账目报告

第 263 条　账目的提交和接受

如果法官要求提交账目(《民法典》第 385、496、497、529、531、709、1130、1713 条),则应当在为讨论账目而进行的开庭的 5 日之前,将该账目以及补充性文件一同提交给书记室。

如果账目被接受,调查法官应当在诉讼笔录中记载此情况(第 126 条),并指令支付根据账目得出的数额(第 266 条)。这一裁定是终局性的,并可以被强制执行(第 474 条)。

第 264 条　对账目的质疑和讨论

对账目表示怀疑的当事人应当表明他所质疑的具体项目。当事人要求法官为其指定一个提出具体质疑的期限时,法官应当指定一个为此开庭的日期。

如果当事人在讨论了账目之后对账目的结果表示认可,法官应按照上一条第 2 款的规定处理。

在任何情况下,法官都可以以终局性裁定的方式要求支付根据账目或对账目的讨论所得出的余额(《实施细则》第 109 条)。

第 265 条　宣誓

如果应做账目报告的一方当事人未作报告或未出庭，合议庭可以允许债权人通过宣誓的方式来确定其应收取的数额（《民法典》第 2736 第 2 项）。此时应适用第 241 条的规定。

合议庭也可以要求提交账目报告的一方当事人通过宣誓的方式来证明那些无法或不需要提供发票的项目。不过，如果这些项目是可信的或合理的，法官也可以直接认可这些项目而无需当事人宣誓。

第 266 条　复查已经被认可的账目

只有在账目内容有差错、被删节、伪造或有项目重复的情况下，才可以对已经被当事人认可的账目进行复查。复查也可以在另一个诉讼程序中进行。

第四节　第三人参加诉讼以及诉讼的合并

第一分节　第三人参加诉讼

第 267 条　参加诉讼的第三人的出庭

第三人根据第 105 条的规定参加诉讼时，必须向书记室或在开庭时向法官提交第 167 条规定的答辩状、为其他当事人准备的答辩状副本、相关文件以及委托授权相关文件（第 292 条）。

如果第三人没有在开庭时出庭，书记员应当将第三人参加诉讼的情况以通知的方式告知其他当事人。

第 268 条　参加诉讼的期限

当事人在诉讼中作总结陈词之前，第三人都可以参加诉讼（第 189 条）。

第三人不得进行那些在其参加诉讼时其他当事人中有人已无法再进行的诉讼活动（第 183、184 条），除非他是作为必要诉讼参加人自愿参加诉讼的（第 102 条）。

第 269 条　传讯第三人参加诉讼

当事人按照第 106 条的规定传讯第三人参加诉讼时，应当以诉状（第 163 条）通知当事人在调查法官指定的时间出庭；对此适用第 163 条Ⅱ关于期限的规定。

被告意图传讯第三人参加诉讼时，应当在答辩状（第 167 条）中表明意愿，并同时向调查法官请求推后首次开庭的时间（第 183 条）以便该被告能在第 163 条Ⅱ规定的期限内传讯第三人。在收到上述申请的 5 日内，调查法官应发布指令确定新的开庭时间。书记员应将指令的内容以通知的方式告知已经出席了诉讼的当事人。被告应将诉状送达第三人。

被告在答辩状（第 167 条）中表明要传讯第三人出庭后，如果原告也想传讯第三人参加诉讼，则他必须在首次开庭时（第 183 条）请求调查法官对此予以授权，超过此期限则不得再要求传讯第三人。如果调查法官同意授权，则他应当安排一次新的开庭，以便原告能在第 163 条Ⅱ规定的期限内传讯第三人。原告应在法官指定的固定期限内将诉状送达第三人。

传讯第三人出庭的当事人应当在第 165 条规定的期限内将诉状的原件提交给书记室；被传讯的第三人必须在第 166 条规定的期限内出席诉讼。

在第 3 款规定的情况下，尽管在首次开庭时没有要求授权传讯第三人的当事人已丧失相应权利，调查法官仍应在有第三人参加的庭审中按照第 183 条第 6 款的规定指定相关诉讼活动的期限。

第 270 条　法官要求第三人参加诉讼

根据第 107 条的规定，在诉讼的任何时候，调查法官都可以要求传讯第三人参加诉讼，并要求第三人在其指定的时间参加开庭。

如果双方当事人都没有传讯第三人参加诉讼，调查法官可以以终局性裁定要求立案登记处注销案件（第 307 条）。

第 271 条　第三人出席诉讼

第三人被传讯参加的开庭（第 169、270 条）应适用第 166 条和第 167 条第 1 款的规定。如果第三人自己也想传讯其他第三人参加诉讼，他应当在答辩状中表明这一意图，并由法官根据第 269 条第 3 款的规定对此予以授权。

第 272 条　有关第三人参加诉讼问题的决定

合议庭应在处理实体问题的同时一并处理有关第三人参加诉讼的问题（第 277 条），除非调查法官根据第 187 条第 2 款的规定将案件提交给了合议庭以便预先对该问题进行单独的处理。

第二分节　诉讼的合并

第 273 条　同一案件中多个诉讼的合并

如果同一法官受理的同一案件中包含多个诉讼（第 39 条），该法官可以决定将这些诉讼予以合并。

如果调查法官或审判庭的庭长发现同一案件已经被其他法官或本法院的其他审判庭受理，他应当向法院院长汇报这一情况，法院院长在听取当事人意见后，应发布裁决以合并诉讼，并在裁决中指定继续审理案件的审判庭和法官。

第 274 条　关联案件的诉讼的合并

如果同一法官受理的关联案件（第 31~33、40 条）涉及多个诉讼，该法官可以决定将这些诉讼予以合并（《实施细则》第 151 条）。

如果调查法官或审判庭的庭长发现关联案件涉及的其他诉讼已经被其他法官或本法院的其他审判庭受理，他应当向法院院长汇报这一情况，法院院长在听取当事人意见后，应发布裁决要求同一审判庭的同一法官集中所有案件进行一次开庭，以便作出适当的决定。

第 274 条 II　（已废除）

第三章　案件的判决

第 275 条　合议庭的判决

案件移交给合议庭后，在第 190 条规定的答辩意见书提交期限届满之日起的 60 日内，应当将判决书提交书记室（《实施细则》第 113~127 条）。

在作总结陈词时，任何一方当事人都可以要求在合议庭前对案件进行口头辩论。在这种情况下，虽然第 190 条规定的提交书面辩护的期限不受影响，但如果提交答辩意见书的期限已经届满，则应当向法院院长再次提出口头辩论的申请。

法院院长应以裁决的方式对申请事项作出决定，并确定开庭辩论的时间。开庭必须安排在 60 日内进行。

开庭辩论时，调查法官应先对案件情况作口头报告。随后，合议庭庭长应准许当事人对案件展开辩论。应在开庭后的 60 日内向书记室提交判决书。

第 276 条　判决的形成

案件的评议应该在法官评议会秘密进行。只有参加了开庭辩论的法官才能参与案件评议（第 158 条，《实施细则》第 114 条）。

合议庭在其庭长的主持下，对当事人提出的或法官自己总结出的先决问题进行逐项评议，并对案件的实体部分作出判决（第 277、279 条）。

案件的评议采取多数决。由发言的法官第一个表决，随后是其他法官，最后由合议庭庭长表决（第 131 条）。

如果合议庭成员对同一个问题提出了多种不同的处理意见，并且在第一次表决时没有形成多数意见，合议庭庭长应挑选出其中的两个处理方案再次进行表决，以否决其中的一个，然后，再在未被否决的方案和另一备选方案之间进行表决，以此类推直到只剩下两个备选方案，并在它们之间进行最终的表决（第 131 条）。

表决结束后，合议庭庭长应撰写判决书中的判决内容部分并签名。随后，原则上应由发言的法官撰写判决理由部分并签名，除非庭长想自己撰写或指定另一法官撰写这一部分（《实施细则》第 118、119 条）。

第 277 条 对实体问题作出的判决

在对案件的实体问题进行评议时，合议庭应当对当事人提出的所有诉讼请求和相应的抗辩作出处理，并就此定案（第 112、189、310、402 条）。

不过，从调查法官按照第 187 条第 1 款的规定移交案件开始，如果合议庭认为已经不需要更多的证据来支持某些诉讼请求，而且对该请求及时作出判决对于提出这一请求的当事人具有重大意义，那么合议庭也可以仅仅对这些诉讼请求作出判决。

第 278 条 不涉及具体数额的判决；预先判给债权人的款项

如果当事人的权利已经得到确认，但是对于可请求支付的数额还存在争议，应当事人申请，合议庭可以仅仅作出不涉及具体数额的支付判决（第 340、361 条，《实施细则》第 129 条，《民法典》第 2818 条），同时裁定继续诉讼以确定数额（第 279 第 4 项、第 280 条）。

在上述情况下，应当事人申请，合议庭也可以在上述判决中责成债务人预先支付一笔款项给债权人，这笔款项的数额不得超过法官认为现有证据已经能够证明的数额。

第 279 条 合议庭决定的形式

在处理调查阶段不涉及定案的问题，以及作出仅仅涉及管辖权的决定时，合议庭应当发布裁定（第 134 条）。在这种情况下，如果合议庭不定案的话，则应在同一裁定中作出决定以引导案件在调查阶段继续进行。

在下列情况下，合议庭应作出判决（第 178 条）：

1）在定案时对司法裁判权问题作出决定（第 37 条）；

2）在定案时对与程序或实体问题相关的预备性问题作出决定（第 187 条）；

3）在定案时对所有实体问题作出决定（第 277 条）；

4）在处理第 1~3 项所涉及的问题时，在并不涉及定案的情况下，单独针对补充采纳证据作出决定（第 340、356 条，《实施细则》第 125 条 II、第 129 条、第 129 条 II、第 133 条 II）；

5）运用第 103 条第 2 款和第 104 条第 2 款所赋予的权力，在案件合并前仅对其中的一些案件作出决定，并另行决定将其余的案件分离出去另案处理，并决定针对这些分离出去的案件补充收集证据，或决定将这些分离出去的案件移交给下级有管辖权的法院审理。

根据第 4、5 项的规定作出的补充收集证据的决定，应再单独作出裁定（第 280 条）。

合议庭作出的裁定无论基于什么理由，都不能影响到案件的判决（第 177、178 条）；除非法律另有规定（第 308 条），作出裁定的合议庭可以变更或撤销该裁定，而且不能像质疑判决那样质疑这些裁定（第 289 条）。合议庭作出的裁定都可以立刻强制执行。但在第 2 款第 4 项规定的判决经作出后立刻遭到质疑时，如果调查法官认为合议庭通过裁定作出的某项决定是以被质疑的判决中的某项决定为基础的，经当事人一致同意，他可以通过终局性裁定决定在上诉案定案之前中止执行或中止证据的补充收集（第 356 条，《实施细则》第 125 条 II、第 126 条）。

上述裁定应当同判决书一起提交书记室。

第 280 条　合议庭裁定的内容和规则

合议庭通过裁定（第 279 条）安排调查法官开庭的时间，或在下一条规定的情况下，安排本合议庭开庭的时间。

书记员应将裁定放入法官的案件档案中，并按照第 176 条第 2 款的规定及时通知当事人。

可以通过上述裁定授权调查法官继续审理案件。

第 281 条　再次向合议庭提交证据

合议庭在认为有必要时，可以要求再次采纳某一项或某几项证据（第 280 条）。

第三章 II 地方法院的独任审判程序

第 281 条 II 可适用的规范

只要有适用的可能性，且不和本章的规定相冲突，上一章的规定也适用于地方法院独任进行（第 50 条 III）的诉讼。

第 281 条 III 法官和证据相关的权力

如果当事人在陈述案情的时候表明有其他人知道事实真相，法官可以要求证人提供证言并准备要问证人的问题（第 244 条）。

第 281 条 IV 地方法院独任审判庭的决定

地方法院独任审判庭审理的案件，应当由根据第 168 条 II 或第 484 条第 2 款指定的法官进行审判，该法官享有合议庭所享有的所有权力（第 275 条以下）。

第 281 条 V 书面审或书面、口头混合审理后的决定

当事人根据第 189 条的规定作完总结陈词之后，法官应安排当事人交换第 190 条所规定的总结性的诉状和答辩意见书，并在答辩意见书提交期限届满之日起的 30 日内，向书记室提交判决书。

在当事人交换了第 190 条所规定的总结性的诉状之后，如果当事人要求进行口头辩论，法官在自提交总结性诉状之日起的 30 日内安排开庭辩论；并在上述开庭之日起的 30 日内提交判决书。

第 281 条 VI 口头审理之后的判决

如果法官没有按照第 281 条 V 的规定处理案件，在当事人进行

总结陈词之后，他可以让当事人在同一次庭审中进行口头辩论，或者根据当事人的要求在下次开庭时进行口头辩论，并在辩论后作出判决，向当事人宣读判决书的判决内容部分，并简要说明判决的事实和法律依据（第429条）。

在上述情况下，只要法官在包含了判决内容的诉讼笔录上签了名，并立刻将其提交书记室，即可认为判决已经公布。

第三章Ⅲ　合议庭和独任审判庭之间的关系

第 281 条Ⅶ　将案件移送给独任审判庭

合议庭发现交由其审理的案件（第 275 条）应该由独任审判庭审理时，应通过终局性裁定（第 177 条）将案件发回给调查法官，由其根据第 281 条Ⅳ、第 281 条Ⅴ以及第 281 条Ⅵ的规定，作为独任审判庭的法官继续进行审理。

第 281 条Ⅷ　将案件移送给合议庭

法官发现没有移送而留待自己作为独任审判庭的法官审理的案件（第 281 条Ⅴ）应该由合议庭审判时（第 50 条Ⅱ），应按照第 187、188 和 189 条的规定处理。

第 281 条Ⅸ　关联案件

当应由合议庭审理的案件（第 50 条Ⅱ）与应由独任审判庭审理的案件（第 50 条Ⅲ）相互关联时，调查法官除了按照第 279 条第 2 款第 5 项的规定决定分别审理关联案件外，应裁定合并审理关联案件，并在调查阶段结束时，根据第 189 条的规定，将案件移送给合议庭，由该合议庭审理所有的诉讼请求。

第四章　判决书的可执行性及其送达

第 282 条　临时执行

一审结束时作出的判决在当事人间具有临时的可执行性（第474 条）。

第 283 条　上诉中的临时执行决定

在存在重大和合理的事由时，以及一方当事人有可能破产时，应当事人在主上诉或附带上诉中提出的要求，上诉法院应完全或部分中止被质疑的判决书的可执行性或中止判决书的执行。为此，可要求当事人缴纳保证金，也可不要求其缴纳。

前款规定的要求无法得到批准或显然缺乏理由时，法官可以通过终局性裁定判处提出要求的当事人 250~1000 欧元的罚款。不过，这一裁定可被定案的判决书所撤销。

第 284 条　（已废除）

第 285 条　判决书的送达方式

应当事人的要求，判决书的送达应按照第 170 条的规定进行，以便当事人可以及时对判决书提出质疑（第 326 条）。

第 286 条　诉讼程序发生中断时的送达

如果在法庭辩论（第 275 条）结束后出现了第 299 条所规定的情形之一，根据第 303 条第 2 款的规定，判决书也可以送达给那些取得诉讼当事人资格的人（第75、110条）。

如果出现了第301条规定的情形之一，判决书应当送达给当事人本人。

第五章 判决书和裁定的修改

第 287 条 修改的情形

如果未被提起上诉的判决书和终局性裁定存在漏判、实质性错误或计算上的错误（第 91、93、826 条），应当事人的申请，作出判决或裁定的法官可以修改上述判决书和裁定（第 53、66、177、192、263、308、348、431 条）。

第 288 条 修改的决定

如果所有当事人都同意修改，则法官应以裁决的方式作出修改的决定（第 135 条）。

如果只有一方当事人要求修改，法官应发布裁决（该裁决应当与根据第 170 条第 1、3 款提出的申请一同送达其他当事人）确定所有当事人都应当参加的开庭日期。法官应就当事人要求的事项作出裁定，并在判决书或裁定书的原件上注明裁定的内容。

如果判决书公布（第 133 条）1 年之后当事人才提出修改的申请，则该申请以及法官的裁决都应当送达给其他当事人本人。

在修改判决的裁定被送达给当事人之日起开始计算的通常的期限（第 325 条）内，当事人可以对判决书被修改的部分提出质疑。

第 289 条 对证据方面决定的补充

法官在作出证据方面的决定（第 176、279、280 条）时，如果没有同时指定下一次开庭的日期，或没有为当事人指定完成某项诉讼活动的期限，在作出上述决定的开庭之日起（如果法律规定了送达或通知，则在上述决定被送达或通知当事人之日起）的 6 个月的固定期限内，该法官可以应当事人申请或依职权对该决定作出补充。

补充的决定应通过裁决的方式作出，并由书记员以通知的方式告知所有当事人。如果证据方面的决定是合议庭作出的，则由合议庭庭长决定补充；其他情况下则由调查法官决定补充。

第六章　缺席诉讼

第 290 条　原告缺席

在按照第 171 条最后一款的规定宣告原告缺席时，如果被告提出了要求，调查法官应裁定诉讼继续进行，并按照第 187 条的规定作出决定；否则应要求立案登记处销案以终止诉讼程序（第 307、308 条）。

第 291 条　被告缺席

被告没有出席诉讼（第 166 条），而调查法官发现起诉状的送达（第 160 条）因存在瑕疵而无效时，调查法官应为原告指定重新进行送达的固定期限。重新送达的情况下，权利不因过期而失效。

如果在根据前款规定安排开庭时被告仍未到庭，法官应按照第 171 条最后一款的规定处理。

在第 1 款规定的情况下，如果没能重新送达起诉状，法官应根据第 307 条第 3 款的规定指令立案登记处销案并终止诉讼程序。

第 292 条　对缺席当事人的送达和通知

询问当事人（第 230 条）和进行宣誓（第 233、240、241 条）的裁定，以及任一方当事人提交的包含新的诉讼请求或反请求的诉状，都应当在调查法官以裁定的方式指定的期限内送达给未出庭的当事人本人（第 152 条）。

其他的诉状在被提交给书记室并由书记员在诉状原件上签注批准时，即视为已经通知了其他当事人（《实施细则》第 111 条）。

其他的诉讼文书均无需送达或通知当事人。

判决书必须送达给当事人本人。

第 293 条　缺席当事人的出席

在当事人作总结陈词的开庭前，被宣告缺席（第 171 条）的当事人可以在诉讼的任何时候出席。

当事人可以通过向书记室提交诉状、代理授权文件和其他文件，或在开庭时出庭，表明其出席诉讼（第 166 条）。

在任何情况下，缺席当事人在出席诉讼后都可以在首次开庭时或在调查法官为其指定的期限内否认对其不利的书证的真实性（第 215 条）。

第 294 条　期限的重新指定

缺席的当事人在出席诉讼后，如果表明起诉状（第 164 条）或起诉状的送达（第 160 条）无效导致他之前不知道有针对自己的诉讼，或有其他不可归责于他的事由导致他没能出席诉讼，他可以要求法官允许他进行那些因缺席而无法进行的诉讼活动。

法官如果认为当事人主张的事实是可信的，可在需要时让当事人就阻碍其出席诉讼的事实举证（第 202 条），并决定是否为该当事人重新指定期限。

上述决定应以裁定的方式作出（第 153 条）。

缺席的当事人在出席诉讼后，未经对方当事人的同意，意图进行辩护性的诉讼活动，且这些诉讼活动将会拖延把案件（对其他当事人而言，该案已经可以进行判决了）移交给合议庭审理的时间时，也应适用前面几款的规定。

第七章　诉讼程序的中止、中断和终止

第一节　诉讼程序的中止

第 295 条　必要的中止

法官在作出案件的判决前，必须先解决或等待其他法官解决一个作为判决的先决条件的争议时（第 337 条），可以决定中止诉讼程序。

第 296 条　当事人请求中止诉讼程序

如果有正当理由，应所有当事人申请，调查法官可以决定中止诉讼程序。中止期间不得超过 3 个月，且只能中止 1 次。与此同时，法官还应指定恢复诉讼的开庭时间。

第 297 条　诉讼程序中止后再次开庭时间的确定

如果法官在中止诉讼程序的决定中没有确定再次开庭的时间，当事人最迟应当在导致诉讼程序中止的原因消失之日，或第 295 条规定的民事或行政诉讼的判决成为具有既判力的生效判决（第 324 条）后的 3 个月的固定期限内要求法官确定开庭时间。

在前款规定的情况下，当事人应当在诉讼程序中止期届满 10 日之前提出申请。

申请应当向调查法官提出；如果调查法官不在，则应向地方法院院长提出。

申请人应当在法官指定的期限内，将申请书和法官指定开庭时间的裁决送达给其他当事人（第 170 条）。

第298条　诉讼程序中止的效果

在诉讼程序中止期间不得进行任何诉讼活动（第48、52、669Ⅳ、669条）。

诉讼程序中止导致期间（第152条）的中断。期间从法官在中止诉讼程序的决定之日，或上一条规定的裁决所指定的再次开庭之日起恢复计算。

第二节　诉讼程序的中断

第299条　当事人在出席诉讼前死亡或丧失诉讼能力

当事人在书记室（第165、166条）或在调查法官开庭时（第183条）出席诉讼之前，如果一方当事人或其法定代表人死亡、丧失诉讼能力（第75条），或代表权终止（第300、301、328条），则诉讼程序发生中断，除非有权继续参加诉讼的人（第110条）自愿出席了诉讼，或另一方当事人在第163条Ⅱ规定的期限内（第286条，《实施细则》第125条）重新向有权继续参加诉讼的人提起了诉讼（第303条）。

第300条　出席或缺席诉讼的当事人死亡或丧失诉讼能力

如果上一条规定的任一状况发生在了由代理人代为出席诉讼的当事人身上，该代理人应在开庭时宣布这一状况，或将这一状况以送达的方式通知其他当事人（第170条）。

自代理人宣布上述状况或将其以送达的方式通知其他当事人开始，诉讼程序发生中断，除非上一条规定的当事人自愿出席了诉讼或重新提起了诉讼。

如果出席诉讼的当事人没有代理人（第82、86、417条），上述情形发生时，诉讼程序即发生中断。

如果上述状况发生在被宣告缺席的当事人身上，诉讼程序自另一方当事人提交了导致诉讼程序中断的状况的证明文件时，或该状况被以送达的方式告知了其他当事人时，或司法官在根据第292条向缺席当事人送达相关决定的送达报告中对该状况予以确认时起发生中断。

如果上一条规定的状况是在合议庭主持的法庭辩论（第275条）结束后才发生，或法庭辩论结束后才以送达的方式告知当事人，则除非重新开启诉讼的调查阶段（第279、280条），上述状况都不发生中断诉讼程序的效果。

第 301 条　代理人死亡或无法参加诉讼

如果当事人委托了代理人出席诉讼（第82条），则诉讼程序在代理人死亡、被吊销执业资格或暂停执业时发生中断。

上述情况适用第299条的规定。

撤销或放弃代理权（第85条）并不导致诉讼程序中断。

第 302 条　诉讼的恢复

在前面几条规定的情况下，当事人可以通过参加开庭或根据第166条的规定出席诉讼以恢复被中断的诉讼程序。如果没有安排开庭，当事人可以向调查法官（如果调查法官不在，可以向法院院长）提出申请要求安排开庭。申请人应将申请书和开庭裁决送达给其他当事人（第170条）。

第 303 条　重新起诉

如果诉讼没有按上一条的规定得到恢复，对方当事人可以要求法官安排开庭，并将申请书和开庭裁决送达应当出席以使诉讼得到恢复的当事人（第75条以下，第110条）。

在当事人死亡的情况下，上述申请应包含具体的诉讼请求，并在当事人死亡后的1年内按照死亡当事人的最后住所地的地址送达给全体（而非某一位）继承人。

如果还有其他当事人参加了诉讼，开庭裁决也应该送达给他们。

如果被送达的当事人没有按时出庭，则诉讼在其缺席的情况下照常进行。

第 304 条　诉讼程序中断的效果

第 298 条的规定也适用于诉讼程序中断的情况。

第 305 条　诉讼未能恢复或未能重新起诉

必须在诉讼程序中断后的 3 个月的固定期限内恢复诉讼或重新起诉，否则诉讼程序终止（第 307~310 条）。

第三节　诉讼程序的终止

第 306 条　放弃诉讼

如果可能受到诉讼程序终止影响的所有出席了诉讼的当事人都同意一方当事人放弃诉讼，则诉讼程序终止。有保留的同意和附有条件的同意都不产生终止诉讼程序的效力。

上述弃权和同意弃权的声明应当由当事人或其特别授权代理人在开庭时以口头方式，或在其他情况下以向其他当事人送达有其签名的诉讼文书的方式作出。

如果弃权和同意弃权都符合要求，法官应宣告诉讼程序终止（第 308、310、338 条）。

除非当事人间另有约定，放弃诉讼的一方当事人应当补偿其他当事人支出的费用。调查法官应通过终局性裁定对上述费用进行清算（第 177 条）。

第 307 条　诉讼因当事人的不作为而终止

起诉状送达后，如果第 166 条规定的期限届满时双方当事人都没有出席诉讼，或双方当事人出席诉讼后法官根据法律的有关规定作出了要求立案登记处撤销诉讼的裁定（第 38、181、270、309 条），此时，除非发生第 181 条和第 290 条规定的情况，否则当事人应当在从第 166 条规定的被告出席诉讼的期限届满时起（第一种情况），或从撤销诉讼的裁定作出之日起（第二种情况）的 3 个月的固定期限内向同一法院重新起诉（《实施细则》第 125 条）；如果当事人没有在规定的期限内重新起诉，则诉讼程序终止。

当事人重新起诉后，如果双方当事人仍没有出席诉讼，或法官再次按照法律规定裁定立案登记处撤销案件，则诉讼程序终止。

除了前面几款规定的情况外，除非法律另有规定，如果应当重新进行送达（第 291 条），或应继续进行诉讼（第 297、302 条），或应重新起诉（第 34 条以下，第 50、54、303 条，第 353 条以下，第 392、427、428、443 条，《实施细则》第 125 条 Ⅱ、129 条 Ⅱ、133 条 Ⅱ），或应作为必要第三人参加诉讼（第 102 条）的当事人没有在法律规定的或得到法律授权的法官所指定的固定期限内完成相关行为，则诉讼程序终止。如果法律授权法官指定期限的，该期限最短不得少于 1 个月，最长不得超过 3 个月。

上述情况下，诉讼程序根据法律规定自动归于终止。调查法官可以通过裁定、合议庭可以通过判决宣告诉讼程序终止。

第 308 条 裁定的通知和对裁定的质疑

如果终止诉讼程序的裁定不是在开庭时作出的，书记员应将该裁定的内容通知各方当事人。当事人可以根据第 178 条第 3、4、5 款的规定对该裁定提出质疑。

合议庭召开法官评议会对质疑作出决定：如果驳回质疑，则对此作出判决；如果接受质疑，则对此作出终局性裁定（第 354 条，《实施细则》第 129、130 条）。

第 309 条 当事人未出庭

如果在诉讼过程中，各方当事人均没有出庭，法官应按照第 181 条第 1 款的规定处理（第 307 条）。

第 310 条　诉讼程序终止的后果

诉讼程序的终止并不导致诉讼终止（《民法典》第 2945 条）。[1]

诉讼程序终止导致所有已经完成的诉讼活动归于无效（第 186 条 II、第 186 条 III、第 186 条 IV，《民法典》第 2668 条）。但上述无效不包括诉讼过程中对实体问题的判决（第 278、279 条）以及对管辖权问题的决定（第 49、382 条）。

法官应该按照第 116 条第 2 款的规定对已经被采纳的证据予以评估。

已经终止的诉讼程序的诉讼费用，由预先支付了诉讼费用的一方当事人承担。

---

〔1〕　诉讼程序终止后，当事人仍然可以向法院再次提起相同的诉讼，因此诉讼程序的终止并不导致诉讼的终止。

向治安法院提起的诉讼

第 311 条　向地方法院提起的诉讼的规范的准用

除非本编或其他法律规则有特别的规定外，在不产生冲突的情况下，向治安法院提起的诉讼，都应适用向地方法院提起且由独任审判庭审理的案件所适用的诉讼程序规范。

第 312 条　（已废除）

第 313 条　伪造之诉

如果当事人提起了伪造之诉，治安法官在认为被质疑的证据文件和案件具有相关性时，应中止诉讼并把伪造之诉提交给地方法院进行审理。治安法院也可以根据第 255 条第 2 款的规定继续审理案件。

第 314~315 条　（已废除）

第 316 条　诉讼请求的形式

原告应当在传讯被告参加开庭的起诉状中向治安法院提出诉讼请求（第 163、318 条）。

原告也可以口头提出诉讼请求。治安法官应将其作成诉讼笔录，并由原告将笔录和传讯对方参加开庭的诉状一并送达给被告。

第 317 条　代表当事人在治安法院参加诉讼

治安法院受理的诉讼中，除非法官要求当事人本人出席诉讼，否则当事人都可以委托他人代表自己参加诉讼。委托应当记录在起诉状的页面底部或以单独的诉讼文书作出。

上述委托一定包含有代为达成和解和进行调解的授权。

第 318 条　诉讼请求的内容

无论以什么形式（第 316 条）提出的诉讼请求，都必须包含法官和当事人的姓名，说明案件的事实和标的（第 163 条）。

从诉状按照第 316 条规定送达之日，到当事人出席诉讼之日之间的开放性期间不得少于第 163 条 Ⅱ 所规定的期间的一半。

如果诉状中指定了一个开庭日期，但该日期并非治安法院的开庭日，则法官应当在紧接着的下一个开庭日开庭。

第 319 条　当事人出席诉讼

当事人应当向书记室，或在开庭时向法官提交第 316 条规定的起诉状或诉讼笔录和送达报告（需要时还应包括代理文件），以表明其出席诉讼。

之前没有声明其在治安法院所在市的经常居住地或择定住所地当事人，应当在出席诉讼时作出上述声明，并将声明记入诉讼笔录（《实施细则》第 58 条）。

第 320 条　案件的审理

首次开庭时，治安法官可以自由地核对当事人身份并尝试进行调解。

如果当事人达成了和解，则应按照第 185 条最后一款的规定制作诉讼笔录（《实施细则》第 88 条）。

如果当事人未能达成和解，治安法官应该要求当事人对其提出的诉讼请求、答辩和抗辩所依据的事实进行总结陈词，提供相应文件并进行举证。

如果首次开庭时当事人的诉讼活动表明有需要的话，治安法官最多可以再组织一次开庭让当事人提交新的文件和证据。

可以将当事人提交的文件放入法官的案件档案，并保留至定案时止。

第 321 条　判决

治安法官在认为已经可以对案件作出判决时，应召集当事人进行总结陈词并就案件展开辩论（《实施细则》第 62 条）。

法官应在开庭辩论之日起的 15 日内向书记室提交判决书。

第 322 条　诉讼外的调解

当事人可以按照第一卷第一编第一章第三节的规定，以口头或书面的方式向有地域管辖权的治安法院提出诉讼外调解的申请。

只要治安法院对争议有管辖权，诉讼外调解的笔录就可以根据第 185 条最后一款的规定得到强制执行。

其他情况下，调解笔录可作为诉讼中应予认可的私人书证（第 215 条，《民法典》第 2702 条）。

第三编

质　疑

第一章　关于质疑的一般规定

第 323 条　质疑的方式

对判决书的质疑，除了按照法律的规定申请审查管辖权（第42、43 条）外，还包括上诉（第 339 条）、向最高法院申诉（第360 条）、申请再审（第 395 条）和第三人异议（第 404 条）。

第 324 条　正式获得既判力的判决

如果无法再以申请审查管辖权、上诉、向最高法院申诉或按照第 395 条第 4、5 项的规定申请再审的方式质疑一个判决，则该判决即成为有既判力的生效判决（第 338 条，《实施细则》第 124 条，《民法典》第 2909 条）。

第 325 条　质疑的期限

提起上诉、申请再审和第三人根据第 404 条第 2 款的规定提出异议的期限为 30 日。针对上诉法院的判决申请再审或第三人根据上述规定提出异议的期限也是 30 日。

向最高法院提起申诉（第 398 条）的期限为 60 日。

第 326 条　期限的开始

上一条规定的期限是法律的强制性规定（第 153 条），该期限从法院的判决书送达给当事人之日起开始计算（第 43 条）；但如果存在第 395 条第 1~3、6 项以及第 397 条、第 404 条第 2 款规定的情形，则期限从上述规定中的恶意、伪造或串通的事实被发现之日，或文件被修复之日，或第 395 条第 6 项规定的判决生效（第324 条）之日，或公诉人收到判决书（第 397 条）之日起计算。

在第 332 条规定的情况下，败诉方针对一方当事人提出质疑的期限，应从其向其他当事人提出质疑后再开始计算。

第 327 条　质疑权因过期不行使而失效

无论判决书何时被送达，自判决书公布之日起经过 6 个月后，当事人就不得再针对判决提起上诉、向最高法院提起申诉或按照第395 条第 4、5 项的规定申请再审（第 133、328、332、333、430、438 条，《实施细则》第 124、129 条）。

上述规定不适用于诉状无效（第 164 条）、诉状的无效送达（第 160 条），或诉状的送达因第 292 条的规定而无效所导致的当事人不知道诉讼存在而缺席诉讼的情况。

第 328 条　针对已死亡的当事人的继承人提出质疑的期限的开始

在第 325 条所规定的期限内，如果发生了第 299 条所规定的任何一种情况，则期间发生中断，新的期间从重新送达判决书之日起开始计算（第 285、286、330 条）。

判决书应当被重新送达给继承人集体而非个人，送达地点为死亡当事人最后的住所地（第 286、303、330 条）。

如果判决书公布之日起经过 6 个月后证实发生了第 299 条规定的任何一种情况，针对所有的当事人，上一条规定的期限都将从事件发生之日起再延长 6 个月。

第 329 条　对判决全部或部分的认可

除了第 395 条第 1~3、6 项所规定的情况外，当事人表明其接受判决或当事人的行为表明其将不会根据法律的有关规定质疑判决的，均构成对判决的认可；认可判决后即不能再对判决提出质疑。

当事人对判决书的部分质疑，意味着其对判决书中其他未被质疑的部分的认可（第 334 条）。

第 330 条　质疑文书的送达地点

如果当事人在送达判决书的文书中注明了其在作出判决的法院所在地区的经常居住地或择定住所地（第 47 条），则质疑文书应送达到该地点；在其他情况下，则应按照第 170 条的规定送达到出席诉讼的代理人的地址，或其声明的经常居住地或择定住所地（第 165 条）。

质疑文书可以按上述地址送达给在判决书送达后死亡的当事人的全体（而非某一位）继承人（第 303 条）。

如果当事人没有表明其经常居住地或择定住所地，并且判决书公布后已经过 1 年（不管什么情况），此时如果法律还允许质疑的话（第 327 条），则质疑应当根据第 137 条及其以下各条的规定送达给当事人本人。

第 331 条　不可分案件中的补充送达

如果判决是针对不可分案件或相互依赖的案件中的多个当事人作出的（第 31 条以下，第 102、105、107 条），而对该判决的质疑又不是针对所有当事人提出的，则法官应裁定向其他当事人送达质疑文书（第 350、375 条），并在裁定中指定质疑文书的送达期限，需要时还应指定开庭时间。

如果在指定的期限内没有任何当事人完成送达，则应宣告不予受理该质疑（第 358 条）。

第 332 条　可分案件中质疑文书的送达

如果针对可分案件中作出的判决（第 31 条以下，第 40、103、104 条）的质疑由某一方当事人单独提出，或仅针对其中的某些当事人，法官应裁定向所有仍有权对判决提出质疑的当事人（第 325~327 条，第 329 条）进行送达，并在裁定中指定质疑文书的送达期限，需要时还应指定开庭时间。

如果法官所要求的送达没有能够完成，则诉讼程序发生中止（第298条）；中止期不得超过第325条和第327条第1款规定的期限。

第333条 附带性质疑

根据前面几条的规定收到送达的质疑文书的当事人，应当在同一诉讼程序中提出他们附带性的质疑，超过期限则丧失这一权利（第334、343、371条）。

第334条 迟到的附带性质疑

即使对其而言质疑期限已经届满，或其已经认可了判决（第325、326、327、329条），那些质疑判决时所针对的当事人，以及根据第331条的规定收到送达的质疑文书而参加诉讼当事人，仍可以提出附带性的质疑。

在这种情况下，如果主质疑被宣告不予受理，附带性质疑也将完全失效。

第335条 分别提出的质疑的合并

针对同一判决分别提出的质疑应当合并到同一诉讼程序当中予以处理（第273、274、331、333、350条）。

第336条 判决的部分修正和撤销

对部分判决的修正和撤销，将对依赖被修正或被撤销部分的其他判决内容也产生同样的效果（第386条）。

部分修正和废除的效果，扩展到那些依赖被修正或被撤销的判决而存在的决定和诉讼活动。

第337条 执行和诉讼程序的中止

除了第283、373、401条和第407条规定的情况外，对判决提出质疑，并不导致判决书执行程序的中止。

当另一诉讼程序的进行有赖于某一判决书的权威性时，如果该判决遭到质疑，则该诉讼程序可发生中止（第 296 条）。

第 338 条　质疑之诉终止的效力

上诉和第 395 条第 4、5 项规定的再审之诉的终止导致被质疑的判决获得既判力而生效，除非在终止的诉讼中作出的决定改变了该判决的效力。

第二章　上　诉

第 339 条　对判决提起上诉的条件

除法律规定不得上诉（第 42、440、618、827 条）或当事人根据第 360 条第 2 款的规定达成协议不予上诉外，当事人都可以对一审判决提起上诉。

对法官按照第 114 条的规定依据衡平原则作出的判决不得提起上诉。

只有在判决违反了诉讼程序规范，或违反了宪法或欧共体规范，或违反了该问题上的法律原则时，才能对治安法官根据第 113 条第 2 款的规定依据衡平原则作出的判决提起上诉。

第 340 条　对非定案性判决保留的上诉权

如果败诉方当事人保留了上诉权，可以在对判决提起上诉的期限届满之前（过期不行使权利将导致丧失该权利），暂缓对根据第 278 条和第 279 条第 2 款第 4 项作出的判决提起上诉；不过，在任何情况下，上诉都必须在调查法官以通知的方式告知当事人判决书内容后第 1 次开庭之前提出（《实施细则》第 129 条）。

如果当事人根据前款规定保留了上诉权，则该上诉应当和对定案判决的上诉一并提出，或与其或其他当事人针对随后作出的非定案性判决的上诉一并提出。

如果另一方当事人立即对判决提起了上诉，则不得再保留上诉权，即使保留了也无效。

第 341 条　上诉审的法院

对治安法院和地方法院作出的判决的上诉，应分别向作出上述判决法院所在地区的地方法院和上诉法院提出（第 433 条）。

第 342 条　上诉的方式

上诉应通过上诉状[1]提出。上诉状应包含第 163 条规定的内容。上诉应当有适当理由的支持。上诉理由应当包含以下内容，否则不予受理：

1）指明被上诉的决定中所涉及的当事人，以及上诉人要求对一审法官的认定的事实作出改变的地方；

2）指明一审的决定在什么地方违反了法律的规定，并说明这些违反法律规定的地方与被质疑的决定之间的关联。

从上诉之日起到首次开庭之日止所经过的开放性期间应不少于第 163 条 II 规定的期间。

第 343 条　提起附带性上诉的方式和期限

当事人根据第 166 条的规定到书记室完成诉讼的出席时，可以在答辩状中提起附带性上诉（第 333 条），过期不行使该权利则丧失该权利。

如果当事人之所以提起附带性上诉，是由于非主上诉人的另一方当事人提起的对判决的质疑，那么他就应当在质疑提出后的首次开庭时提起上诉。

第 344 条　参加诉讼

只有有权根据第 404 条的规定提出异议的第三人才能参加上诉。

---

[1]　上诉状（Citazione），参见第 163 条注释。

第 345 条　新的诉讼请求和新的抗辩理由

上诉中不得提出新的诉讼请求；如果当事人提出了新的诉讼请求，法官不得受理。不过，当事人可以就判决作出后产生的利息、孳息和到期的附带性支出，以及判决作出后产生的损害提出主张。

法官不能依职权提出的新的抗辩理由，当事人也不得提出（第112 条）。

除非合议庭认为对案件的判决不可或缺，或者当事人能够证明其在一审阶段因不可归责于他的事由无法提供证据和文件，否则在上诉中都不能提交新的证据和文件。但随时可以进行决定性宣誓（第 233 条）。

第 346 条　提出诉讼请求和进行抗辩的权利因过期而失效

一审判决中未予采纳的诉讼请求和抗辩，如果也没有在上诉中明确地提出，则应认为当事人已经放弃了该权利（第 329 条）。

第 347 条　出席上诉的方式和时间

出席上诉的方式和期限遵循地方法院诉讼的有关规定。

上诉人应当将被上诉的判决书的副本放入他自己的案件档案中。

书记员应按照第 168 条的规定，要求一审法官的书记员移送一审法官的案件档案（《实施细则》第 123 条 Ⅱ）。

第 348 条　上诉障碍

如果上诉人没有按时出席诉讼，则上诉不再继续进行。

上诉人没有参加首次开庭时，如果其之前已经出席了诉讼，则合议庭应以终局性裁定的方式另行安排一次开庭；书记员应将这一裁定的内容通知上诉人。如果再次开庭时上诉人仍然没有出庭，法官应宣告诉讼不再继续进行（第 358 条）。

第 348 条 Ⅱ　上诉不予受理

除了应当通过判决的方式宣告上诉存在障碍或不予受理的情况外，在当事人提出的质疑完全不合理而不可能得到支持的情况下，有管辖权的法官也应该宣告上诉不予受理。

第 1 款的规定不适用于以下情况：

a) 就第 70 条第 1 款规定的案件提出的上诉；

b) 按照第 702 条 Ⅳ 的规定提起的上诉。

第 348 条 Ⅲ　宣告上诉不予受理

在第 350 条规定的庭审中，法官在开始审理案件之前，在听取了当事人意见后，可以以裁定（应附有简明扼要的理由）的方式，根据第 348 条 Ⅱ 第 1 款的规定，宣告上诉不予受理；同时应当将案件中某份或多份诉讼文书中记载的案件事实要素提炼出来并援引与本案相一致的判例。法官应当根据第 91 条的规定计算相关费用。

只有在主上诉和第 333 条规定的附带性上诉中都出现了第 348 条 Ⅱ 第 1 款所规定的情况时，才能裁定上诉不予受理。否则，法官应当对所有对判决所提出的上诉都进行审理，无论这些上诉是怎么提出的。

如果上诉被宣告不予受理，当事人可以按照第 360 条的规定，针对一审所作出的决定向最高法院提起申诉。在这种情况下，针对一审决定向最高法院提起申诉的期限，应当从宣告上诉不予受理的裁定以通知的方式被告知当事人或被送达给当事人（如果送达比通知更早完成的话）之日起计算。在不发生冲突的情况下，此时可以适用第 327 条的规定。

如果不受理上诉的决定是基于某一事实上的理由作出的，而且这一理由与被质疑的判决的理由相同，那么当事人可以仅仅依据第 360 条第 1 款第 1~4 项规定的理由，向最高法院提起前款所规定的申诉。

除了第 348 条 Ⅱ 第 2 款 a) 中所规定的情况外，第 4 款的规定也可以适用于针对支持一审决定的上诉审判决的、向最高法院提起的申诉。

第 349 条 （已废除）

第 350 条 上诉审

向上诉法院提起的上诉应由合议庭进行审理，但合议庭庭长可以委托一名合议庭成员进行证据的收集；向地方法院提起的上诉，由一名法官独任进行审理和判决。

在上诉审首次开庭时，法官应核实当事人出庭情况，并在需要时裁定传讯其他当事人参加诉讼（第 331 条）或完成第 332 条所规定的送达，或裁定重新送达上诉文书。

在同一次开庭中，法官还应宣告被上诉人的缺席（第 347 条），决定合并所有针对同一判决的上诉，并尝试进行调解，在必要时可要求当事人本人出席诉讼。

第 351 条 临时执行的决定

法官在首次开庭时，应以终局性裁定的方式对当事人根据第 283 条的规定提出的申请作出决定。

在首次开庭前，当事人也可以向法官申请中止判决的执行。向上诉法院提出申请的，应向合议庭庭长提交申请。

合议庭庭长或地方法院院长应当在申请书底部以裁决的方式，要求各方当事人分别出席法官评议会，会见合议庭成员，或者会见庭长或院长。如果情况紧急，法官可以在同一裁决中命令暂时中止判决的强制力或暂时中止判决的执行。在上述情况下，合议庭或地方法院应当在法官评议会上，以终局性裁定的方式对原来作出的裁决进行确认、修改或撤销。

在第 1 款规定的开庭中，如果法官认为案件已经可以宣判，即可以根据第 281 条Ⅵ的规定作出判决。如果法官中止了判决的执行并确定了第 3 款所规定的法官评议会的日期，法官应当根据有关出庭的期限的规定确定为宣判而进行的开庭的日期。

第 352 条　判决

完成第 350 条和 351 条规定的诉讼活动后，如果法官没有根据第 356 条的规定作出决定，则应当请当事人进行总结陈词，并安排当事人交换第 190 条规定的总结性诉状和答辩意见书。法官应当在提交答辩意见书的期限届满后的 60 日内，向书记室提交判决书。

如果上诉是向上诉法院提起的，任何一方当事人在进行总结陈词时，都可以要求在合议庭主持下进行口头辩论。在这种情况下，第 190 条规定的提交书面答辩的期限不变，如果提交答辩意见书的期限已经届满，则要求口头辩论的申请应当重新提交给上诉法院的院长。

院长在接到申请后，应当以裁决的方式确定开庭辩论的日期，应当在 60 日内开庭。在同一裁决中，还应当指定发言的法官。

辩论开始时应先陈述案情；开庭之日起的 60 日内，法官应向书记室提交判决书（第 275、276 条）。

如果上诉是向地方法院提起的，根据一方当事人的申请，法官仅需要安排当事人交换第 190 条规定的总结性诉状，并确定口头辩论的开庭日期。开庭应在提交诉状的期限届满后的 60 日内进行；开庭之日起的 60 日内，法官应向书记室提交判决书。

如果法官没有作出前面几款规定的决定，则可以按照第 281 条Ⅵ的规定对案件作出判决。

第 353 条　因司法裁判权的理由把案件发回原审法院

如果一审法院认为普通法院对案件没有司法裁判权，而上诉法院认为有司法裁判权并修改了一审判决，则应判决将案件发回一审法院（第 383 条）。

当事人应当在判决书送达之日起的 3 个月的固定期限内重新起诉（第 307 条，《实施细则》第 125、126 条）。

如果针对上诉判决向最高法院提起了申诉，则期间发生中断。

第 354 条 因其他理由把案件发回原审法院

除了前一条规定的情况外，除非起诉状送达无效（第 160、164 条），或者证实了一审中应该有必要第三人参加诉讼（第 102 条）或有当事人被错误地排除出诉讼（第 108、109 条），或者根据第 161 条第 2 款的规定宣告了一审判决的无效，否则上诉法院不能把案件发回原审法院。

如果上诉法院根据第 308 条确定的规则和方式修改了决定终止诉讼程序的一审判决，则案件也应发回一审法院。

如果根据前面几款的规定，案件被发回一审法院，则应适用第 353 条的规定。

如果上诉法院宣告了一审中其他诉讼活动的无效，在可能的情况下，应根据第 356 条的规定裁定再次进行这些活动（第 162 条）。

第 355 条 伪造之诉的决定

当事人在上诉审中提起伪造之诉（第 221 条）时，法官如果认为被质疑的文件会影响到案件的判决，则应以裁定的方式中止诉讼（第 295 条），并为当事人指定一个固定期限，当事人必须在该期限内向地方法院再次提起伪造之诉（《实施细则》第 125 条）。

第 356 条 收集和采纳证据

在上诉法官要求采纳证据（第 345 条）或要求再次提交部分或全部一审中已经采纳的证据时，或者在其要求诉讼继续进行时裁定根据第 191 条及其以下各条的规定开展诉讼活动时，仍可适用第 279 条第 2 款第 4 项的规定。

当根据第 279 条第 2 款第 4 项作出的某个判决立即被当事人提起上诉时，如果当事人提出了和上诉请求及疑问相关的新证据，而一审法官在定案前已经专门针对这些新证据作出了要求继续进行案件调查的裁定，则上诉审的法官不应再采纳这些新证据。

第 357 条 （已废除）

第 358 条　对被宣告不予受理或存在诉讼障碍的上诉案件不得再次提起上诉

即使在法律规定的上诉期限内（第 325、326、328 条），对被宣告不予受理的上诉案件（第 325、327、329、331、339 条）和被宣告存在诉讼障碍的上诉案件（第 348 条），也不得再次提起上诉。

第 359 条　地方法院诉讼规则的准用

本法对地方法院审理一审案件时适用的诉讼程序的规定（第163 条以下），在和本章规定不发生冲突的范围内，如果可以适用的话，也适用于向上诉法院或地方法院提起的上诉案件的审理。

第三章　向最高法院申诉

第一节　可质疑的决定和申诉

第 360 条　可质疑的判决和申诉理由

因下述理由对上诉以及一审终审的诉讼所形成的判决（第 339 条）提出质疑的，应向最高法院提起申诉：

1）以关系到司法裁判权的理由（第 41、374、382 条）；

2）认为诉讼违反了案件管辖上的规定，但法律又没有规定在这种情况可以提出管辖权异议（第 43、382、385 条）；

3）违反或错误适用了法律（第 384 条）、合同或集体劳动协议的规定；

4）由于判决或其他决定无效（第 383 条）；

5）认为法院没有对某个影响定案的重要事实（该事实是当事人开庭辩论时争议的一个焦点）进行审查。

此外，对于可以上诉的地方法院的判决，如果当事人决定跳过上诉，也可以直接向最高法院提起申诉；不过，在这种情况下，质疑只能按照第 1 款第 3 项的规定提出（第 366、383 条）。

如果对某个特定问题作出的判决并不影响定案（包括部分定案），则对该判决不得立刻向最高院提起申诉。要针对该判决向最高院提起申诉的话，只能在对定案（包括部分定案）有影响的判决的质疑中一起提出，此时不需要主张保留申诉权。

第 1 款和第 3 款的规定除了适用于判决，也可以适用于判决之外的其他决定，只要当事人可以因这些决定违反法律规定而向最高法院提出申诉。

第360条Ⅱ 不予受理申诉

下列情况下申诉不予受理：

1）如果被质疑的决定在法律上并没有违反最高法院的判例，而申诉理由中并没有包括进一步强化或修改最高法院判例中观点的内容；

2）如果对决定违反了正当程序规范原则的指控是没有依据的。

第361条 对非定案性判决提起申诉的权利的任意性保留

如果判决是根据第278条所作出的，或者判决只对一个或几个诉讼请求（而非整个案件）作出了决定，在针对这些判决向最高法院提出的申诉中，如果败诉方当事人保留了提起申诉的权利（过期不行使即失效），则他可以等到法定的最后期限届满前再向最高法院提起申诉。不过，在任何情况下，他都必须在被质疑的判决书以通知的方式被告知当事人后的首次开庭前提起申诉。

如果当事人作出了前款规定的保留，则上述申诉应当在对定案判决的申诉中一并提出，或者同该方当事人或另一方当事人之后提出的对另一个非定案判决的申诉一并提出。

如果其他当事人中的任何一方立刻针对判决提起了申诉（《实施细则》第133条、第133条Ⅱ），则不得再保留申诉权，作出的保留也没有效力。

第362条 其他申诉的情况

如果申诉的理由是作出判决的法院没有司法裁判权的话（第37、41条），在第325条第2款规定的期限内，可以对上诉案件的判决或特殊法院审理的一审终审的案件的判决向最高法院提起申诉。

对下列问题，可以随时向最高法院提起申诉：

1）特殊法院之间或特殊法院和普通法院之间积极或消极的司法裁判权冲突；

2）行政机关和普通法院间消极性的职权冲突。

第363条　为统一适用成文法而宣告的法律原则

如果各方当事人都没有在成文法规定的期限内（第325条）提起申诉或都放弃了申诉（第306、329、390条），或者对该决定既不可向最高法院申诉、也不能以其他方式进行质疑，最高法院的一般公诉人可以要求最高法院为了统一适用成文法需要，而宣告一项法官在审理该案实体问题时应当遵循的法律原则。

公诉人的上述要求（其中包含对案件事实和对作为该要求的法律依据的概括陈述）应当向最高法院的首席院长提出，首席院长在认为该问题足够重要时，可以决定组成全院审判庭宣告这一法律原则。

当事人提起的申诉被宣告不予受理后，如果最高法院认为被决定的问题足够重要，也可以宣告上述法律原则。

最高法院的法律原则的宣告，不能改变审理案件实体问题的法官已作出的决定。

第364条　（已废除）

第365条　申诉书的签名

申诉书应当由一位得到当事人特别授权（第83、369条）、在可代表当事人在最高法院出庭的辩护律师名册中登记了自己姓名的律师签名后，提交最高法院。

第366条　申诉书的内容

申诉书必须含有以下内容，否则不予受理：

1）当事人姓名或名称；

2）受到质疑的判决书或判决；

3）案件事实的概括陈述；

4）说明要求废除判决的理由，并根据第366条Ⅱ的规定指明申诉所依据的法律规范；

5）如果代理授权是另行制定文书完成的（第82条），则需表明代理权限；如果提供法律援助的话，则应指明有关裁决；

6）对申诉所依据的诉讼文书、文件、合同或集体协议作出的具体说明。

如果申诉人在罗马没有择定住所地，或没有按要求留下注册登记的电子邮箱地址，则对该申诉人的送达可以在最高法院的书记室完成。

在第360条第2款规定的情况下，应该由其他当事人或他们的有特别授权的或通过单独的文书授权的辩护人在当事人的协议上进行签注；可以在被质疑的判决作出之前就制作好协议书，并和申诉书一并提交（第375条）。

书记室的通知以及根据第372条和第390条进行的辩护人之间的送达，应按照第136条第2、3款的规定完成。

第366条 II （已废除）

第367条 审理实体问题程序的中止

根据第41条第1款的规定向最高法院提交的申诉书的副本，在送达其他当事人后，应提交给审理案件的法官的书记室，如果法官并不认为申诉在法律上显然不可接受，或对司法裁判权的质疑在法律上显然没有根据，则他应中止诉讼程序。调查法官或合议庭应以裁定的方式作出决定（第177、279、298条）。

如果最高法院宣告普通法院对案件有司法裁判权（第382条），则当事人应该在从接到判决书通知之日起的6个月的固定期限内重新启动诉讼程序（第307条，《实施细则》第125条）。

第368条 地方行政长官对司法裁判权的质疑

在第41条第2款规定的情况下，地方行政长官可以发布有正当理由支持的裁决，要求最高法官作出判决。

在地方行政长官提出要求后，裁决应当送达给当事人和地方法院的公诉人（如果地方法院在审理案件），或上诉法院的公诉人（如果上诉法院在审理案件）。

公诉人应将地方行政长官发布的裁决告知审理案件的司法机关的负责人。后者应发布裁决中止诉讼的进行。公诉人应当在裁决发布之日起的 10 日内将裁决送达各方当事人。超过这一期限则地方行政长官的申请无效。

最高法院负责受理最先提起申诉的当事人所提出的质疑案件司法裁判权的申请。该申请必须在上述裁决送达当事人之日起的 30 日的固定期限内提出（第 374、382、386 条）。

在此应适用前一条最后一款的规定。

第 369 条　申诉的提出

在将申诉书送达给所有申诉所针对的当事人之日起的 20 日内（《实施细则》第 134、135、137 条），申诉人应当向最高法院的书记室提交申诉书，超过期限则丧失申诉权。

申诉人在提交申诉书的同时，应一并提交下列文件，否则丧失申诉权（第 375 条）：

1）提供法律援助的裁决；

2）除前两条规定的情况外，应提交被质疑的判决书或判决的经过认证的副本，以及送达报告（如果已经完成送达），或者引起第 362 条第 1、2 项所规定的冲突的决定的经认证的副本；

3）如果特别授权是以单独的文书完成的，还应提交特别授权的代理文件（第 83、165 条）；

4）申诉所依据的诉讼文书、文件、合同和集体协议。

申诉人应向作出被质疑的判决的法院的书记室或其司法裁判权受到质疑的法院的书记室提出申请，要求其向最高法院的书记室移交法官的案件档案；书记室应在申请书上签注后，将申请书归还给申诉人。申诉人应将该申请书和申诉书一并提交给最高法院（《实施细则》第 123 条 Ⅱ，第 134 条）。

第370条 反申诉

申诉所针对的当事人如果想进行反驳，他应提出反申诉，并在申诉期限届满（第366、369条）之后的20日内将反申诉书送达到申诉人的择定住所地。如果没有完成上述送达，则当事人不得提交诉讼意见书（第378条），而只能参加口头辩论（第379条）。

在可能的情况下，对于反申诉也适用第365、366条的规定。

在将反申诉送达其他当事人之日起的20日内，应向最高法院的书记室提起反申诉，并同时提交诉讼文书、文件，如果特别授权是通过单独的文书完成的，则还应提交特别授权的代理文件（第372条，《实施细则》第134、135、137条）。

第371条 附带性申诉

如果前一条所指的当事人要针对同一判决提起附带性的申诉（第333、334条），则他应当以包含反申诉的文书提起该申诉。

收到按第331、332条规定送达的申诉书的当事人，如果要提起附带性的申诉的话，则应当在送达之日起的40日内，以送达主申诉同样的方式，将申诉书送达给主申诉人和其他当事人。

对于附带性申诉，也适用第365、366、369条的规定。

为了反驳附带性的申诉，可以按照前一条的规定送达反申诉。

如果主申诉人已经提交了被质疑的判决书或判决，那么附带性的申诉人就不用再次提交了。

第371条 II 必要第三人参加诉讼的文书的提交

如果最高法院要求必要第三人参加诉讼，并为其指定了参加诉讼的最后期限（第102、331条），应该在指定的期限届满之日起的20日内，将标题中含有"必要第三人参加诉讼的文书"字样的已经被送达的申诉书提交最高法院的书记室，过期则不予受理（第375、387条）。

第 372 条　其他文件的提交

在之前的审级中没有提交的诉讼文书和文件，也不能在向最高法院的申诉中提出，除非它们关系到被质疑的判决的效力以及申诉和反申诉的可接受性（第 365、366、370 条）。

关系到申诉的可接受性的文件，可以独立于申诉和反申诉而提交，不过，必须连同一份文件的清单送达给其他当事人。

第 373 条　中止执行

向最高法院申诉并不导致判决书执行的中止。不过，如果判决的执行将会造成无法补救的严重损害，应当事人的申请，作出被质疑的判决的法官可以以终局性裁定的方式要求中止执行或要求另一方当事人提供适当的保证金（第 119 条，《实施细则》第 86、131 条Ⅱ）。

中止判决书的执行的申请可以向治安法官、地方法院独任审判的法官或合议庭庭长提出；上述法官应当在申请书底部发布裁决，要求当事人本人分别出席在上述法官本人或合议庭主持的法官评议会。法院应当将申请书和裁决的副本送达给另一方当事人的代理人；如果另一方当事人在诉讼中没有委托辩护人或没有出席形成被质疑判决的诉讼，则应送达给该当事人本人。如果情况特别紧急，法官也可以在同一裁决中暂时要求立即中止判决的执行（《实施细则》第 131 条Ⅱ）。

第二节　审理和决定

第 374 条　全院审判庭作出的裁判

最高法院通过全院庭审审理第 360 条第 1 项和第 362 条所规定的事项（《实施细则》第 142 条）。不过，除非被质疑的判决是意大利司法行政院〔1〕或意大利审计法院〔2〕作出的，否则只要全院审判庭已经就该案中的司法裁判权问题作出了判决，案件也可以由最高法院的简单审判庭受理。

此外，最高法院的首席院长也可以要求组成全院审判庭审理那些对简单审判庭处理不一致的法律问题提出的申诉，以及那些提出了至关重要的问题的申诉（第 376 条）。

如果简单审判庭并不认可全院审判庭确立的法律原则，则应把对申诉的判决以有正当理由支持的裁定再次提交给全院审判庭。

其他案件由最高法院的简单审判庭审理。

第 375 条　法官评议会作出的裁判

最高法院（无论是简单审判庭还是全院审判庭）应通过法官评议会发布裁定，宣告以下事项：

1）宣告不予受理主申诉和当事人可能提出的附带性申诉（即使不属于第 360 条所规定的原因）；

2）裁定必要第三人参加诉讼，或者裁定进行第 332 条规定的送达或再次送达；

3）对放弃诉讼之外的各种诉讼程序作出的终止决定；

4）对审查法院的管辖权和司法裁判权的申请作出的决定；

5）因明显有法律依据或明显没有法律依据，接受或拒绝主申诉或可能的附带性申诉。

第 376 条　将申诉分配到各个审判庭

除满足了相应的条件而可以适用第 374 条的情况外，最高法院

---

〔1〕 意大利同法行政院（Consiglio di Stato），是意大利政府的附属机构之一，具有行政和司法的双重职能。根据意大利宪法的有关规定，该机构一方面是意大利总统的最高司法-行政顾问，旨在保证国家行政行为的合法性；一方面又是意大利审理行政案件的特别法院，旨在维护行政行为相对人的合法权益。

〔2〕 意大利审计法院（Corte dei conti），是意大利行使审计司法裁判权的特别法院，同时又兼有确保意大利财政收支平衡的行政职能。

的首席院长应当将申诉分配到具体的审判庭，后者要审查申诉是否满足第 375 条第 1 款第 1、5 项规定的由法官评议会进行裁定的条件。如果该审判庭并不定案，则应当将诉讼文书再次移交给首席院长，由首席院长将申诉分配给简单审判庭。

当事人如果认为案件应由最高法院全院审判庭审理，而不是由简单审判庭审理，他应当在申诉案开庭辩论的 10 日之前向最高法院的首席院长提出申请，要求将申诉案分配给全院审判庭进行审理（《实施细则》第 139 条）。

简单审判庭开庭时，只有公诉人可以要求移送案件，此时应当将法官作出的裁定记入诉讼笔录。

第 377 条 开庭时间和法官评议会召开时间的确定

书记员呈送申诉书后，最高法院的首席院长应确定开庭时间和法官评议会的召开时间，并指定申诉案全院庭审时负责发言的法官；并以同样的方式指定简单审判庭审理的申诉案的审判庭庭长。

书记员应当至少在开庭前 20 日将开庭时间通知当事人的律师（《实施细则》第 135 条）。

第 378 条 当事人意见书的提交

当事人可以在开庭的 5 日之前向书记室提交他们的意见书（《实施细则》第 140 条）。

第 379 条 辩论

开庭时，负责发言的法官要先报告影响申诉案件判决的事实、被质疑的判决的内容；如果当事人不进行辩论，负责发言的法官还要简要陈述申诉和反申诉所依据的理由（第 390 条）。

报告结束后，审判庭庭长应请当事人的律师开始进行答辩。

随后，公诉人应口头陈述其有正当理由支持的总结。

此时不得对公诉人的总结进行答辩，不过，当事人的律师可以在本次庭审中向最高法院提交一份对公诉人总结的简要的评论。

第 380 条 判决的形成

案件辩论结束后，最高法院应在本次庭审过程中，召开法官评议会并形成判决。

对于最高法院判决的形成，应当适用第 276 条的规定（《实施细则》第 141 条）。

第 380 条 Ⅱ 对申诉不予受理的决定和法官评议会决定的诉讼程序

第 376 条第 1 款第 1 句规定的审判庭负责发言的法官，如果认为可以适用第 375 条第 1 款第 1、5 项的规定以决定申诉案，则应当向书记室提交一份报告，简要说明其作出决定的理由。

审判庭庭长应发布裁决以确定召开法官评议会的时间。最迟在评议会召开的 20 日之前，应当将裁决和报告送达给当事人的律师。前述当事人有权在 5 日之内提交诉讼意见书；如果他们参加了评议会的话，也有权要求在评议会发言。

如果申诉并没有被拒绝受理，根据第 377 条第 1 款第 1 句指定的负责发言的法官，应当在出现第 375 条第 1 款第 2、3 项规定的事项时，向书记室提交一份报告，简要说明申诉可以由法官评议会根据第 2 款的规定作出决定的理由。

如果法院认为申诉案中不存在第 375 条第 1 款第 2、3 项规定的情况，则应恢复申诉案的公开审理。

第 380 条 Ⅲ 对审查案件司法裁判权和法院管辖权的申请作出决定的诉讼程序

在涉及第 375 条第 1 款第 4 项规定的情况时，如果审判庭庭长没有采取第 380 条 Ⅱ 第 1 款的处理方式，那么他就应当要求公诉人提交书面结论。

在法官评议会召开前至少 20 日，应当将公诉人的结论和庭长指定召开法官评议会的裁决（第 377 条）送达给当事人的律师；在评议会召开的 5 日之前，当事人的律师有权提交意见书；如果他们参加了评议会的话，还可以要求在评议会发言。上述规定只适用于要求审查司法裁判权的案件。

上述情况不适用第 380 条Ⅱ第 5 款的规定。

第 381 条　（已废除）

第 382 条　司法裁判权和法院管辖权问题的判决

在处理司法裁判权问题时（第 37、41、362、368 条），有必要的话，最高法院在确定司法裁判权的同时，也应同时确定管辖法院（第 367、386 条）。

最高法院宣告判决因违反了有关管辖法院的规定而无效时，也应同时确定管辖法院（第 385 条）。

如果最高法院发现判决受到质疑的法院和其他任何法院都没有案件的司法裁判权，则在撤销原判决的同时，并不移送案件。最高法院也应采取同一方式，处理那些其认为本不应被受理或不应进行诉讼的案件（第 385、389 条）。

第 383 条　撤销原判决并移送案件

如果最高法院以不同于前一条规定的理由支持申诉，则应当将案件移送到与作出被撤销判决的法院同一级别的其他法院审理（第 392 以下，《实施细则》第 125、126、129 条Ⅱ）。

在第 360 条第 2 款规定的情况下，如果原审法院本应对上诉案件作出判决，但在上诉过程中当事人放弃诉讼了，则案件也可以移送该法院审理。

如果最高法院认为一审的判决无效，而上诉审的法院本应将案件发回一审法院，则最高法院应将案件直接发回一审法院（第 354、388、389 条，第 392 条以下）。

在第 348 条Ⅲ第 3、4 款规定的情况下，如果最高法院是基于

第 382 条没有规定的理由而受理的申诉，则最高法院应当将案件发回给作出了上诉判决的法官，此时应适用第二卷第三编第三章第三节的规定。

第 384 条　法律原则的宣告和案件实体问题的判决

最高法院在审理按照第 360 条第 1 款第 3 项的规定提起的申诉案或者其他案件的过程中，在决定申诉的其他理由的过程中需要解决一个特别重要的法律问题时，可以宣告一项法律原则。

当最高法院支持申诉、撤销原判决并将案件移送另一法院审理时，审理案件的法官必须遵循最高法院宣告的法律原则，并在任何情况下都要遵循最高法院的指示。此时，如果无须再进一步确认事实，法院即可以就实体问题作出判决。

如果最高法院需要解决作为判决基础的某个问题，则可以先保留不作出判决，以裁定的方式要求公诉人和当事人在一定的期限内（从收到裁定通知之日起的 20~60 日）向书记室提交一份关于该问题的意见。

如果判决的内容本身并没有违反法律，只是判决的理由存在法律上的错误，则不可宣告这样的判决无效。在这种情况下，最高法院只能纠正判决的理由。

第 385 条　对诉讼费用的决定

如果最高法院拒绝了申诉请求，则应判令申诉人支付诉讼费用（第 91 条）。

如果仅撤销原判决但不移送案件（第 382 条），或因违反了案件管辖权的规定而宣告原判决无效（第 382 条），则最高法院应决定之前发生的所有诉讼的诉讼费用。最高法院可以自己进行结算，也可以请作出被撤销判决的法院进行结算。

如果把案件移送给其他法院审理，最高法院既可以自己决定诉讼费用，也可以请被移送的法院予以决定。

第 386 条　有关司法裁判权的判决的效力

对司法裁判权的判决应当以诉讼请求的标的为依据，而且，即使判决诉讼可以继续进行，该判决也并不影响当事人在法律适用的准确性或诉讼请求的可受理性上产生的争议。

第 387 条　申诉被宣告不予受理或存在诉讼障碍后，不得再次提起申诉

申诉被宣告不予受理（第 331、365、366、371 条）或存在诉讼障碍（第 369 条）后，即使申诉期限尚未届满（第 325～327 条），也不得再提起申诉。

第 388 条　将判决内容的副本移送给审理案件实体问题的法官

最高法院的书记室应当将判决书的副本递交作出被质疑的判决的法官，以便该法官在判决书原件的空白处进行标注。可以通过互联网递交判决书副本。

第 389 条　撤销原判决后的诉讼请求

返还原物或恢复原状的诉讼请求以及其他最高法院判决之后提出的诉讼请求，应当向接收被移送的案件的法院提出；如果案件被撤销后没有移送，则向作出被撤销判决的法院提出（第 144 条）。

第 390 条　放弃诉讼

在法官的庭审报告开始之前（第 379 条），或者在第 380 条Ⅲ规定的情况下公诉人的书面总结被送达之前，当事人都可以放弃主申诉或附带性申诉。

当事人及其律师都应当在放弃诉讼的文书上签字；如果律师有放弃诉讼的特别授权，也可以仅由律师签字（第 84 条）。

放弃诉讼的文书应当送达给出席了诉讼的当事人，或者以通知的方式告知他们的律师，由律师在文书上签注（第 306 条）。

第391条　放弃诉讼的裁判

在当事人放弃诉讼或其他根据法律规定终止了诉讼程序的情况下，如果针对同一判决还有其他申诉要处理，则最高法院应作出判决；否则由最高法院院长以裁决方式作出决定。

宣告终止诉讼的裁决或判决，应同时要求导致诉讼程序终止的一方当事人支付诉讼费用（第91条）。

第391条 II　最高法院对实质性错误的修改和对判决的撤销

如果最高法院根据第375条第1款第4、5项宣告的裁定或判决存在第287条规定的实质性的或计算上的错误，或存在第395条第4项规定的事实上的错误，则利害相关当事人可以按照第365条及其以下各条的规定提起申诉，要求最高法院进行修改或撤销，并在判决书送达之日起60日的固定期限内，或判决书公布之日起1年内完成申诉书的送达。

最高法院应该召开法官评议会，并按照第380条 II 的规定对申诉作出决定。

对于当事人要求修改判决的实质性错误的申诉，应作出裁定。

对于当事人要求撤销判决的申诉，如果不予受理，则应作出不予受理的裁定（第398条）；否则法官评议会应移送案件以进行公开开庭审理。

要求撤销最高法院判决的申诉被拒绝后，即使申请再审的期限尚未届满，该判决即成为具有既判力的终局性判决。

当事人提起申诉要求撤销最高法院的判决时，具有既判力的终局性判决的执行不发生中止，移送案件和重新起诉的期限也不发生中止。

第391条 III　撤销原判和第三人异议的其他情况

当事人可以按照第395条第1款第1~3、6项的规定请求撤销最高法院用于决定案件实体问题的判决，第三人也可以对该判决提出异议。相关的申诉应当向最高法院提出，并应分别包含地398条第 2、3 款以及第 405 条第 2 款规定的要素。

最高法院宣告撤销原判或采纳第三人的异议的，如果不需要进一步确认案件事实，则最高法院可以就案件实体问题作出判决；在其他情况下，最高法院应当宣告撤销原判或宣告采纳第三人异议，并将案件发回作出原判的法院重新审理（第 392 条）。

第三节　移送案件的审理

第 392 条　重新起诉

在最高法院的判决公布之日起的 3 个月内（第 133、393 条），任何一方当事人都可以向接收案件的法院重新起诉。

重新起诉时应根据第 137 条及其以下各条的规定，向当事人本人送达起诉状。

第 393 条　诉讼程序终止

如果在前一条规定的期限内当事人没有重新起诉，或起诉后被移送的案件由于特定原因而发生终止，则整个诉讼程序也随之终止（第 310 条）。不过，即使当事人再次起诉并开始了一个新的诉讼程序，最高法院的判决在新的诉讼中仍然具有拘束力。

第 394 条　移送案件的诉讼

审理移送的案件时，应当适用接收了最高法院所移送案件的法院所适用的诉讼程序的规定。无论适用什么程序，都必须提交经认证的最高法院判决书的副本。

各方当事人都保留形成被撤销的判决的诉讼程序中各自所具有的程序性地位。

审理移送的案件时，可以让当事人进行决定性宣誓（第 233 条），但是当事人不得作出与形成了被撤销判决的诉讼中不同的结论，除非最高法院在撤销原判的判决中要求当事人作出新的结论（第 389 条）。

第四章 再 审

第 395 条 再审的情形

下列情况下，可以以申请再审的方式（第 325、327、403 条），请求撤销上诉（第 396 条）以及一审终审的诉讼（第 339 条）所形成的判决：

1）判决是一方当事人恶意损害他方当事人而造成的结果（第 326、329、396、398 条）；

2）在判决作出后，判决所依据的证据被发现是伪造的，或以任何方式被宣告是伪造的，或者败诉方在判决前并不知道伪造证据的情况已被发现或被宣告（第 326、329、396、398 条，《民法典》第 2738 条）；

3）在判决作出后，又出现了一份或多份可能影响定案的新文件，而当事人在之前的诉讼中由于不可抗力或受第三人阻挠未能提交该文件（第 326、329、396、398 条）；

4）判决是基于一项源自案件诉讼文书或文件的事实性错误而作出的，且错误的产生，是因为判决是以假定某事实的存在为基础的，而实际上可以确定该事实不存在，或者判决是以不存在某事实的假设为基础，而事实证明实际上存在该事实，并且在以上两种情况下，判决对上述事实的存在与否并没有提出疑问（第 324、327、338 条）；

5）判决与之前已对当事人产生了既判力的另一终局性判决相冲突，而该判决又没有表明可以存在相应的例外（第 324、327 条，

《民法典》第 2909 条）；

6）判决是法官恶意作出的，而这一点已经得到有既判力的终局性判决确认（第 324、325、326、329、396、398 条）。

第 396 条　对上诉期限届满后的生效判决的再审

即使在上诉期限届满后，当事人才发现存在前一条第 1~3、6 项规定中所指的恶意、伪造或出现新的文件，或者法院才作出第 6 项所指的判决，对上诉期限届满后的生效判决（第 325 条）也可以申请再审。

如果前款规定的事项发生时，上诉期限尚未届满，则从上述事项发生之日起，上诉期限顺延 30 日。

第 397 条　公诉人要求再审

在公诉人必须根据第 70 条第 1 款的规定参加诉讼的案件中，如果发生下列情况，公诉人也可以针对前两条规定中的判决要求再审（第 326 条）：

1）判决是在没有公诉人参加听审的情况下作出的（第 158 条）；

2）判决是在当事人恶意串通、愚弄法律的情况下作出的（第 72 条）。

第 398 条　再审请求的提出

应当向作出被质疑判决的法官提交再审申请书[1]（第 163 条）。

再审申请书必须包含申请再审的理由，能够证明存在第 395 条第 1~3、6 项规定的情况的证据，以及发现或确认存在恶意、伪造或找回文件的日期（第 326 条）。缺少以上内容则不予受理。

再审申请书必须由一位有特别授权的辩护人签名（第 83 条）。

---

[1]　再审申请书（Citazione），参见第 163 条注释。

提起再审并不导致向最高法院提起申诉的期间的中止，也不导致其他相关诉讼的中止。不过，受理再审申请的法官经当事人的申请，如果认为再审的申请并非完全没有理由的话，可以中止上述期间或诉讼程序，直到完成再审判决的通知。

第 399 条　提交再审申请书和答辩

如果再审申请是向地方法院或上诉法院提出的，则再审申请人必须在判决书送达之日起的 20 日内，向前述法院的书记室提交再审申请书以及经过认证的受质疑的判决书副本。

在同一期限内，其他当事人必须向书记室提交一份总结其答辩意见的答辩状，以完成诉讼的出席。

如果再审的申请是向治安法院提出的，前两款所规定的再审申请书的提交和当事人的出席都应该适用第 319 条的规定。

第 400 条　诉讼程序

前述受理再审案件的法官，在不违反本章的规定前提下，应按照该法院审理相应案件时所遵循的法律规定来审理再审案件。

第 401 条　中止执行

根据当事人在再审申请书中提出的申请，再审的法官可以在同一诉讼中召开第 373 条规定的法官评议会，作出该条规定的裁定。

第 402 条　再审判决

在宣告再审的判决书中，法官可对案件的实体问题作出判决，并要求当事人在可以返还的情况下，向对方当事人返还因被撤销的判决所获得的利益。

如果法官认为要对案件的实体问题作出判决，需要补充提交新的证据，则他应判决撤销被质疑的判决，并将案件移交给调查法官。

第 403 条　对再审判决的质疑

对再审判决不能再次申请再审。

对再审判决，只能提出对该案在再审之前本来就能够提出的质疑。

第五章　第三人异议

第 404 条　第三人异议的情形

第三人的权利受到已经针对他人获得既判力的终局性判决或具有执行力（第 282、337、431、447 条）的判决的损害时（第 344 条），可以对上述判决提出异议（第 324 条）。

判决出于恶意或串通给其利益造成损害时，继承人（包括潜在的继承人）或债权人可以对判决提出异议（第 88、344 条）。

第 405 条　异议案件的诉讼请求

异议应当向按照法律对其所受理的诉讼的规定作出了判决的法官提出。

异议第三人的起诉状[1]应当包含第 163 条规定的内容，并指明被质疑的判决；在前一条第 2 款规定的情况下，还应说明第三人知道恶意和串通情况存在的日期，并提供相应的证据（第 326 条）。

第 406 条　诉讼程序

在不违反本章规定的前提下，法官应按照本法院审理案件的规定来审理第三人异议案件。

第 407 条　中止执行

根据异议第三人在起诉状中的申请，审理第三人异议案件的法

---

〔1〕　第三人异议起诉状（Citazione），参见第 163 条注释。

官可以在同一诉讼中召开第 373 条规定的法官评议会，作出该条规定的裁定（第 337 条）。

第 408 条 判决

第三人异议被宣告不予受理或存在诉讼障碍，或因缺乏依据而被驳回的，如果被异议的判决是治安法院作出的，则法官应判处异议人支付 2 欧元的罚款；如果是地方法院作出的，罚款 2 欧元；其他情况下也是罚款 2 欧元（第 127 条）。

第四编
有关劳动争议的规范

第一章 个体劳动争议

第一节 一般规定

第 409 条 个体劳动争议

下列争议适用本章的规定：

1）私人从属性劳动关系（《民法典》第 2094 条），即使该争议和企业的活动无关（《民法典》第 2239 条）；

2）分益耕种关系（《民法典》第 2141 条）、共同耕种关系（《民法典》第 2164 条）、农业共同投资关系、自耕农租赁关系（《民法典》第 1647 条），以及其他根据农业合同产生的关系，专属农业法庭管辖的案件除外；

3）代理合同关系（《民法典》第 1742 条）、商事代理，以及其他以个人为主的、旨在提供持续性和协作性服务的合作关系，即使双方不具有从属性关系；

4）专门或主要从事经济活动的公共机构职员的劳动关系（《民法典》第 2093、2129 条）；

5）公共机构职员的劳动关系以及其他公共劳动关系，根据法律规定应由其他法院管辖的案件除外。

第 410 条 尝试调解

意图根据第 409 条的规定提起诉讼的当事人，可以先自己或通过其所属的或受其委托的工会，尝试由根据第 413 条的标准确定的调解委员会进行调解。

尝试进行调解的申请书的通知，将导致诉讼时效期间的中断，并应在尝试调解的期间及其结束后的 20 日内中止失权期限的计算。

调解委员会是各省劳动厅的下设机构。委员会由劳动厅厅长，或由其代表人，或由离职期间的地方治安法官担任委员会主任，并由雇主的 4 名常务代表人和 4 名临时代表人，以及由该地区规模最大的工会组织所指定的雇员的 4 名常务代表人和 4 名临时代表人组成。

调解委员会在认为需要时，可以委托其下设的分会尝试进行调解。分会由劳动厅厅长或由其代表人主持，人员构成也遵循本条第 3 款的规定。在任何情况下，委员会主任以及一名雇主代表和一名雇员代表必须出席，以保证调解的合法性。

尝试进行调解的申请书，经申请人签字后，应予以交付或以需签收的挂号信邮寄。申请人应当将尝试进行调解的申请书的副本交付或以需要回执收据的挂号信的方式邮寄给对方当事人。

申请书必须载明以下事项：

1）申请人和被告的姓名和经常居住地，如果申请人或被告是法人、未登记社团或委员会的，申请书中应载明其名称和地址；

2）法律关系成立地，或者该雇员所负责的（或在劳动关系终止前所工作的）企业或企业的分支机构所在地；

3）诉讼中向申请人发送通知的地点；

4）对申请所依据的事实和理由的说明。

如果对方当事人愿意进行诉讼中的调解，则应当在收到申请书副本之日起的 20 日内，向调解委员会提交一份包含其答辩和在事实和法律上对抗申请人请求的意见书，也可以通过反请求申请书提出反请求。如果当事人不愿进行调解，则任何一方当事人都可以向法院起诉。在提交意见书之日起的 10 日内，委员会应确定让当事人出庭以尝试进行调解的日期，该日期必须安排在随后的 30 日以内。在委员会主持的调解中，雇员可以获得其所属的或受其委托的组织的协助。

除非存在故意或重大过失，即使调解是按照第 420 条第 1、2、3 款的规定在法院进行的，代表公共行政机构进行的调解的人也不对调解承担任何责任。

第 410 条 Ⅱ （已废除）

第 411 条 调解笔录

如果第 410 条规定的调解取得了成功，即使当事人仅仅只针对部分请求达成了和解，都应该单独制作调解笔录，并由各方当事人以及调解委员会的委员签名。法官应根据利害相关当事人的申请，以裁决的方式宣告调解笔录的执行。

如果当事人没能达成和解，调解委员会应向当事人提出一个能妥善解决争议的建议。如果当事人不接受该建议，则应在调解笔录中简要地说明该建议的内容以及各方当事人的意见。法院审理案件时，法官应考量调解委员会所提出的建议以及当事人无充分理由拒绝接受该建议等因素。

如果当事人曾经提出尝试进行调解的申请，那么其根据第 415 条提起的申诉必须附带有与尝试调解失败相关的笔录和当事人的意见书。如果调解是在工会进行的，则不得适用第 410 条的规定。当事人应当本人或通过工会组织向劳动厅提交进行了调解的诉讼笔录。劳动厅厅长或其代表人应确认笔录的真实性，并安排将笔录提交给制作笔录地区的地方法院的书记室。法官应利害关系当事人的申请，可以确认调解笔录形式上的规范性，并以裁决的方式宣告执行。

第 412 条 争议的仲裁裁决

在尝试进行调解的各个阶段，或在调解的目标无法实现时，当事人可以提出他们一致认可的解决争议（包括部分争议）的方式，并在可能的情况下，明确所拖欠雇员款项的数额；各方当事人也可以将争议的解决委托给调解委员会进行仲裁，以就争议的解决达成一致。

当事人选择以仲裁的方式解决争议时，应当说明下列事项：

1）发布仲裁书的期限，该期限不得超过委托仲裁之日起的 60 日；超过该期限，则委托视为被撤销；

2）当事人要求支持其仲裁请求，或要求根据衡平原则解决争议所援引的法律规范，包括欧共体所规定的义务性规范，这些规范应当关系到法秩序的基本原则和规范该事项的原则。

仲裁结束后发布的仲裁书，由仲裁员签字并认证后，在当事人间产生《民法典》第 1372 条和第 2113 条第 4 款规定的法律效果。

可以根据第 808 条Ⅲ的规定对仲裁书提出质疑。在涉及仲裁裁决是否根据第 808 条Ⅲ的规定、因违反程序而丧失合法性的争议中，由仲裁地所属地区的地方法院作为劳动法院，以一审终审的方式作出判决。向法院提起申诉的，应当在仲裁书送达之日起的 30 日内提交申诉书。若期限届满或当事人的行为已经表明其接受仲裁裁决，或地方法院拒绝了申诉请求，则应将仲裁书提交给仲裁地所属地方法院的书记室。法官应利害相关当事人的申请，在确认仲裁书没有形式上的问题后，以裁决的方式宣告予以执行。

第 412 条Ⅱ　（已废除）

第 412 条Ⅲ　集体劳动合同所规定的其他形式的调解和仲裁

在第 409 条规定的情况下，也可以依据规模最大的工会组织签署的集体劳动合同所规定的地点和方式进行调解和仲裁。

第 412 条Ⅳ　其他调解和仲裁形式

在不影响任何一方当事人向司法机构提起诉讼以及按法律规定要求进行调解和仲裁的权力的情况下，当事人也可以向根据以下几款规定组成的非诉讼性的调解和仲裁合议庭提出请求以解决第 409 条所规定的争议。

　　由各方当事人各委派一名代表，并由他们从大学法学教授和最高法院的出庭律师中共同推选一人出任庭长，共同组成调解和仲裁合议庭。

　　除非对方当事人是公共行政机构（该机构可以自己参加调解和仲裁，也可以由一名得到其授权的律师代其参加调解和仲裁，但此时应将该律师所属的律师事务所作为自己的择定住所地），意图请求调解和仲裁合议庭处理争议的一方当事人，必须将由其署名的申请书送达给对方当事人。申请书应当包含当事人指定的仲裁员的姓名和请求标的，仲裁请求所依据的事实上和法律上的理由，所提供的证据以及争议的价值（该价值构成对仲裁请求的限制）。申请书还应该包含当事人要求支持其仲裁请求或要求根据衡平原则解决争议所援引的法律规范，包括欧共体所规定的义务性规范，这些规范应当关系到法秩序的基本原则和规范该事项的原则。

　　被申请人愿意进行调解和仲裁并指定了自己的仲裁员后，该仲裁员应当在申请书送达之日起的 30 日内，与对方当事人的仲裁员就仲裁庭庭长的选任以及仲裁地达成一致（如果能达成一致的话）。如果双方无法达成一致，提出申请的一方当事人可以请求仲裁地所属地方法院的院长指定仲裁庭庭长。如果当事人尚未确定仲裁地，申请应提交给法律关系成立地的，或者该雇员所负责的或劳动关系终止前所工作的企业或企业分支机构所在地的地方法院。

　　如果当事人已经就第三方仲裁员的人选和仲裁地达成了一致，被申请人应当在作出选择之日起的 30 日内，向合议庭提交一份书面的辩护意见，除非案件涉及公共行政机构（由律师代表，并应选择该律所为择定住所地）。该辩护意见书应当包含事实上和法律上的辩护和抗辩；当事人提出反诉的，反诉请求和相关证据也应通过该意见书予以提交。

　　在提交辩护意见书之日起的 10 日内，申请人可以向合议庭提交一份答辩意见书，该意见书不得修改申请书的内容。在此之后的 10 日内，被申请人可以向合议庭提交一份反答辩意见书，该意见书不得修改辩护意见书的内容。

合议庭确定开庭日期，开庭应当在被申请人提交反答辩意见书的期限届满之日起的 30 日内进行；应至少在开庭 10 日之前，在择定住所地将开庭日期通知各方当事人。

开庭时，合议庭应尝试进行调解。调解成功的话，则应适用第411 条第 1、3 款的规定。

如果调解不成，仲裁合议庭可在需要时询问当事人并收集和采纳证据；不需要的话，则应当立刻进行口头辩论。在需要收集证据的情况下，合议庭可在 10 日内再组织一次开庭，以采纳证据和进行口头辩论。

应当在口头辩论后的 20 日内，以仲裁书的方式就争议作出决定。仲裁书在仲裁结束时作出，经仲裁员签字和认证，在当事人间产生《民法典》第 1372 条和第 2113 条第 4 款的法律效果。在第808 条Ⅲ规定的情况下当事人可以对仲裁书提出质疑。第 808 条Ⅲ所规定的对非程序性仲裁的合法性的争议，由仲裁地所属地区的地方法院作为劳动法院以一审终审的方式作出判决。向法院提起申诉的，应当在仲裁书送达之日起的 30 日内提交申诉书。期限届满或当事人已经以自己的行为表明其接受仲裁裁定，或地方法院拒绝了申诉请求，应将仲裁书提交给仲裁地所属地方法院的书记室。法官应利害相关当事人的申请，在确认仲裁书没有形式上的问题后，以裁决的方式宣告予以执行。

合议庭庭长可收取相当于申请书中主张的争议数额 2% 的报酬，该款项由当事人支付，双方各负责一半；应该至少在开庭前 5 日在合议庭通过已得到承兑的本票将报酬支付给主席。当事人自己决定支付给其指定的仲裁员的报酬。应按照第 91 条第 1 款和第 92 条的规定，在仲裁书中对法定费用以及支付给仲裁庭庭长和当事人指定的仲裁员的报酬（按照上述争议数额的 1% 支付）进行清算。

可以通过国家的集体劳动合同设立一笔基金，用于报销雇员所承担的合议庭庭长和其指定的仲裁员的报酬。

第二节 诉讼程序

第一分节 一审诉讼程序

第413条 有管辖权的法院

由地方法院作为劳动法院管辖第409条所规定的争议的一审。

争议应当由法律关系成立地的，或者改雇员现在或在劳动关系终止前所工作的企业或企业的分支机构所在地的地方法院进行地域管辖。

企业搬迁或企业或其分支机构终止并不影响法院的管辖权，只要案件在企业搬迁或终止之后的6个月内起诉。

对涉及第409条第3项所规定情况的案件，应该由第409条第3项规定所涉及的代理人、商事代表人或其他具有合作关系的人的住所地的地方法院管辖。

涉及公共行政机构的劳动关系的案件，由雇员现在的或在劳动关系终止前最后工作的行政机构所在地的法院管辖。

如果国家行政机构是争议的一方当事人，则不可以适用1933年10月30日颁布的第1611号王国法令的第6条的规定。

在不适用前面几款规定的情况下，适用第18条的规定。

违反地域管辖规定的约定无效。

第414条 起诉的方式

诉讼请求（第99条以下）应通过申诉书提出，申诉书应包括以下内容：

1）指明法院的名称；

2）申请人的姓名及其在法院管辖的市内的经常居住地或择定住所地（《民法典》第43条以下），被申请人的姓名、经常居住地或住所地或居住地，如果申请人或被申请人是法人、未登记社团或委员会（第75条），申诉书必须载明其名称（《民法典》第2563

条）以及申请人或被申请人的所在地（《民法典》第 46 条）；

3）确定的诉讼请求的标的；

4）诉讼请求所依据的事实和法律要素，以及相应的结论（第 416、420 条）；

5）对申请人想要提交的证据（第 210、230、233、244、420、421 条），尤其是提交的文件材料的详细说明（第 426 条，《实施细则》第 74 条）。

第 415 条　申诉书的提交和确定开庭日期的裁决

申诉书及其中所提到的文件，都应提交给有管辖权的法院（第 413 条）的书记室（《实施细则》第 151 条）。

提起申诉的 5 日内，法官应以裁决的方式确定开庭辩论的日期；当事人必须本人出庭（第 418、420 条）；

从起诉之日起到开庭辩论之日止不得超过 60 日（第 420 条）；

除了第 417 条规定的情况外，在确定开庭日期的裁决作出后的 10 日内，原告应当将申诉书和上述裁决书一并送达给被告。

从向被告完成送达之日起，到开庭辩论之日，不得少于 30 日（第 420 条）。

如果第 4 款规定的送达必须在国外完成，则前款规定的期间延长到 40 日，而第 3 款规定的期间延长到 80 日（第 420 条）；

如果案件涉及第 413 条第 5 款规定的公共行政机构的雇员的劳动关系争议，则送达应当直接在第 144 条第 2 款所指的、申诉所针对的行政机构完成。对于国家行政机构或与其同等性质的机构，为了能够在诉讼中方便其进行代理和辩护，应当按照法律的特别规定，在对该争议具有地域管辖权的国家法律顾问局完成送达。

第 416 条　被告出席诉讼

被告应在开庭前至少 10 日出席诉讼，表明其在法院管辖地的市的经常居住地或择定住所地（《民法典》第 43 条以下）。

被告应当向书记室提交一份辩护意见书，以表明其出席了诉讼。如果被告想要提起反诉（第36、418条）或提出法院未予提出的程序和实体上的抗辩意见（第428条），则应当在该辩护意见书中一并提出，过期不提出则丧失上述权利。

在同一辩护意见书中，被告应当以明确的而不是总体性的抗辩方式，针对原告在诉讼请求中主张的事实，全面提出事实上和法律上的辩护意见，并且对其想要提交的证据（第210、230、233、244、421条），尤其是其与辩护意见书一并提交的文件材料（第426条，《实施细则》第74条）作出详细说明。过期则丧失相应的权利。

第417条　当事人本人出席诉讼和进行辩护

如果案件的价值不超过129.11欧元，则当事人可以在一审中自己参加诉讼（第82条）。

自己参加诉讼的当事人应根据第414条的规定提起诉讼，或按照第416条规定的方式出席诉讼，并在意大利共和国境内选择住所地。

当事人也可以向法官口头提起诉讼，法官应将其制作成诉讼笔录。

在第415条规定的期限内，书记室应当将申诉书或诉讼笔录以及确定开庭日期的裁决送达给被告和同一原告。

书记室应当负责将所有其他的诉讼文书或意见书送达给自己参加诉讼的当事人。

第417条 II　公共行政机构的辩护

如果案件涉及第413条第5款规定的公共行政机构的雇员的劳动关系争议，仅限于一审中，公共行政机构可以由其雇员代表其自身参加诉讼。

对于国家行政机构或与其同等性质的机构，为了能够在诉讼中方便其进行代理和辩护，也适用前款的规定，除非对该争议具有地域管辖权的国家法律顾问局认为该案件涉及的问题至关重要或有重大经济影响力，决定直接代表该行政机构并为其辩护；此时，该国家法律顾问局应当立刻将其决定告知有相应管辖权限的相关行政机构以及公共职能规划局[1]——该局在认为需要时可以向管理劳动争议的机构作出指示。在其他情况下，国家法律顾问局应当在最迟不得超过诉讼文书送达之日起的 7 日内，立刻将同一诉讼文书交给有相应管辖权限的相关行政机构，以完成前款规定的事项。

为了能够节约管理上的经济成本，地方行政机构可以利用内务部民政部门的职能部门在第 1 款规定的限制内进行委托授权。

第 418 条　反诉请求的送达

根据第 416 条第 2 款的规定提出了反诉请求的被告，必须在同一辩护意见书中请求法官修改其根据第 415 条第 2 款作出的裁决，并在 5 日内作出一个新的裁决，以确定开庭日期。未在辩护意见书中提出这一请求的，即丧失提起反诉的权利。

从提出反诉请求之日起到开庭辩论之日止，不得超过 50 日。

在上述确定开庭日期的裁决作出之日起的 10 日内，法院应当将该裁决与答辩意见书一并送达给原告（第 420 条）。

从将根据第 1 款的规定作出的裁决送达给原告之日起，到开庭辩论之日不得少于 25 日。

如果裁决的送达只能在国外完成的，第 2 款规定的期限延长到 70 日，而前一款规定的期限延长到 35 日。

第 419 条　自愿参加诉讼

除发生第三人必须参加诉讼的情况外（第 102 条），只有在法律规定的被告出席诉讼的期限内，第三人才可以根据第 105 条的规定参加诉讼。第三人自愿参加诉讼的，在可能的情况下，适用第

---

〔1〕 公共职能规划局（Dipartimento della Funzione Pubblica），是意大利内阁秘书处（Presidenza del Consiglio dei ministri）的下设机构，职能是负责推动行政机构的现代化，促使行政行为不断向更为高效、更符合经济发展需要的目标迈进。

414 条和第 416 条规定的方式。

第 420 条 案件开庭辩论

在就案件进行辩论的庭审中，法官应先依职权询问出庭的当事人，尝试进行调解并向当事人提出解决纠纷或进行调解的建议。当事人本人没有正当理由而未出庭，或当事人没有正当理由拒绝了法官提出的解决纠纷或进行调解的建议，都将成为法官定案时的考量因素。如果有重大理由，经法官许可，当事人可以修改其已经提出的诉讼请求、抗辩和已经作出的结论。

当事人可以委托得到其一般授权或特别授权的代理人代其参加诉讼，该代理人必须了解案件的事实。代理权的授予必须通过公契（《民法典》第 2699 条）或经过认证的私人书面文件（《民法典》第 2703 条）完成，代理人必须被授予就争议达成调解或和解的权力。代理人没有重大理由而不了解案件事实的，将成为法官在判决时的考量因素（第 116 条）。

调解笔录可以被强制执行（第 474 条）。

如果调解未能成功，而法官认为已经可以进行判决的，或案件出现了司法裁判权（第 37 条）或法院管辖权（第 413、428 条）的争议，或存在影响定案的先决问题需要解决的，法官可请当事人就案件展开辩论，并作出判决（包括非定案性的判决），并当庭宣读其判决内容。

在同一次庭审中，法官可以采纳那些当事人已经提交过的证据，以及当事人之前无法提交的证据——如果法官认为这些证据与案件相关的话；与此同时，法官应当庭作出裁定，立即采纳相关证据。

如果无法在同一次开庭中采纳证据，法官可以在首次开庭后的 10 日内再安排一次开庭，在当事人有正当理由时，为当事人指定一个不迟于再次开庭前 5 日的固定期限（第 153 条），以便当事人能够向书记室提交一份辩护要点。

如果法官按照第 5 款的规定采纳了新证据，对方当事人可以在

5 日的固定期限之内（第 153 条）针对被采纳的新证据提交己方的新证据。在前一款规定的庭审中，法官在认为证据与案件相关时，可以允许对方当事人提交新的证据并予以采纳。

所有的证据都应在同一次庭审中提交；在必要时，也可以在之后紧接着的几个工作日进行的庭审中提交。

如果需要根据第 102 条第 2 款、第 106 条和第 107 条的规定传讯第三人出席诉讼，法官应再安排一次开庭，并在 5 日内要求按照第 415 条第 3、5、6 款规定的期限，将开庭的决定以及原告的申诉书、被告出席诉讼时提交的诉讼文书送达给第三人。再次开庭的最长的期限应当从确定开庭的裁决作出之日起计算。

被传讯的第三人最迟应当在开庭 10 日之前出席诉讼，并根据第 416 条的规定提交诉讼意见书。

所有的送达和通知都应由法院作出决定。

不得仅仅为移送案件而开庭。

第 420 条 Ⅱ 确定合同和集体劳动协议的效力、合法性并对其作出解释的预审

在决定第 409 条规定的争议时，如果需要先以预审的方式确定一份合同或国家集体劳动协议的条款的效力、合法性或对其作出解释，则法官应以判决书的方式确定上述问题，就下一步调查阶段的进行分别作出指示，或为继续审理案件，在不晚于 90 日的期限内确定下一次开庭的日期。

上述判决只能通过向最高法院申诉的方式被质疑。申诉必须在当事人收到已提交判决书的通知之日起的 60 日内提出。

申诉人应当在申诉书送达其他当事人之日起的 20 日内，将其向最高法院提交的申诉书的副本提交给作出被质疑判决的法院的书记室，过期不提交，最高法院将不予受理该申诉；从提交该副本之日起，诉讼程序发生中止。

第 421 条　法官的调查权

法官可以在诉讼的任何时候向当事人指出其诉讼文书和其他文件不合规定的地方（如果还能予以补救的话），并为当事人指定一个补救的期限；但不得提醒当事人弥补系争权利上存在的瑕疵（第316 条）。

除此之外，法官可以在诉讼的任何时候要求采纳除了决定性誓言外（第233 条）的任何一项证据，即使该证据超出了《民法典》的有关规定（《民法典》第2721~2726、2729、2735 条）；并可向当事人指定的工会要求提供书面或口头的信息和意见。对此适用第420 条第 6 款的规定。

为确认案件事实，在必要的情况下，法官可以根据当事人的申请，要求进入工作场所；并在其认为有助于确认事实时，询问工作场所中的证人（第425 条）。

在认为需要时，法官可以要求证人出庭作证，以自由地询问与案件有关的事实情况；甚至也可以要求那些根据第246 条的规定没有作证能力或根据第247 条的规定不得作证的人出庭作证。

第 422 条　磁带录音

法官可以批准以录制了证人证言或当事人或专家陈词的磁带替代书记员制作的笔录（第207、424 条）。

第 423 条　支付款项的裁定

根据当事人的申请，法官可以在诉讼的任何阶段，发布裁定（第134 条）要求支付不存在争议的款项。

同样的，在诉讼的任何阶段，法官根据雇员的申请，可以发布裁定要求在已有的证据所能证明的限度内，即时支付其认为该雇员确实有权要求支付的款项。

前面几款规定的裁定可以被强制执行（第474 条）。

第 2 款规定的裁定可以为定案性的判决所撤销。

第 424 条　专家的协助

根据争议的性质，法官可以在诉讼的任何时候，根据第 61 条的规定，在专家名册中指定一名或多名专家（《实施细则》第 145、146 条）。为此，法官可以作出第 420 条所规定的决定。

可以允许专家以口头的方式提供意见；在这种情况下，除存在前面第 422 条规定的情况外，其发表的意见应记入笔录（第 62 条）。

如果专家要求提交书面报告，法官应指定一个不超过 20 日且不得延长的期限，以重新安排一次庭审。

第 425 条　要求工会提供信息和意见

根据当事人的申请，当事人指定的工会有权通过一名代表，在诉讼中提供口头或书面的信息或意见。

当法官根据第 421 条第 3 款的规定进入工作场所时，也可以在该工作场所提供信息和意见。

为此，法官可以作出第 421 条第 6 款所规定的决定。

法官可以要求工会提供适用于本案的合同和集体劳动协议，以及企业的合同和协议的文本（第 446 条）。

第 426 条　由普通程序转为特别程序

在发现按普通程序审理的案件涉及第 409 条规定的法律关系时，法官应以裁定的方式根据第 420 条的规定确定开庭时间，并指定一个固定期限（第 153 条），要求当事人在该期限内向书记室提交诉讼意见书和文件材料，以完成对起诉时提交的诉讼文书的补充（第 414、416 条）。

在根据上述规定确定的庭审中，应适用前面几条的规定。

第 427 条　由特别程序转为普通程序

在发现按本章规定审理的案件所涉及的法律关系不同于第 409 条的规定时，如果该法院对同一案件也具有管辖权，则法官应按照法院有关规定将其转为普通程序；如果没有管辖权，则法官应当以裁定的方式，将案件发往有管辖权的法院，并确定一个按照普通程序向法院重新起诉的固定期限（第153条），该期限不得超过30日。

在上述情况下，在按特别程序审理案件的过程中所采纳的证据，也具有普通程序规范所认可的法律效力。

第428条　法院缺乏管辖权

当原告向一个没有管辖权的法院就涉及第409条规定的法律关系的案件提起诉讼时（第413条），只能由被告根据第416条的规定在辩护意见书中提出抗议，或由法院在第420条规定的开庭之前对缺乏管辖权的情况予以认定。

当根据前款规定，法院缺乏管辖权的情况遭到被告的抗议或被法院认定时，法官应将案件发往承担劳动法院职能的地方法院，并确定一个固定期限让当事人重新按特别程序起诉，该期限不得超过30日（第414、415条）。

第429条　宣判

庭审中，在完成口头辩论并听取了当事人的总结陈词之后，法官应宣告定案性的判决，并向当事人宣读判决内容和判决在事实上和法律上的理由。如果争议特别复杂，法官应在判决内容中确定提交判决书的期限，该期限不得超过60日。

法官在认为有必要时，根据当事人的申请，可以为当事人指定一个提交辩护要点的期间，该期间不得超过10日，并在该期间届满后再安排一次开庭，进行辩论并宣告判决。

法官在作出要求一方当事人支付劳动欠款的判决时，除了法定利息外还存在其他损害的，法官应当确定一个雇员所可能遭受的损害的最高额，以削减前款的数额（《民法典》第1224条）；与此同时，应要求债务人支付欠款本金以及从履行期届满之日起计算的迟延利息（《实施细则》第150条）。

第 430 条　判决书的提交

法官必须在宣判之日起的 15 日内，将判决书提交给书记室。书记员应当将该情况立刻通知当事人。

第 431 条　判决书的可执行性

判决雇员胜诉并要求基于第 409 条规定的劳动关系向其支付欠款的判决书，可以被临时执行。

在判决书提交的期限内，只要有判决内容的副本就可以执行判决（第 430 条）。

如果执行会给另一方当事人造成十分重大的损害，上诉审的法官可以以终局性裁定的方式要求中止执行（第 433 条）。

按照前一款规定中止执行时，也可以仅仅只中止部分执行；在任何情况下，临时执行的限额不得超过 258.23 欧元。

判决雇主胜诉的判决书也可以被临时执行，但必须遵循第 282 条和第 283 条的规定。

有重大理由时，上诉审的法官可以以终局性裁定的方式要求全部或部分中止执行。

如果当事人根据第 3 款和第 6 款的规定提出的中止执行的申请不可被接受或显然缺乏依据，法官可以以终局性裁定的方式，要求申请人提交一笔 250~10 000 欧元的罚金。裁定可以被定案性的判决所撤销。

第 432 条　对给付的衡平性估价

在虽然能够确定权利的存在，但却无法确定给付的数额时，法官可以以衡平估价的方式计算该数额（《民法典》第 1226 条）。

第二分节　质　疑

第 433 条　上诉审法院

针对审理第 409 条规定的争议所形成的判决而提起的上诉，应当以申诉书的方式向承担劳动法院职能的、有地域管辖权的上诉法院提出（第413、440条）。

如果在判决书送达之前，已开始执行判决（第431条），提起上诉时可以暂时不表明理由，直到第434条规定的期限届满时再说明上诉理由。

第434条　上诉时申诉书的提交

申诉书中应当包含第414条所规定的内容。上诉应当有适当的理由。上诉理由应当包括以下内容，否则不予受理：

1）指明被上诉的决定中所涉及的当事人，以及上诉人要求对一审法官认定的事实作出改变的地方；

2）指明一审的决定在什么地方违反了法律的规定，并说明这些违反法律规定的地方与被质疑的决定之间的关联。

申诉书应当包括对质疑的具体事实和理由的简要陈述，以及对第414条规定的事项的说明。

上诉应当在判决书送达后的30日内（如果送达必须在国外完成，则是40日内）向上诉法院的书记室提出。

第435条　院长的裁决

在申诉书提交后的5日内，上诉法院的院长应发布裁决，指定发言的法官，并确定合议庭主持开庭辩论的日期，这一日期不得迟于申诉书提交后的60日。

在裁决提交后的10日内，上诉人应将申诉书和裁决一并送达给被上诉人。

从向被上诉人送达之日起，到开庭辩论之日不得少于25日。

如果第2款规定的送达必须在国外完成（第142条），则第1款和第3款规定的期限分别延长到80日和60日。

第436条　被上诉人出席诉讼和附带性上诉

被上诉人最迟必须在开庭前10日出席诉讼。

被上诉人出席诉讼时，必须向书记室提交案件档案和一份辩护意见书，其中必须详细地载明所有的辩护意见。

如果要提出附带性上诉（第 333 条），被上诉人必须在同一辩护意见书中说明上诉的具体理由。附带性上诉必须在出席诉讼时提交的辩护意见书中提出，否则就不得再提起附带性上诉；被上诉人最迟应当在根据前一条规定确定的开庭 10 日之前，将其提交的答辩意见书送达给对方当事人。

在可能的情况下，相关问题应遵守第 416 条的规定。

第 436 条 II　上诉不予受理及其宣告

开庭辩论应适用第 348 条 II 和第 348 条 III 的规定。

第 437 条　开庭辩论

庭审中，负责发言的法官应先以口头的方式介绍案情。合议庭在听取了当事人的辩护人的意见后，应作出判决，并在同一次庭审中宣读判决内容（第 420 条）。

上诉中不得受理新提出的诉讼请求和新的抗辩。不得采纳除为评估物之价值而进行宣誓（第 241 条）之外的新证据，除非合议庭认为该新证据对于案件的审理是必须的。上述规定不影响当事人在诉讼中的任何时候进行决定性宣誓的权力（第 233 条）。

如果要采纳新证据的，合议庭应裁定在 20 日内开庭以采纳证据并作出判决。上述情况下，合议庭可以在同一裁定中作出第 423 条规定的决定。

上述情况可以适用第 429 条第 2、3 款的规定。

第 438 条　上诉判决书的提交

应该根据第 430 条的规定提交上诉判决书。

可以作出第 431 条第 2 款规定的决定。

第 439 条　上诉程序的变更

在认为一审诉讼程序违反了法律规定时，上诉法院可以根据第

426 条和第 427 条的规定作出决定。

第 440 条　判决书的可上诉性

对于争议价值不超过 25.82 欧元的判决，不可提起上诉。

第 441 条　上诉中的专家

第 437 条第 1 款规定的庭审中，合议庭可以指定一名专家，同时在 30 日内再安排一次开庭（《实施细则》第 145、146 条）。在这种情况下，在同一裁定中可以作出第 423 条规定的决定。

专家必须在再次开庭的 10 日前提交报告。

第二章 有关义务性社会保障和社会协助的争议

第 442 条 有关义务性社会保障和社会协助的争议

在解决因适用有关社会保险（《民法典》第 2110、2114 条）、工伤事故、职业疾病、家庭津贴，以及其他任何一种义务性保障和社会协助的法律规定而引起的争议的诉讼程序中，应适用本编第一章的规定（第 443、447 条，《实施细则》第 147~152 条）。

对于不履行基于合同和集体劳动协议规定的社会协助和保障义务，也适用本编第一章的规定（第 447 条）。

对于第 7 条第 3 款第 3 项 Ⅱ 规定的争议，不得适用本章的规定，也不得适用本编第一章的规定。

第 443 条 行政诉讼的相关性

只有在完成了关于由行政机构解决争议的特别法所规定的诉讼程序，或在上述特别法规定的诉讼期间届满之后，或在任何情况下从提起行政申诉之日起已经经过了 180 日后，才能在第 442 条第 1 款规定的涉及提供义务性社会保障和社会协助的争议中提出诉讼请求（《实施细则》第 147、148 条）。

如果在首次开庭辩论时发现诉讼请求存在前一款规定的问题导致诉讼不得继续进行，法官应中止诉讼并为原告指定一个为期 60 日的固定期限，让其向行政机构提起申诉。

在引起诉讼中止的原因消失后的 180 日的固定期限内，原告必须再次起诉（第 307 条）。

第 444 条　有管辖权的法院

第 442 条所指的有关义务性社会保障和社会协助的争议应当由原告经常居住地所属的、承担劳动法院职能的地方法院管辖；如果原告的经常居住地位于国外，则由原告迁居国外之前最后的经常居住地所属的地方法院管辖；如果是由其继承人提出履行请求的，则由死者最后的经常居住地所属的地方法院管辖。

如果工伤事故和职业疾病引起的争议涉及航海业或海洋捕捞业的雇主，则案件应由在船只登记港口所属的、承担劳动法院职能的地方法院管辖（《海事法》第 146 条）。

如果争议涉及雇主的义务，而且在雇主不履行义务时可以进行民事法律制裁（《民法典》第 2116 条），则案件应由雇主机构所在地所属的、承担劳动法院职能的地方法院管辖。

第 445 条　专家

在本章规定的诉讼程序中，如果要求提供社会保障和社会协助的诉讼请求需要进行专业评估，法官可以根据第 424 条的规定，从专家名册中指定一名或者多名专家（《实施细则》第 146 条）。

如果案件特别复杂，则第 424 条规定的期限可以延长到 60 日（《实施细则》第 145 条）。

第 445 条 II　强制性预先专业评估

在 1984 年 6 月 12 日颁布的第 222 号立法所规定的、有关民事上的丧失工作能力、失明、失聪、残障和残疾以及完全永久丧失工作能力的补助和部分丧失工作能力的津贴问题的争议中，意图在诉讼中提出确认其权利的诉讼请求的当事人，应该在按照《民事诉讼法典》第 442 条的规定向原告居住地的有管辖权的地方法院提交申诉书的同时，提交一份请求对其健康状况进行预先专业评估以确认其是否有相应请求权的申请。在不发生冲突而且符合由 2005 年 9

月 30 日颁布的第 203 号法律性行政法规[1]的第 10 条第 6 款 Ⅱ（2005 年 12 月 2 日颁布的第 248 号立法对上述法律性行政法规作出了修改后将其转化为成文法）有关有经验的评估的规定以及第 195 条规定的情况下，法官应根据《民事诉讼法典》第 696 条 Ⅱ 的规定作出决定。

预先进行专业评估是第 1 款规定的诉讼请求可以被继续审理的前提条件。被告和法院要主张诉讼不得继续进行的，应在首次开庭前提出主张；过期则被告不得再提出。法官在发现没有预先进行专业评估，或已经开始但未完成的，应要求当事人在 15 日内提交专业评估的申请或完成专业评估。

申请进行专业评估，将导致诉讼审限的中断。

专家的工作完成后，法官应以裁决的方式确定一个不超过 30 日的期限，并将该裁决以通知的方式告知当事人；如果当事人想要质疑专家结论的话，则必须在上述期限内向书记室提交一份书面文书。

当事人未提出质疑的话，法官如果并未作出第 196 条规定的决定，则应当在前款规定的期限届满之日起的 30 日内，在庭审之外发布裁决，认可根据专家报告中包含的鉴定结论所得出的、对工作所需的健康方面的必要条件所进行的专业评估，同时决定评估费用。对该裁决既不能提出质疑，也不能进行修改。该裁决应送达给雇主；根据现行法律规范对工作所需的健康方面的其他必要条件所进行的评估，雇主应当在 120 日内完成相应的给付。

在未能达成一致的情况下，对专家报告提出了质疑的当事人，应当在其表明不同意专家结论之日起的 30 日内，向第 1 款规定的法官提交申诉书以提起诉讼，申诉书要说明其提出质疑的理由，否则起诉不予受理。

---

　〔1〕 法律性行政法规（Decreto legge）：指在紧急情况下政府内阁依职权发布的、短时间内具有法律同等效力的行政法规。法律性行政法规公布后 60 日内，如果内阁不报请两院将该法规制订为成文法，则该法规视为自始无效。

对前一款规定的定案性质的判决书不得再提起上诉。

第 446 条　救助和社会协助机构

根据被协助人的申请，成文法所认可的救助和社会协助机构可以在诉讼的任何阶段、按照第 425 条所规定的方式，提供口头或书面的信息和意见。

第 447 条　临时执行

第 442 条规定的争议所引起的相关诉讼中所形成的判决书可以被临时执行（《实施细则》第 152 条）。

在此情况下，可以适用第 431 条的规定。

第 447 条Ⅱ　租赁、无偿借用和生息物租赁产生的争议所适用的规定

城市不动产租赁或无偿借用以及以企业为标的物的租赁引起的争议，在可适用的情况下，适用第 414~420 条，第 421 条第 1 款，第 422 条，第 423 条第 1、3 款，第 424~428 条，第 429 条第 1、2 款，第 430、433~441 条的规定。

违反法院管辖权规定的合同条款无效。

法官可以在诉讼的任何阶段要求对物进行检查，并收集除了决定性宣誓之外的所有证据，并可要求当事人指定的行业协会提供口头或书面的信息。

作出判处决定的一审判决书可以被临时执行。在判决书提交的期限届满之前，仅需要判决内容的副本即可予以执行。如果执行可能给另一方当事人造成重大损害，上诉审的法官可以以终局性裁定的方式要求中止判决的执行力或中止判决的执行。

第 448~473 条（已废除）

第三卷

执行程序

第一编

执行文书和催告令

第 474 条　执行文书

强制执行时，应具备为确定、可计算和可求偿的权利而制作的执行文书。

执行文书包括：

1）判决、决定和其他法律明确赋予执行效力的文书；

2）内容与金钱债务相关的经认证的私证书、票据和其他法律明确赋予相同效力的信用票据；

3）公证员或其他公共事务官员依法提供的文书。

只有根据第 2 款第 1 项和第 3 项中的执行文书，才能进行支付或转让的强制执行。根据第 480 条第 2 款的规定，催告令应包括本条第 2 款第 2 项中的经认证的私证书的补充登记。

第 475 条　执行形式的文书的寄送

除法律另有规定外（《实施细则》第 153 条），判决、法院作出的其他决定以及公证员或公共事务官员提供的文书须具备执行形式，才能产生强制执行文书的效力。

执行形式的文书可以只向为其作出决定的主体、承担义务的主体或前述主体的继承人寄送，在文书页底应写明接收人（第 476 条）。

寄送执行文书时，应在其抬头处写明"意大利共和国——以法律之名"，并由书记员、公证员或其他公共事务官员在文书正本或副本签章处写明以下内容："兹命令所有被要求的司法官或负责主体执行本文书，公诉人提供协助，警方人员根据法律规定给予配合。"

第 476 条　执行形式的文书的其他副本

无正当理由时，不得向同一主体寄送一份以上的具备执行形式的文书副本。

利害关系人可通过申请书的形式向作出决定的法院院长提出获取额外副本的请求；在其他情况下，利害关系人向文书制作地区的法院院长提出上述请求。

法官通过裁决对利害关系人的申请作出决定（第 135 条）。

书记员、公证员或其他公共事务官员违反本条的规定时，相关机构主管或根据第 2 款规定有管辖权的地方法院院长通过裁决（《实施细则》第 154 条），对其作出 1000~5000 欧元的处罚。

第 477 条　执行文书对继承人的效力

针对死者的执行文书对其继承人有效，但应在送达文书 10 日后再向死者的继承人送达催告令（第 479、480 条）。

当事人去世后 1 年内，可在其最后居所地向全体继承人整体地送达执行文书。

第 478 条　缴纳保证金

执行文书的生效需要缴纳保证金时（第 35、282、373、642、648、665 条），在保证金被缴纳之前不能开始强制执行。保证金的缴纳应书写于寄送的执行文书的页底或页边（第 475 条），或与执行文书合并的独立文书之上（《实施细则》第 155 条）。

第 479 条　执行文书和催告令的送达

除法律另有规定外，在强制执行之前应先送达执行文书和催告令（第 475、480 条）。

根据第 137 条及其以下各条的规定，应向当事人本人送达执行文书。

向当事人本人（第 477 条）送达时，催告令可在执行文书之后起草，并与执行文书一同送达。

第 480 条　催告令的形式

催告令是要求当事人在不少于 10 日的期限内根据执行文书履行义务的命令（第 482 条规定的情况除外）。在催告令中，还应提醒当事人一旦未履行上述义务，将启动强制执行程序（第 603、605 条）。

催告令应包括对当事人的说明、送达分开制作的执行文书的时间（第 479、654 条）或（法律规定所要求的）执行文书的补充登记，否则催告令无效。在法律规定要求提供执行文书的补充登记时，司法官应在制作送达报告之前，对登记与权属的一致性进行查验。

催告令还应包括申请人对位于对执行有管辖权的法院所在地（第 26 条以下）的经常居住地或择定住所地作出的声明；无上述地址时，应向送达文书地区的法院提出对催告令的异议（第 615、617条），并在上述法院的书记室完成对申请人的送达。

催告令应根据第 125 条的规定由当事人签名，并根据第 137 条及其以下各条的规定向当事人本人送达。

第 481 条　催告令效力的终止

在完成送达后 90 日内还未开始执行的，催告令的效力终止（第 491、502、606、608、612 条）。

当事人对催告令提出异议时（第 615、617 条），期限中止，并根据第 627 条的规定重新开始计算期限。

第 482 条　期限的完成

在催告令的期限届满前，不能开始强制执行。在任何情况下，只能在送达催告令 10 日后才能开始强制执行；但延迟执行可能引起危险时，不管是否缴纳保证金，执行法院院长或其委托的法官都可下令立即开始强制执行（第 119 条，《实施细则》第 86 条）。批准立即执行的决定通过书写于支付催告书页底的裁定作出，并由司法官抄录于送达文书的副本。

第二编
强制执行

第一章　强制执行的一般规定

第一节　强制执行的方式和形式

第 483 条　多种强制执行方式的并用

债权人可并用多种法律规定的方式进行强制执行。如果债务人提出反对，执行法官可通过终局性裁定确定以债权人选择的方式执行；债权人未作出选择的，执行法官可自行决定强制执行的方式。

开始执行不动产时，由负责执行的法官通过裁定作出决定。

第 484 条　执行法官

法官负责主持强制执行程序。

地方法院院长应在管理档案的书记员制作并于其后 2 日内提交的文书上指定强制执行的法官。

第 174 条和第 175 条的规定适用于执行法官。

第 485 条　利害关系人参加听证

根据法律规定或者认为有必要听取当事人和可能出现的其他利害关系人的意见时，法官通过裁决自行安排扣押债权人、参与债权人（第 498、499 条）、债务人和可能出现的其他利害关系人参加的庭审。

裁决由书记员通知当事人（第 136 条）。

当事人确实或很有可能非因自愿而不能出庭时，执行法官应安排新的庭审并由书记员通知未能出庭的当事人（第 597 条）。

第 486 条　请求和申请的形式

除法律另有规定外，当事人可在庭审时向执行法官以口头形式提出请求或申请；在其他情况中，当事人以提交书记室的申请书（第 125 条）的形式提出请求或申请 。

第 487 条　法官决定的形式

除法律另有规定外，执行法官通过裁定作出决定（第 134 条），并可在执行前自行对此裁定作出修改或撤销。

执行法官作出裁定时应遵守第 176 条及其以下各条（在可适用的情况下）以及第 186 条的规定（第 287、617 条）。

第 488 条　执行档案

书记员应为每一个执行程序编制档案，档案应包括所有法官、书记员、司法官制作的文书以及当事人和可能出现的其他利害关系人提交的文书和文件（第 168、518、524、543、556、557 条，《实施细则》第 36 条）。

对执行有管辖权的地方法院院长或执行法官可授权债权人提交经认证的执行文书的副本，但债权人有义务应法官的要求出示执行文书的原件。

第 489 条　送达和通知的地点

向扣押债权人进行送达（第 137 条以下）和通知（第 136 条）时，应在催告书中（第 480 条）声明的居住地或择定住所地完成；向参与债权人进行送达和通知时，应在其参加诉讼的申请书（第 499 条）中声明的经常居住地或择定住所地完成。

没有声明居住地或择定住所地时，应在对执行有管辖权的法院的书记室完成送达（第 9、26 条）。

第 490 条　公告

根据法律规定公告执行文书时（第 534、570 条，第 576 条第 4 项，第 584、591 条），应在司法部门户网站的"公开变卖网"板块发布公告，公告中应包括所有与公共利益相关的信息。

执行价值超过 25 000 欧元的登记动产以及不动产时，应在出价截止日期或拍卖日期之前至少 45 日内，在特定网站上公布上述通知、法官裁定的副本以及根据《实施细则》第 173 条Ⅱ作出的评估报告。

根据诉讼债权人或经执行文书授权的参与债权人的申请，法官还可要求在出价截止日期之前至少 45 日内，将通知一次或多次地刊登于相关地区发行量最大的本地新闻日报，或者在适当时登载于全国性新闻日报，或者以商业广告的形式予以公告。在 ROC（传播经营者登记机构）注册发行的本地多周或单周新闻报纸，如果与日报具有相似出版特征并在相关区域有最大的发行量，则具有与日报同样的公告效力。在公告中不能公布债务人的姓名。

第二节　扣　押

第 491 条　强制执行的开始

除第 502 条规定的情况外，强制执行从扣押开始（第 492、513、518、543、555、602 条）。

第 492 条　扣押的形式

除后面章节规定的特殊形式外，扣押令是司法官要求债务人不得从事任何影响债权实现的行为的禁令。此处的债权包括作出强制执行客体的财产及其利息。

在扣押令中，应要求债务人表明其在对执行有管辖权的法院所在地的居住地或择定住所地，并提醒债务人未作出声明或无法找到上述居住地或择定住所地时，将在同一法院的书记室完成对其的送达或通知。

在扣押令中，还应提醒债务人可根据第 495 条的规定，提出通过支付一笔款项来代替扣押物或债权的要求。该款项的数额应等于扣押债权人和参与债权人的债权总额，包括本金、利息、费用以及执行费用。为完成扣押的替代，债务人应在根据第 530 条、第 553 条和第 569 条的规定进行变卖或分配之前，向书记室提交相关申请和替代款项，该款项的数额不能低于扣押所保障的债权数额和参与债权人债权数额的 1/5，否则扣押的替代将不获批准。债务人提交的替代款项须有书面文件证明，并在欠款中扣除。

被扣押的财产不足以偿还扣押债权人的债权，或者该财产的清算期过长时，法官可要求债务人对其可被扣押的其他财产、该财产的所在地或者第三债务人作出声明，并警告债务人不提供声明或提供虚假声明时将受到处罚。

上述声明应记入诉讼笔录并由债务人签名。债务人声明的其他财产是动产的，自其被披露时开始，即视为上述财产被扣押，并产生《刑法典》第 338 条第 3 款规定的效果，同时司法官进入财产所在地完成第 520 条规定的活动；财产所在地位于其他辖区的，司法官应向对该地有管辖权的司法官寄送诉讼笔录的副本。债务人提供的其他财产是债权或第三人占有的动产的，自债务人披露财产之时起，即认为已完成对被执行债务人的扣押；在根据第 543 条的规定向其送达文书之前，第三人已经支付款项或返还财产的，根据《刑法典》第 338 条第 4 款的规定，债务人成为该笔款项或财产的保管人。债务人提供的其他财产是不动产的，债权人根据第 555 条及其以下各条的规定进行扣押。

其他债权人参加执行后，被扣押的财产不足以偿还债权时，扣押债权人可请求司法官根据上款规定进行诉讼，以便根据第 499 条第 4 款的规定参加执行。

如果债务人是从事商业活动的企业，司法官应根据扣押债权人的请求，要求债务人提供保管会计账簿的地址，并指定经济专家、律师或《实施细则》第 179 条Ⅲ条规定的登记在册的公证员对会计账簿进行核查，确定被扣押财产和债权的具体情况。提出申请的扣押债权人负责承担上述活动的相关费用。被指定的专家可以要求账簿保管地的金融机构提供债务人在税务申报中提供的会计账簿的保管地址和保管方式（包括电子形式在内），进入任何会计账簿的所在地，并在必要时要求对该地区有管辖权的司法官提供协助。专家应向提出申请的债权人和指定其进行查验的司法官提交查验结果的专门报告，费用和酬金由司法官作出计算。特别报告查明物或债权不属于债务人披露的财产时，通过对债务人有执行力的决定对查询账簿和制作报告的费用作出计算。

法律规定司法官须有执行文书方能完成扣押时，对执行有管辖权的地方法院院长可根据第488条第2款的规定对债权人作出授权。

第 492 条 II　通过互联网对应予扣押的财产进行调查

根据债权人的申请，债务人经常居住地、住所地、居住地或办公场所所在地的地方法院院长在确认申请人享有要求强制执行的权利后，应批准通过互联网对应予扣押的财产进行调查。申请书中应包含辩护人的常规电子邮箱地址、传真号码以及（为完成第547条规定的诉讼活动而必需的）第三人的注册登记的电子邮箱地址。债权人不能在第482条规定的期限届满前提交上述申请。存在迟延履行的风险时，地方法院院长可批准在送达催告令之前，先通过互联网对应予扣押的财产进行调查。

为从1981年4月1日的第121号法律第8条所规定的内政部数据处理中心的自动化档案中获取数据和信息而作出的所有规定仍然有效，通过第1款的规定，地方法院院长或者代表院长的法官安排司法机构通过互联网链接，直接获取公共行政机构的数据库、包含当事人的金融关系档案的财务信息数据库（这一数据库十分重要），以及社会保障机构的数据库中的数据，以便获得应予强制执行的物和债权的有关信息，包括债务人通过信贷机构或雇主而从中受益的关系。司法机构在完成调查后，应编制单独的诉讼笔录并记明所调查的数据库和相关的调查结果。司法官根据可执行的文书或催告令进行扣押，为此也可以通过电子档案获得上述文书的副本。在第 1 款第 4 句规定的情况下，在司法官进行扣押前，应当将催告令交付或移交给该司法官。

进入的数据库可将司法官管辖区域内债务人所拥有的场所内的物显示出来时，该司法官可以进入这些场所并依职权完成第 517、518、520 条所规定的工作。这些场所不在前一句所指的辖区内的，应将前述诉讼笔录的副本发给债权人，由其在副本发放后的 15 日内，将该副本连同要求完成第 517、518、520 条所规定的工作的申请书一同提交给有地域管辖权的司法官，到期未提交则申请不生效力。

司法官并不是通过进入第 2 款所规定的数据库获取某物的信息的，可要求债务人在 15 日内说明该物之所在，同时提醒其注意，如果债务人逾期未告知或错误地告知了物之所在，根据《刑法典》第 388 条第 6 款的规定他将被处以刑罚。

进入的数据库可以显示出第三人控制下的债务人的债权或物时，司法官应当在可能的情况下按照第 149 条 II 的规定，或以传真的方式，向债务人和第三人送达诉讼笔录，笔录中应对将要被执行的债务、强制执行或催告的文书名称、第 1 款规定的登记注册的电子邮箱地址、债权人的择定住所地或其声明的经常居住地、强制令以及根据第 492 条第 1~3 款的规定对债务人提出的请求和提醒作出说明，并在第 546 条规定的限度内要求第三人不得对其所控制的物或债务人所欠款项进行处分。应当将本款规定的笔录的摘要送达给第三人，摘要中应仅记载与第三人相关的信息。

进入的数据库显示出第三人控制下的债务人的更多的债权或更多的物时，司法官应当执行债权人所选定的财产。

进入的数据库既能显示第 3 款所规定的物，又能显示第 5 款所规定的债权和物时，司法官应执行债权人所选定的财产。

第 493 条　根据多个债权人的申请进行扣押

多个债权人可在同一扣押程序中扣押同一财产。

根据一名或多名债权人的请求，被扣押的财产可再次被扣押

（第 523、524、550、561 条）。

即使与其他扣押在同一程序中合并，每个扣押仍具有独立效力。

第 494 条 向司法官支付款项

为免除扣押，债务人可向司法官支付等同于被扣押财产数额的款项和执行费用，并委托司法官将该笔款项转交给债权人。

支付款项时，债务人可保留向司法官要回款项的权利（第 157 条）。

为免除动产的扣押，债务人也可向司法官提交等同于扣押所保障的债权数额的款项以及提高 1/5 数额的执行费用。

第 495 条 扣押的替换

在根据第 530 条、第 552 条和第 569 条的规定进行变卖或分配之前，债务人可通过支付一笔款项和执行费用来代替对物或债权的扣押。该笔款项的数额应等同于扣押债权人或参与扣押债权人的债权数额，包括债权本金、利息和费用。

与申请一起，债务人应向书记室提交一笔款项，否则扣押的替换将不获批准。该笔款项的数额不得低于扣押保障的债权数额和参加诉讼申请中参与债权人债权数额的 1/5。债务人提交的上述款项应有书面文件证明，并在欠款中扣除。书记员负责将该笔款项存入法官指定的信贷机构。

在债务人提出替换申请后 30 日的期限内，执行法官应在庭审中听取当事人的意见，通过裁定确定代替被扣押财产的款项数额。

扣押物是动产或不动产的，法官可根据正当理由在同一裁定中作出决定，要求债务人在 36 个月内以按月分期付款的方式支付第 3 款规定所确定的款项。该笔款项还应包括双方约定的利息或者无约定时根据法定利率计算的利息。法官根据第 510 条的规定作出决定，要求债务人每隔 6 个月向扣押债权人支付价款或在债权人之间支付分配的价款。

债务人未向法官支付第 3 款规定所确定的款项、未支付或超过付款期 15 日迟延支付任何一次第 4 款规定的分期付款的款项时，应将已支付的款项并入扣押财产。根据扣押债权人或有执行文书的参与债权人的请求，执行法官可以立即对扣押财产进行变卖。

扣押物是动产或不动产时，法官通过批准替换扣押的裁定，在债务人支付全款后解除对扣押物的扣押。

当事人只能提出一次替换扣押的申请，否则申请将不获批准。

第 496 条　扣押的减少

根据债务人的申请或法官依职权作出的决定，扣押财产的价值高于上条规定中的费用和债权数额时，法官在听取扣押债权人和参与债权人（第 485 条）的意见后，可以作出减少扣押的决定（第558 条）。

第 497 条　扣押效力的终止

未在扣押完成后 90 日的期限内提出变卖或分配（第 501 条以下，第 628 条）的请求的，扣押的效力终止。

第三节　债权人参加执行

第 498 条　通知登记债权人

执行时应通知根据登记对扣押财产享有优先权的债权人（《实施细则》第 156 条，《民法典》第 2745、2762、2808 条）。

扣押债权人应在扣押完成后 5 日的期限内，向所有对扣押财产享有优先权的其他债权人送达通知。通知中应写明扣押债权人、执行所保障的债权、扣押文书和扣押物（《实施细则》第 158、160条）。

无送达完成的证明时，法官不能对分配或变卖的申请作出决定。

第 499 条　参加执行

根据执行文书对债务人享有债权的债权人、扣押时占有扣押财产的债权人、根据公共登记对扣押财产有抵押权或优先权的债权人或根据《民法典》第 2214 条的规定对会计账簿中的款项享有债权的债权人均可参加执行。

根据第 530、522 条和第 569 条的规定，债权人应在召开变卖或分配的庭审之前，提交参加执行的申请书。申请书应写明债权人、债权的权利依据、参加所得款项分配的请求以及债权人在对执行有管辖权的法院所在地的经常居住地或择定住所地。如果参加执行的权利依据来自于第 1 款中对会计账簿的款项所享有的债权，债权人应根据现行法律规定在其申请书中附加经公证的会计账簿摘要，否则申请将不获批准。

执行文书以外的债权人参加执行的，应在其提出申请后 10 日内向债务人送达申请书的副本；债权人依据会计账簿参加执行的，应向债务人送达经公证的会计账簿摘要的副本以证明债权的存在。

对及时参加执行的一般债权人，参与债权人有权通过向其送达的文书或在决定变卖或分配的庭审中，指明债务人其他可被有效扣押的财产，并要求一般债权人扩大扣押的范围（在获得执行文书授权的前提下）或者预先支付扩大扣押范围的必要费用。如果参与债权人无正当理由未在 30 日的期限内根据第 1 款的规定扩大扣押财产的范围，扣押债权人在分配财产时享有优先权。

通过第 530、552 条和第 569 条规定的变卖或分配的裁定，法官安排由债务人和执行文书以外的参与债权人参加的庭审，并下令其中一方当事人负责送达裁定。作出裁定与开始庭审的日期间隔不得超过 60 日。

在当事人出席的庭审中，债务人应对其承认的参与债权人的全部或部分债权作出说明，获得部分承认的债权应明确数额；债务人未出席庭审时，推定所有执行文书之外的可参与执行的债权均获得了债务人的承认。在所有情况下，债务人对参与债权的认可仅仅针对执行有效。参与债权人的获得债务人承认的全部或部分债权可参加所得款项的分配；债务人不承认参与债权人的债权时，只要参与债权人在本款规定的庭审召开后 30 日的期限内提出了申请或者证明其为获得执行文书的授权提出了必要诉讼，就有权根据第 510 条第 3 款的规定对其应得的债权份额享有预先保留的权利。

第 500 条 参加执行的效力

根据后面章节的规定、并在其规定的情况下，债权人参加执行后有权参加所得款项的分配、扣押财产的执行并进行单独的诉讼活动。

第四节 变卖和分配

第 501 条 扣押的延缓期限

申请人应在扣押完成 10 日后提出分配或变卖扣押财产的申请；但扣押财产是易变质物时，可对其立即进行分配或变卖（第 529、543、552、567 条，《民法典》第 2919~2929 条）。

第 502 条 分配或变卖质押物的期限

除《民法典》的特别规定外（《民法典》第 2795~2798、2804、2911 条），对质押物和抵押动产的执行应遵守本法的规定；但没有在先的扣押时，当事人也可对其提出分配或变卖的请求。

在此情况下，自完成催告支付令（第 479 条）的送达时开始计算提出分配或变卖申请的期限。

第 503 条 强制变卖的形式

根据后面章节规定的形式（《民法典》第 2919 条以下），可以通过拍卖（第 534 条以下、第 576 条以下）或者非拍卖的变卖（第 532 条以下、第 570 条以下）进行强制变卖。

只有法官认为通过拍卖形式变卖财产，有可能获得超过第 568 条所确定的财产价值一半的价格时，才能对财产进行拍卖。

第 504 条　强制变卖的终止

变卖价格达到执行费用和第 495 条第 1 款（《实施细则》第 163 条）规定的债权数额时，多次或按份额进行的强制变卖终止。

第 505 条　分配

根据后面章节的规定，并在其规定的范围内（第 529、539 条，第 552 条以下、588 条以下，《民法典》第 2925 条），扣押债权人可以提出分配扣押财产的请求（第 507、539 条）。

其他债权人参加执行时（第 498、499 条），经所有债权人同意，可根据请求将扣押财产分配给一个或多个债权人。

第 506 条　分配的最低数额

只有财产价值不低于执行费用和相对其他出价者享有优先权的债权数额时（《民法典》第 2741 条），才能对扣押财产进行分配。

财产价值超过了上款中的数额时，应在考虑优先权存在理由的前提下（第 589、162 条），在出价人或其他债权人之间对超出的财产进行分配。

第 507 条　分配的形式

执行法官通过裁定作出分配财产的决定，裁定中应包括受让人、扣押债权人、参与债权人、债务人、可能的第三人所有人、被分配的财产和分配价款（第 509、590 条，《实施细则》第 162 条）。

第 508 条　买受人或受让人对债务的承担

在变卖或分配质押或抵押财产时，经执行法官授权（第 487 条），买受人或分配人可与质押或抵押债权人协商，承担有担保的债务的履行，从而免除债务人的义务（第 585、586 条）。

在此情况下，法官应在变卖或分配的决定中对债务的承担作出说明。

第五节 所得款项的分配

第 509 条 所得款项的组成

可分配的所得款项由变卖物或分配物的价款或差额（第 540、585、590 条）、扣押物的租金或收入（第 594 条）、买受人支付的罚金和损害赔偿金（第 494、495、540、574、587 条）组成。

第 510 条 所得款项的分配

如果只有一个扣押债权人参加执行，执行法官应在听取债务人意见后，判决将所得款项用于支付债权的本金、利息和费用。

在其他情况下，法官根据后面章节的规定，在债权人之间进行所得款项的分配。在分配时法官应考虑优先权的合法理由，并在（未获得执行文书授权的）参与债权人的部分或全部债权未获得债务人的承认时，为其预留债权份额。

法官应确定预留债权份额的必要时间，以便参与债权人在此期间内获得执行文书的授权。在任何情况下，该时间都不得超过 3 年。一旦确定的预留期限届满，法官根据一方当事人的请求或依职权作出决定，召集债务人、扣押债权人和参与债权人（除已经得到全额清偿的债权人外），并在债权人之间进行预留债权份额的分配（包括其时已获得执行文书授权的参与债权人在内）。如果一名上述债权人提出了请求，且没有其他应获得执行文书授权的债权人时，法官亦可在确定的期限届满前召集当事人，对预留债权份额进行分配。

根据第 3 款规定再次进行分配或预留期限届满后，应将所得款项的余额返还债务人或因执行而遭受损失的第三人。

第 511 条 代替的请求

有权参加分配的债权人的债权人可根据第 499 条第 2 款的规定，提出代替债权人参加分配的请求（《民法典》第 2900 条）。

在分配款项时，执行法官应将提出代替请求的债权人考虑在内，但针对该请求提出的异议不能延迟在其他债权人之间进行的分配。

第 512 条　争议的解决

在分配款项时，如果债权人、债权人与债务人或债权人与被执行的第三人之间就一个或多个债权的存在、债权的数额或优先权的存在产生争议，执行法官在听取当事人的意见并进行必要查证后，通过裁定作出决定。裁定可根据第 617 条第 2 款规定的形式、并在该条规定的期限内被质疑。

法官可通过根据第 1 款规定作出的裁定，全部或部分地中止对所得款项的分配。

第二章 对债务人动产的执行

第一节 扣 押

第 513 条 扣押物的搜查

经执行文书和催告支付令授权，司法官可在债务人的家中或者其他地址对扣押物进行搜查。司法官也可对债务人的人身进行搜查。对人身的搜查须以谨慎而适当的方式进行，不得损害债务人的人格尊严（《实施细则》第 165 条）。

需要打开房门、储藏柜、箱子进行搜查时，为排除债务人或第三人的妨碍或者他人对执行扣押的干扰，司法官可以根据具体情况采取适当措施，并在必要时要求警方提供协助。

根据债权人的申请书，地方法院院长或其代理法官可以发布裁决，授权司法官对位于债务人地址以外的、可由债务人直接处分的特定物（《民法典》第 1839~1841 条）进行扣押。

在任何情况下，司法官都可根据本章规定对第三人占有并同意交出的债务人之物进行扣押。

第 514 条 绝对不能被扣押的动产

除法律特别规定（第 545 条）不能被扣押的物之外，以下动产不能被扣押：

1）神圣物和用于宗教崇拜之物（《民法典》第 831 条）；

2）婚戒、衣服、床单、床、餐桌椅、衣橱、屉柜、冰箱、厨房用燃气炉或电炉、洗衣机、家具以及其他债务人及其家庭成员生活所需的家庭和厨房用具，但包括床在内的具有显著经济、艺术或古董价值的家具除外；

3) 维持债务人及其家庭成员 1 个月生活所需的食物和燃料；

4) （已根据 2006 年 3 月 1 日第 52 条法令被废除）；

5) 因执行公务而由债务人保管的武器和其他物品；

6) 有价值的奖章、信件、录音和包括手抄本在内的其他家庭文稿，属于收藏品部分的除外。

第 515 条　相对不能被扣押的动产

只有在没有其他动产时，才能将土地所有人持有的、辅助土地发挥效用的以及用于土地耕种的动产从不动产中分离出来进行扣押。根据债务人的请求，执行法官在听取债权人的意见后，可通过终局性的裁定作出决定，免除对上述动产中对于土地的耕种必不可少的动产的扣押，或者进行扣押后允许土地所有人以谨慎而适当的方式使用该动产，以便对其进行维护和整修。

对用于耕种者劳动或土地耕种的物，执行法官可作出同样内容的裁定。

司法官找到的或者债务人提供的其他动产的估算价值不足以偿还债权时，债务人从事职业、艺术和手工艺活动所必需的工具、物品和书籍可以在其价值 1/5 的范围内被扣押；债务人是公司时，只要其主要工作是从事资本投资，对其动产的扣押范围即不受到上款规定的限制。

第 516 条　在特定期间对动产的扣押

不得将来采摘的或未与土地分离的果实从不动产中分离并进行扣押，除非扣押债权人承担大部分保管费用（第 518、531 条），或者在果实常规成熟期之前的 6 周时间内。

只有大部分幼虫在树枝上准备结茧时（第 531 条），才能对蚕进行扣押。

第 517 条　扣押物的选择

司法官应选择其认为更适宜进行清算的物进行扣押，且其估算价值不应高于催告令中的债权数额的 1/2。

在任何情况下，司法官都应倾向于选择现金、贵重物品、信用票据等具有确定价值的财产进行扣押。

第 518 条　扣押的形式

司法官起草记载诉讼活动的诉讼笔录时，应记录根据第 492 条规定作出的扣押行为，并通过照片或其他视听工具的方式对扣押物及其状态作出描述。司法官认为需要或者应债权人的请求时，可在其选定的评估专家的协助下，对扣押物的价值作出尽量精确的估算。扣押物是未采摘的或未与土地分离的果实时，司法官应对其性质、质量和位置作出描述。

认为应当延迟评估程序时，司法官应撰写第一份扣押笔录，并即刻或在 30 日的固定期限内根据专家提供的价值确定待扣押财产的最终具体状况。评估专家有权在任何情况下进入财产所在地。

执行法官对专家的费用和报酬应参考财产实际变卖或分配的价值或在任何其他情况下根据估算的价值作出计算。

司法官在诉讼笔录中撰写为保管扣押物所作出的处置的报告。

债务人未出现时，司法官将禁令转交给本法第 139 条第 2 款规定的主体，并向其交付与债务人相同的禁令通知。无上述主体时，司法官应将通知张贴于执行扣押的不动产的入口。

完成扣押后，司法官应立即向债权人交付诉讼笔录、执行文书和催告令。在收到文书后 15 日内，债权人应向对执行有管辖权的地方法院院长的书记室提交立案登记处的案件登记表以及与上述文书原件内容一致的副本。只有为实现本条的目的时，债权人的律师才应对副本与原件内容的一致性作出证明。提交文书时，书记员应制作执行档案。在第 497 条确定的期限届满之前，司法官应将诉讼笔录的副本交由债务人保存。债权人在收到文书 15 日后才向书记室提交立案登记处的案件登记表和上述文书的副本的，扣押失去效力。

根据债权人在提交变卖申请的期限内所提交的申请，法官在指定适当的评估人后，认为扣押财产的估算价值低于本条第 1 款中的价值的，可下令追加扣押财产。在此情况下，司法官应立即重启对扣押财产的调查程序。

第 519 条　扣押的时间

除地方法院院长或其委托的法官授权外，不得在节假日或第 147 条规定以外的时间进行扣押。

扣押自指定的时间开始，至扣押完成时结束。

第 520 条　扣押动产的保管

司法官应向地方法院的书记员交付被扣押的现金、信用票据和贵重物品。现金通过司法寄存的形式由书记员保管，信用票据和贵重物品根据执行法官确定的方式保管（《实施细则》第 166 条）。

对于其他扣押物，司法官可根据债权人的请求，将其转移至公共寄存机构保管或者委托债务人以外的第三人进行保管；在紧急情况下，司法官可委托《实施细则》第 159 条规定的获得授权的机构进行保管。

第 521 条　保管人的指定及义务

非经债务人同意，不得指定债权人及其配偶为保管人（第 65 条）；非经债权人同意，不得指定债务人及与其共同生活的家庭成员为保管人。

保管人应在指定保管人的诉讼笔录上签名。

为保存扣押物，司法官可授权保管人将扣押物留在债务人的不动产中或转移至别处。

非经执行法官授权，保管人不得使用扣押物。保管人还应根据第 593 条的规定提交财务报告（第 67、632 条）。

当事人提交变卖申请后，法官通过指定第 534 条第 1 款规定的拍卖机构作出替换保管人的决定。拍卖机构先寄送包括扣押开始日期和大致时间在内的通知，再在 30 日内将扣押财产运送至其所在地或其他可作出处置的地方。为取得扣押财产，拍卖机构的工作人员在必要时可以打开房门、储藏柜和箱柜，并请求警方提供协助。对不宜使用通常方式运输的财产，拍卖机构可以请求获准在财产所在地对其进行保管。

第 522 条　保管人的报酬

保管人未提出获得报酬的请求或司法官未在指定的文书（第65 条）中确定保管人有获得报酬的权利时，保管人无权获得报酬。上条第 1 款中的主体无权获得报酬（第 66 条）。

第 523 条　合并扣押

司法官发现其他司法官已经开始财产的扣押时，与其他司法官共同进行财产的扣押，并共同制作一份诉讼笔录（第 493 条）。

第 524 条　同一财产的再扣押

司法官发现其他司法官已经完成财产的扣押时，应记入诉讼笔录并对已经被扣押的动产（第 493 条）作出说明，再对其他财产进行扣押；如无其他财产可被扣押时，司法官将此情况记入诉讼笔录。

如果再扣押是在根据第 525 条第 1 款规定召开庭审之前，或者根据第 525 条第 2 款规定提出分配或变卖申请之前完成的，应向书记室提交诉讼笔录并附入首次扣押的档案。在此情况下，书记员应告知债权人首次扣押的情况，以及该财产将在同一诉讼程序中被执行。

如果再扣押是在上款规定的庭审之后或者提交上款申请之后完成的，对首次扣押后的财产再扣押具有延迟参与的效力（第 528条）；如果再扣押的是其他财产，应在不同的诉讼程序中完成。

第二节　债权人参加执行

第 525 条　参加执行的条件和时间

为贯彻执行下述规定，债权人应在召开批准变卖或分配的首次庭审之前参加执行（第 530 条）。书记员负责将债权人参加执行的情况通知扣押债权人（第 526、528、530 条，《实施细则》第 160 条）。

根据第 518 条的规定，扣押财产的价值不超过 20000 欧元时，上款规定中的债权人应在根据第 529 条的规定提出申请之前参加执行。

第 526 条　参与债权人的权利

债权人可根据第 525 条的规定参加扣押动产的强制执行，获得执行文书授权后还可进行单独的执行程序（第 500、505、529、551 条）。

第 527 条　（已废除）

第 528 条　延迟参加执行

在第 525 条规定的期限之后至作出分配决定之前参加执行的一般债权人，在满足扣押债权人、先取特权债权人和其他在先参与债权人的债权之后，可以参加扣押财产剩余价款的分配。

即使根据上款规定参加执行，对扣押物享有优先权的债权人（《民法典》第 2741 条）仍可根据其优先权参加扣押财产价款的分配。

第三节　分配和变卖

第 529 条　分配或变卖的申请

在第 501 条规定的期限届满后，扣押债权人和任何执行文书授权的参与债权人均可提出分配现金和变卖所有其他财产的请求（第 530、685 条）。

对信用票据和其他由证券交易或市场决定其价值的财产，亦可提出分配的请求（第 505 条以下）。

债权人应在申请书中附加对扣押动产享有优先权的登记证明

《民法典》第2762条）。

第530条 分配和批准变卖的决定

根据上一条中的请求，执行法官安排当事人参加诉讼的庭审。

当事人可在庭审中针对分配及变卖的时间和方式提出意见，并应在提出异议的期限尚未届满前对执行文书提出异议，否则过期无效。

当事人未提出异议或出庭的当事人达成协议时，执行法官通过裁定作出分配或变卖的决定（第534~535条，《实施细则》第162条）。

执行法官通过判决对异议作出决定，并通过裁定作出分配或变卖的决定。

在第525条第2款规定的情况下，如果债权人未在提交申请书之前参加执行，执行法官通过裁决作出分配或变卖的决定；否则法官在听取参与债权人的意见后，根据上款诸规定作出决定。参与债权人须在第525条第2款规定的期限内提出上述意见，否则法官不予听取。

执行法官可确定以互联网形式进行保证金的缴纳、出价的提交、出价人之间的竞价（根据第532条的规定）和价款的支付，除非上述行为会对债权人的利益和进行的诉讼造成损害。

在任何情况下，执行法官应至少在提交出价或拍卖日期届满10日前，根据第490条第2款的规定安排作出公告。法官还应在上述期限内，始终根据第490条第1款的规定安排作出公告。

在第525条第2款规定以外的情况下，执行法官可安排在不超过12个月的期限内通过分期付款的形式支付价款。在不相冲突时适用第569条第3款第3句、第574条第1款第2句和第587条第1款第2句的规定。

第531条 悬挂果实或其他特殊动产的变卖

除不同的地区习惯外，不得对未到成熟期的悬挂果实（第516

条）进行变卖。

不得对结茧之前的蚕（第 516 条）进行变卖。

为满足农场在时间上的必要需求，执行法官可推迟对第 515 条规定的物进行变卖 。

第 532 条　通过销售代理进行变卖

执行法官可以下令进行非拍卖的变卖，或者通过扣押财产的销售代理进行变卖。扣押财产应被委托给司法变卖机构，或者通过附理由的决定委托给有权变卖部门的特定主体作为销售代理进行变卖。

法官在必要时听取对扣押财产的特性具备技术和商业知识的评估人的意见后，在上款的同一决定中确定变卖的底价和变卖活动截止的最高总额，并可要求销售代理缴纳保证金。此外，法官还应确定尝试进行变卖的次数（不低于三次）、减价变卖的标准、提交变卖所得款项的方式以及不低于 6 个月、不超过 1 年的变卖终止期限。期限届满后负责进行变卖的人应将相关文书归还书记室。根据前句规定归还文书时，如果无人根据第 540 条 II 的规定提出申请，即使不属于《实施细则》第 164 条 II 规定的情况，法官也应下令提前结束执行程序。

物的价值由证券交易或市场决定时，变卖的价格不得低于交易或市场价格的最低价。

第 533 条　销售代理的义务

销售代理应在尝试进行变卖的日期至少 3 日前，向利害关系人保证可以对待变卖物进行检查（包括网络形式的）。在获得全款支付之前，销售代理不得向买受人交付变卖物。在任何情况下，销售代理都应通过一式两份的凭证、发票或带印花的合同对变卖过程作出记录。在执行法官确定的期限内，以上材料中的一份应与变卖所得价款一起交给书记员。

未在第 532 条第 2 款规定的期限内进行变卖的，销售代理应向书记室返还诉讼文书，并提供其专门针对该类财产所完成的变卖活动的证明，以便找到潜在买家。在任何情况下，销售代理都应提供根据法官要求作出公告的证明。

执行法官通过裁决确定销售代理的报酬。

第 534 条　拍卖

进行公开拍卖时，执行法官通过第 530 条规定的决定确定举行拍卖的日期、时间和地点，并委托公证员、司法官或为此获得授权的机构（第 534 条 II，第 536 条，《实施细则》第 159、168 条）进行拍卖。

除第 490 条第 1 款规定的公告外，法官也可在同一决定中根据第 490 条第 3 款的规定安排作出特别公告。

第 534 条 II　委托变卖

听取利害关系人的意见后，法官可在第 530 条规定的决定中委托第 534 条第 1 款中的机构以拍卖或者非拍卖的形式完成对公共注册动产的变卖；无上述机构时，法官可委托在辖区有最佳工作地点的公证员、律师或者登记于《实施细则》第 179 条 III 规定的专家名册中的会计师完成变卖。在与本节规定相适应的前提下，委托以及后面的相关活动应遵守第 591 条 II 的规定。

第 534 条 III　向执行法官提出申请

在变卖过程中出现困难时，职业销售代理可向执行法官求助，由后者通过裁决作出决定。针对上述裁决及职业销售代理的行为，当事人和利害关系人可向上述法官提出质疑，由其通过裁定对质疑作出决定。除非法官因重大理由作出了中止的决定，提出质疑的申请不能中止变卖的进行。

第 617 条的规定在此继续适用。

当事人可根据第 669 条 XIII 的规定对法官的决定提出质疑。

第 535 条　起拍价格

物的价值由证券交易或市场决定的，起拍价为举行拍卖前 1 日证券交易或市场价格的最低价。

在其他情况下，执行法官听取评估人（《实施细则》第 161 条）的必要意见后，在第 530 条规定的决定中确定拍卖的起拍价格（第 539 条）；或者根据情势所需，将拍卖物卖给出价最高的竞买人，而不确定最低价格（第 537 条）。

第 536 条　变卖物的运输和查验

必要时，变卖人将扣押物运送至拍卖场所，并可请求警方的参与。

在任何情况下，拍卖人与保管人都应在拍卖前共同查验拍卖客体是否与扣押笔录（第 518 条）的描述相符。

第 537 条　拍卖的方式

应根据第 535 条所确定的起拍价，按照便利原则整体地或按份额地拍卖标的物。出现两个超过起拍价的公开要价时，在没有更高出价的情况下，拍卖物应被售与出价最高的竞买人（《民法典》第 323、378 条）。

未能在确定日期内完成拍卖的，拍卖持续至下一个工作日。

拍卖过程应记入诉讼笔录并立即提交书记室存档（《实施细则》第 169 条）。

第 538 条　新的拍卖

拍卖物未被卖出的，拍卖人应安排新的拍卖，并确定低于上次起拍价 1/5 的价格为起拍价。

第 539 条　金银物品的变卖或分配

不能以低于其固有价值的价格卖出金银物品。

金银物品如未被卖出，将根据其固有价值分配给债权人（《实施细则》第 162 条）。

第 540 条 价款支付和重新变卖

价款未获支付的，应立即举行新的拍卖，未履行支付义务的买受人须承担拍卖的费用和相关责任。

拍卖所得价款应立即交给书记员，由其以司法寄存的形式进行保管。

第 540 条 II 追加扣押

未在第二次及随后的尝试中卖出扣押物，或者根据第 510 条、第 541 条和第 542 条的规定分配的价款不足以偿还债权人的债权时，根据债权人的请求，法官应根据第 518 条最后 1 款的规定作出决定。出现新的扣押财产时，无需当事人提交新的变卖申请，法官即可安排进行变卖；否则除非变卖活动尚未完成，法官应宣布诉讼的结束。

第四节 所得款项的分配

第 541 条 协议分配

参加分配的债权人就所得款项（第 509 条）的分配达成一致协议的，法官听取债务人的意见后，根据协议作出决定。

第 542 条 司法分配

债权人未达成上款中的一致协议，或者分配协议未获得执行法官的认可时，任何一名债权人都可请求法官对所得款项进行分配。

执行法官听取当事人的意见后，根据第 510 条及其以下各条规定分配所得款项，并下令作出单独份额的支付（第 528 条，《民法典》第 2755～2769、2777、2778、2781～2783、2916 条）。

第三章 对第三人的执行

第一节 扣押和参加执行

第 543 条 扣押的方式

对债务人对第三人的债权进行扣押，或者对第三人占有的债务人之物（第 545、619 条）进行扣押时，应通过根据第 137 条及其以下各条的规定向第三人和债务人本人送达的扣押文书进行。

除第 492 条规定的对债务人的禁令外，扣押文书还应包括以下内容：

1）对扣押所保障的债权、执行文书和催告令的说明；

2）对扣押物或者应付款项至少一般情况的说明，以及对第三人无法官命令不得处分扣押财产的要求（第 546 条）；

3）在有管辖权的地方法院所在地的经常居住地或择定住所地的声明（第 26、28 条）；

4）债务人提交的会见法官的诉状。在诉状中，应要求第三人在 10 日内通过挂号信或经认证的电子邮箱的方式，将根据第 547 条规定作出的声明通知诉讼债权人，并提醒第三人如果未通知债权人上述声明，第三人应在其出席的特别庭审中作出声明；第三人未出席特别庭审或者在庭审中未作出该声明的，考虑到正在进行的诉讼和执行分配决定的需要，应认为第三人在债权人提出的数额和期限内，对被扣押的债权以及债务人之物的占有没有异议。

确定当事人出席诉讼的庭审时，应遵守第 501 条关于期限的规定。

司法官完成最后送达后，应立即向债权人交付诉状原件。债权人应在交付诉状原件后 30 日内，向对执行有管辖权的地方法院的书记室提交立案登记处的案件登记表以及与诉状、执行文书和催告令原件相符的副本。只有为实现本条的目的时，债权人的律师才应对上述副本的内容与原件相符作出证明。书记员应在提交文书时制作执行档案。债权人在收到文书 30 日后才向书记室提交立案登记处的案件登记表和上述原件的副本的，扣押失去效力。

根据第 492 条Ⅱ的规定执行时，司法官应根据本条第 4 款的规定，立即向债权人交付诉讼笔录、执行文书和催告令。在第 501 条规定的期限届满后，扣押债权人或任何执行文书授权的参与债权人都可以提出分配或变卖动产，或者分配债权的请求。法官根据请求安排听取债权人和债务人意见的庭审，并根据第 552 条和第 553 条的规定作出决定。前句中安排庭审的裁定应包括本条第 2 款第 4 项规定的对第三人的要求和提醒内容，并由诉讼债权人负责送达。

第 544 条　扣押债权的质押或抵押担保

扣押债权有质押担保的，非经法官下令，占有质物者不得返还质物（第 502 条，《实施细则》第 182 条）。

扣押债权有抵押担保的，应在土地登记册（《民法典》第 2843 条）中注明扣押的行为。

第 545 条　不可被扣押的债权

除非地方法院院长或其委托的法官在抚养费案件中授权并通过裁决对该部分债权予以确定，抚养费债权不能被扣押。

慈善资助、维持贫困生活水平的财物，或者保险基金、救济机构或慈善机构对生育、疾病和葬礼提供的资助不能作为债权被扣押。

为实现抚养费债权，基于劳动或雇佣关系而产生的个人工资、薪酬以及包括辞退金在内的其他赔偿金可在地方法院院长或其委托的法官许可的范围内被扣押。

应向国家、省和市缴纳的税金可以在 1/5 的数额范围内被扣押，对于其他欠债也可在同一比例的范围内扣押。

同时扣押上述债权的，扣押债权的总额不得超过税金总额的一半。

其他特别法律的限制性规定在此继续适用（《民法典》第1881、1923条）。

退休金、退休津贴或其他退休补助金被扣押的数额不得超过每月社会补助金的一般数额。超过该数额的部分被扣押时，应遵守本条第3~5款和特别法律规范作出的限制性规定。

债务人的银行或邮政账户上有贷款的，如果贷款是在扣押之前发生的，债务人的工资、薪酬、包括辞退金在内的其他劳动或雇佣关系的津贴、退休金、退休津贴或其他退休补助金可以在不超过社会补贴3倍的数额内被扣押；如果贷款是在扣押时或扣押后发生的，对上述款项进行扣押时，须遵守本条第3~5款和特别法律规范作出的限制性规定。

对本条规定的款项进行扣押时，如果违反本条以及特别法律规范作出的禁止性规定或其他限制性规定，扣押部分无效。法官也可依职权提出扣押的无效。

第546条　第三人的义务

自根据第543条规定收到送达文书之日起，第三人应在高于支付催告债权一半数额的范围内，对其占有的物或款项承担法定的保管人义务（第65、520条以下，《刑法典》第388条Ⅱ）。债务人的银行或邮政账户有贷款的，如果贷款是在扣押之前发生的，被执行的第三人对等于社会补贴3倍数额的债务人的工资、薪酬、包括辞退金在内的其他劳动或雇佣关系的津贴、退休金、退休津贴或其他退休补助金不承担保管人的义务；如果贷款是在扣押时或扣押之后发生的，被执行的第三人在第545条和特别法规定的范围内承担保管人的义务。

对多数第三人进行扣押时，债务人可以提出按比例减少单项扣押（根据第496条的规定）或声明部分扣押财产不足的申请。执行法官应在提交申请后 20 日内，召集当事人并通过裁定作出决定。

第 547 条　第三人声明

通过向诉讼债权人寄送挂号信或发送注册登记的电子邮件的方式，第三人本人或通过特别代理人或特别授权的辩护人作出声明，对债务人所有的或第三人占有的物或款项以及支付或交付时间作出详细说明。

第三人还应对之前对其作出的假扣押以及向其送达的或已经接收（第 678 条；《民法典》第 1264 条）的转让通知作出详细说明。

扣押债权人应通知假扣押人在法官确定的固定期限内（第 269、630 条）参加诉讼。

第 548 条　第三人未作出声明

债权人在庭审中声称未收到第三人的声明的，法官通过裁定安排随后召开的庭审。裁定应至少在新庭审开始 10 日前向第三人送达。第三人未出席新的庭审或者在庭审中拒绝作出上述声明的，如果债权人提交的证据确认了第三人占有的债务人的债权或物，且法官根据第 552 条或第 553 条的规定作出了决定，考虑到正在进行的诉讼和执行分配决定的需要，应认为第三人在债权人提出的数额和期限内，对被扣押的债权以及债务人之物的占有没有异议。

第三人证明因不符合规范的送达、意外事件或不可抗力而未能及时了解相关情况时，可根据第 617 条规定的形式和期限，对根据本条规定作出的分配债权的裁定提出质疑。

第 549 条　第三人义务的否定

当事人针对声明提出了异议，或者第三人未作出声明从而不能准确识别债权或第三人占有的债务人的物时，执行法官根据当事人的申请，对当事人和第三人的争议进行必要确认后，通过裁定作出决定。考虑到正在进行的诉讼和执行分配决定的需要，裁定发生效力并可根据第 617 条规定的形式和期限被质疑。

第550条 多重扣押

第三人应对先前对其作出的扣押作出说明。

第三人作出上述声明后再次被扣押时，第三人可以重申上述声明以及声明中所涉及的扣押，以限制新的扣押。

此处适用第524条第2款和第3款的规定。

第551条 参加执行

其他债权人参加执行时应遵守本法第525条及其以下各条的规定。

根据第526条的规定，其他债权人不得在当事人出席首次庭审之后参加执行。

第二节 分配与变卖

第552条 第三人占有之物的分配和变卖

第三人声称或被声称占有债务人的物时（第547、549条），执行法官听取当事人意见后，根据第529条及其以下各条的规定作出分配或变卖动产的决定，或者根据下一条的规定作出分配债权的决定（《实施细则》第164条，《民法典》第2919、2925条）。

第553条 债权的分配和变卖

第三人声称或被声称是可立即或者在90日内偿还债款的债务人时，除收回的款项外，执行法官向参加分配的债权人分配支付的款项（第530条）。

如果第三人偿还债款的期限更长，或者涉及计税收益、永久年金或暂时年金（《民法典》第1861条），若债权人未就款项的分配提出一致请求，则适用上一条中变卖动产的法律规定。

向债权人分配永久年金或计税收益时，分配数额应按照每0.05欧元的本金对应0.00258欧元收益（《民法典》第1866条）的比例计算。

第 554 条　转让债权的质押和抵押担保

转让或变卖的债权有质押担保时（《民法典》第 2784 条），执行法官应在听取当事人意见后（第 544 条），将质押财产委托给债权的受让人、买受人或指定的第三人。

转让或变卖的债权有抵押担保时（《民法典》第 2808 条），应在土地登记册上对转让的决定或变卖的文书作出记录（第 544 条，《民法典》第 2843 条）。

第四章　不动产的强制执行

第一节　扣　押

第555条　扣押的方式

对不动产进行扣押时，应向债务人送达文书，并在随后的文书抄本中对可以被执行，或可以根据第492条的规定（《实施细则》第170条）予以扣押的不动产及其权利的状况作出详细说明，其中包括按《民法典》的要求对被抵押的不动产作出的特别说明（《民法典》第2826条）。

送达完成后，司法官应立即向不动产登记簿管理人提交经认证的文书副本和登记申请书，由后者对扣押文书进行登记，并向司法官归还一份登记申请书（《民法典》第2664条）。

上款中的行为也可由扣押债权人完成。根据扣押债权人的请求，司法官应向其交付上述文书（第557、561条）。

第556条　动产和不动产一同扣押

在适宜合并强制执行时（第483条），债权人在扣押不动产时可将作为其装修的动产一同扣押。

在此情况下，司法官为不动产和动产（第518条）分别制作扣押文书，并共同提交地方法院的书记室存档。

第557条　扣押文书的存档

司法官完成扣押后，应立即将扣押文书提交对执行有管辖权的地方法院的书记室存档，并尽快将不动产登记簿管理人（《民法典》第2664条）归还的登记申请书提交上述书记室存档。

扣押债权人应在扣押完成后 10 日内将执行文书和催告令提交书记室存档；在第 555 条最后一款规定的情况下，一旦不动产登记簿管理人归还登记申请书，扣押债权人应立即将其提交书记室存档（第 561 条）。

扣押文书一经提交，书记员应立即制作执行档案（第 488 条）。

完成最后送达后，司法官应立即向债权人交付扣押文书和不动产登记簿管理人归还的登记申请书。只有为实现本条的目的时，债权人的律师才应对上述副本内容与原件的一致性作出证明。

债权人应在提交扣押文书后 15 日内，向对执行有管辖权的地方法院院长的书记室提交立案登记处的案件登记表以及与执行文书、催告令、扣押文书和登记申请书原件相符的副本。

在第 555 条最后一款规定的情况下，债权人应在不动产登记簿管理人归还登记申请书后立即提交登记申请书。

书记员负责执行档案的制作。债权人在提交扣押文书后 15 日后才提交立案登记处的案件登记表以及与扣押文书、执行文书和催告令原件相符的副本的，扣押无效。

第 558 条 执行的限制

抵押债权人将扣押的范围扩大到未为其设立抵押的不动产时，执行法官（第 484 条）可适用本法第 496 条的规定，或者在完成对设立抵押的不动产（《民法典》第 2911 条）的变卖之前暂停对未为其设立抵押的不动产的变卖。

第 559 条 扣押财产的保管

在扣押中债务人为扣押财产以及包括从物和孳息在内的所有附属物的保管人，但无权获得报酬。

根据扣押债权人或一名参与债权人的请求，执行法官听取债务人的意见后，可指定债务人以外的第三人成为扣押财产的保管人；债务人以外的第三人占有不动产的，法官可指定该第三人为保管人。

保管人未履行其保管义务的，法官可下令替换。

扣押财产的保管人是债务人时，除因扣押财产的特殊性质而无需替换保管人外，法官在通过裁定授权进行变卖或作出相关活动的委托时，应指定相关活动的负责人或者第 534 条第 1 款规定的机构对扣押财产进行保管。

上述机构无法保管扣押财产或应被替换时，法官另行指定他人为保管人。

法官通过终局性的裁定作出上款诸决定。

第 560 条　保管的方式

被指定为保管人的债务人和第三人应根据第 593 条的规定制作财务报告。

非经执行法官授权，上述主体不得对扣押不动产进行出租。

执行法官不允许债务人继续居住在全部或部分不动产中、撤回出租不动产的授权或者对不动产作出变卖或分配决定时，应通过终局性的决定解除对不动产的扣押。

法官的决定对扣押的解除具有执行效力，并由保管人负责执行。即使法官已经为买受人或参加分配人的利益作出了转移财产的裁决，只要买受人或分配人没有免除保管人的义务，保管人仍应负责该决定的执行。

法官应根据第 569 条第 2 款的规定作出裁定，确定适当的保管方式，以便出价的利害关系人对变卖财产进行查验。在任何情况下，保管人获得执行法官的授权后，可对扣押不动产进行经营和管理，并根据法律规定以及保存财产的需要采取相关的措施

第 561 条　对同一财产的再扣押

如果不动产的登记簿管理人在登记扣押文书时，发现在同一财产上已经进行过另一个扣押（第 493 条），应将此情况记载于其归还（《民法典》第 2659 条）的登记申请书之中。

如果再扣押是在第 564 条规定的庭审之前完成的，应将再扣押

文书和第 557 条规定的其他文件一起提交书记室，并放入首次扣押的档案。在此情况下，通过单独程序（第 493 条）进行执行。

如果再扣押是在上述庭审之后完成的，适用第 524 条最后一款的规定。

第 562 条　扣押的无效和登记的撤销

因超过第 497 条规定的期限而导致扣押无效时，执行法官根据第 630 条的规定通过裁定撤销扣押登记（《实施细则》第 172 条）。

不动产登记簿管理人根据提交的裁定撤销登记。

第二节　债权人参加执行

第 563 条　参加的条件和时间

（根据 2006 年 3 月 1 日公布的法令废除）

第 564 条　参与债权人的权力

参与债权人应在批准变卖的首次庭审之前，参加对扣押不动产的执行。获得执行文书的授权后，参与债权人可以启动单独的执行程序。

第 565 条　迟延参加

无担保债权人在第 564 条规定的庭审之后、第 596 条规定的庭审之前参加执行的，只有在满足了扣押债权人、在其之前参加执行的债权人和下条规定中的债权人的债权之后，才能参加所得款项的分配（第 509 条）。

第 566 条　登记债权人和先取特权债权人的参加

登记债权人（《民法典》第 2817 条）和先取特权债权人（《民法典》第 2770 条以下）在第 564 条规定的庭审之后、第 596 条规定的庭审之前参加执行的，可根据其优先权参加所得款项的分配。获得执行文书的授权后，上述债权人可以启动单独的执行程序。

第三节 变卖和分配

第一分节 一般规定

第567条 变卖申请

在第501条规定的期限届满后,扣押债权人和执行文书授权的参与债权人可以请求对扣押不动产进行变卖。

请求进行变卖的债权人应在提交变卖申请后120日的期限内,一同提交不动产登记的清单以及在扣押登记前20年内不动产被有效扣押的注册和登记证明。上述文件可由经公证的地籍证明和不动产登记证明代替。

根据债权人或被执行人的申请,仅在有正当理由时,第2款规定的期限可获得一次不超过60日的延长。法官认为提交的文件不完全时,可给予债权人60日的期限以便提交补充文件。当事人未提出延长期限的申请、提出的申请未获批准,或者债权人未在法官确定的期限内补全所需文件的,执行法官也可依职权宣布不动产扣押因未提交要求的文件而无效。在听取当事人的意见后,法官通过裁定宣告扣押的无效。法官通过裁定撤销扣押登记。在此应适用第562条第2款的规定。没有其他扣押财产时,法官还应宣告执行程序的终止。

第568条 不动产价值的确定

为完成执行,法官应参考根据当事人以及第569条第1款中指定的专家所提供的信息而确定的市场价格,来确定不动产的价值。

确定市场价格时,专家应对不动产的面积进行计算,详细说明不动产的商业面积、每平方米单价以及不动产总价,分门别类地说明对评估进行的调整和修正(包括由于无法为被变卖的财产提供瑕疵担保而导致其实际市场价格降低的情况),并专门对因缴纳市政规划费而对评估进行的调整、不动产的使用和维护状况、不动产的占有情况、在执行过程中不动产上存在的无法移除的障碍和法律负担以及不动产上可能存在的、基于共有关系而产生的欠费作出详细说明。

第 569 条 批准变卖的决定

根据第 567 条中的请求，在债权人根据第 567 条第 2 款的规定提交文件后 15 日内，法官应指定专家，并安排当事人和第 498 条规定的未参加执行的债权人参加的庭审。通过在接受誓言的笔录上签字的方式，被指定的专家在书记室完成宣誓。法官作出决定和召开庭审之间的时间间隔不得超过 90 日。

当事人在庭审中可针对变卖的时间和方式提出意见，并在有效期限内对执行文书提出异议，过期则不得提出异议。

法官通过裁定作出强制变卖的决定时，应确定当事人可根据第 571 条的规定出价的期限（该期限不少于 90 日、不超过 120 日）。在同一裁定中，法官确定缴纳保证金的形式（如果变卖是在一次或多次的竞买中完成的）、根据第 568 条确定的底价、最低出价、卖出与提交价款之间不超过 120 日的期限以及提交价款方式。法官还应通过裁定安排在期限届满后的次日召开庭审，以便考量出价并进行第 573 条规定的竞买者之间的竞价。有正当理由时，执行法官可决定在 12 个月的期限内以分期付款的方式完成价款的支付。只有认为通过拍卖获得的价款数额可能超过根据第 568 条确定的价值的一半时，法官才能根据第 576 条的规定作出决定。

根据《民事诉讼法典实施细则》第 161 条 Ⅲ 的规定，法官可通过同一裁定，确定以互联网形式进行保证金的缴纳、出价的提交、出价人之间的竞价和价款的支付，除非上述行为会对债权人的利益和进行的诉讼造成损害。

如果地方法院通过判决对质疑作出了决定，执行法官应通过裁定作出变卖的决定。

通过同一裁定，法官确定由申请变卖的债权人或其他获得授权的主体向第 489 条规定的未出席的债权人送达裁定的期间。

第二分节 非拍卖的变卖

第 570 条 变卖公告

书记员根据第 490 条的规定公告变卖的决定。公告应包括第 555 条规定的主要信息、根据第 568 条确定的不动产价值、公布相关评估报告的网页以及被指定替代债务人的保管人的姓名和电话号码，并提醒利害关系人可通过地方法院的书记室获取其他与债务人相关的主要信息。

第 571 条 出价

为购买扣押不动产，除债务人以外的任何人都可本人或通过律师提供出价。律师也可根据第 579 条最后一款的规定出价。出价人应向书记室提交包括价格、支付时间、支付方式以及其他有助于衡量出价的信息的声明。

未在第 569 条第 3 款规定的期限内出价、出价低于第 568 条规定的价格或者竞买人未通过变卖裁定确定的方式缴纳不低于出价数额 1/10 的保证金时，出价无效。

除以下情形外，出价不可被撤销：

1）（根据 2006 年 2 月 24 日的法令废除）
2）法官下令进行拍卖；
3）出价提交后未在 120 日内被接受。

出价人应将出价放入密封信封并提交存档。书记员确认出价人的身份后，在信封外注明出价人的姓名、执行法官的姓名、第 591 条 II 规定的职业代理人的姓名和为查验出价确定的庭审日期。确定以流通支票的方式缴纳保证金时，也应将支票放入信封。信封应在出价人出席的查验出价的庭审上打开。

第 572 条 对出价的考量

针对出价，执行法官应听取当事人和未参加执行的登记债权人的意见。

出价等于或超过变卖裁定确定的不动产价值时，出价应被接受。

出价未超过高于变卖裁定确定价值 1/4 的价格时，如果法官认为通过新的变卖没有太大可能取得更好的价格，且债权人未根据第 588 条的规定提出分配申请时，法官可以作出变卖财产的决定。

在此适用第 573、574 条和第 577 条规定。

第 573 条　出价人之间的竞价

有多个出价时，在任何情况下执行法官都应邀请多个出价人参加竞价以便获得最高出价。

如果债权人根据第 588 条的规定提出了分配财产的申请，且最优出价或者最先提交的出价低于变卖裁定确定的不动产价值时，法官不得变卖财产，而应对财产进行分配。

为确定最优出价，法官应综合考虑价格数额、缴纳的保证金、支付的方式和时间以及其他有助于衡量出价的因素。

在第 1 款规定的竞价结束后，获得的价格低于变卖裁定确定的不动产价值时，如果债权人根据第 588 条的规定提出了分配财产的申请，法官不得变卖财产。

第 574 条　针对变卖作出的决定

变卖财产时，执行法官（第 484 条）通过裁定确定支付价款的方式以及公告裁定和买受人应支付价款之间的期限。支付价款时，法官根据第 586 条的规定作出裁定。确定变卖的裁定决定以分期付款的方式支付价款时，如果专门（或主要）从事担保业务的银行、保险公司或金融中介为买受人提供了独立、不可撤回且必须应要求立即支付的保证、且审计公司对上述金融主体至少等于变卖价款 30% 的款项数额进行了审计，执行法官可通过上述裁定批准提出申请的买受人占有变卖的不动产。执行法官应明确前句中提供担保的主体所从事的行业类型。提供保证的目的是为了在执行程序中担保在法官根据第 587 条第 1 款第 2 句的规定作出决定后 30 日内，买受人离开不动产并承担其行为对不动产可能造成的损害赔偿。经过法官的授权，保管人或职业代理人可对保证进行查问。

第 583 条关于变卖形式的规定亦在此适用。

买受人未根据第 1 款中的裁定提交价款时，法官根据第 587 条的规定作出决定。

第 575 条 （已废除）

第三分节　拍　卖

第 576 条　变卖决定的内容

下令进行拍卖时，执行法官在需要时听取专家意见（第 68 条），明确以下内容：

1）整体或按份额地进行变卖（第 504、577 条）；

2）根据第 568 条规定所确定的拍卖的底价；

3）拍卖的日期和时间；

4）完成公告形式和拍卖之间的期限（包括第 490 条最后一款规定的可能的特别公告形式）；

5）不超过底价 1/10 的保证金数额以及出价人缴纳保证金的期限；

6）出价时提价的最小数额；

7）购得财产和提交价款之间不超过 60 日的期限以及提交价款的方式（第 585 条）；

书记员负责裁定的公布（第 490 条）。

第 577 条　土地的不可分性

不动产是整体耕地，或者对其进行分割会影响到合理耕种时，不能对其分割份额出售。

第 578 条　委托变卖

部分扣押财产位于其他地方法院的辖区时，执行法官（第 484

条）可以根据变卖裁定（第 576 条）确定由部分财产所在地的地方法院对其进行拍卖。

在此情况下，书记员应将裁定副本转交接受委托的地方法院的院长，并由后者指定法官执行变卖。

第 579 条 可参加拍卖的主体

除后面法条的规定外，债务人以外的任何人均可对拍卖进行出价。

竞买人可本人或者特别授权其代理人完成出价。

律师可为匿名委托人出价（第 583 条）。

第 580 条 缴纳保证金

为在拍卖中出价，竞买人应根据第 576 条的规定缴纳保证金。

如果竞买人未购得拍卖标的，法官应在拍卖结束后立即向竞买人返还保证金。无书面及合理理由，竞价人未本人或通过特别代理人参加拍卖时，仅可获得原保证金 9/10 数额的返还，剩余部分留作执行费用。

第 581 条 拍卖的方式

执行法官在公开庭审大厅举行拍卖。

竞买人的出价未超过底价或者之前提交的出价时，该应价无效。

最后竞买人出价 3 分钟之后没有更高出价的，该最后竞买人获得不动产的购买。

一旦出现更高出价，竞买人的出价即失效，即使最高出价随即被宣告无效。

第 582 条 买受人对其经常居住地或选择性住所地的说明

买受人应对其在执行变卖（第 576、578 条）的法院所在地的经常居住地或择定住所地（《民法典》第 43、47 条）作出说明，否则可在同一法院的书记室完成送达和通知。

第 583 条　匿名人购得财产

律师为匿名人取得买受人资格的，应于购得财产后 3 日内在书记室作出声明，指明授权其出价的委托人并提交委托合同。

无此声明时，律师成为最终的买受人。

第 584 条　拍卖后的出价

拍卖结束后，竞买人还可在 10 日的固定期限内出价，但不超过拍卖价款 1/5 的出价无效。

竞买人根据上款规定出价时，应根据第 571 条规定的形式向书记室提交出价，并缴纳双倍于第 580 条规定数额的保证金。

法官对出价是否符合规范作出查验后，指示进行竞买。书记员应根据第 570 条的规定公告竞买并通知买受人。法官还应确定根据第 2 款规定作出新的出价的固定期限。

除上款中作出更高应价的竞买人和买受人外，只要在法官确定的期限内补全缴纳了第 2 款规定的保证金，上次拍卖中的竞买人也可以参加竞买。

没有竞买人根据第 3 款的规定作出更高应价时，购得人获得最终购买的权利。除有书面形式的合理理由外，法官宣布第 1 款中的出价人丧失保证金，留作执行费用的诸项支出。

第 585 条　价款的支付

买受人应根据第 576 条规定的变卖裁定所确定的期限和方式支付价款，并向书记员提交已支付价款的证明文件。

抵押债权人购得不动产或者买受人获准承担附带抵押担保的债务时，执行法官可通过裁决限制用于支付费用和满足其他可能存在的担保债权的部分价款的支付。

买受人通过贷款合同获得的款项来支付价款，且该贷款合同提供款项的目的是为了诉讼以及在变卖不动产上设立的第一顺位的抵押担保时，应在转让财产的裁决书中作出说明，且只有登记了贷款方认可的抵押权时，不动产登记簿管理人才能对裁决进行登记。

第586条　执行财产的转移

完成支付后，执行法官认为支付价款明显低于应付款项时可中止财产的变卖，或者作出裁决向买受人转移执行财产，重复变卖裁定中对财产的描述，并（在与买受人根据第508条的规定承担的义务不相关时）取消扣押登记和抵押登记。法官亦可通过裁定取消扣押登记和扣押登记之后的抵押登记。

裁决书还包括要求债务人或保管人离开被变卖的不动产的命令（《实施细则》第164条）。

裁决书构成土地登记册（《民法典》第2643条）中的变卖登记文书，并具有转移不动产的执行效力（第605条以下）。

第587条　买受人不履行义务

买受人未在确定的期限内提交价款时，执行法官（第484条）通过裁决宣告其丧失买受人的权利，其缴纳的保证金作为罚金被没收，并下令举行新的拍卖（《实施细则》第176条）。买受人在期限届满10日后未支付任何一笔分期付款的款项时，法官也可作出上述决定；即使分期付款的款项被支付后，法官仍可决定将买受人缴纳的保证金作为罚金没收。法官还可通过上述裁决下令已经占有不动产的买受人离开不动产，将其交还保管人保管。裁决具有转移财产的执行效力。

新的拍卖根据第576条及其以下各条的规定举行。如果新拍卖获得的价款与保证金的总额低于上次拍卖的最高应价，未履行义务的买受人应支付两次应价之间的差额。

第588条　分配请求的期限

因无人出价而未举行拍卖时，任何债权人都可根据第589条的规定，在召开确定变卖的庭审前10日内提出分配的请求。

第589条　分配的请求

分配的请求应包括不低于第506条规定的价格和尝试进行变卖时所提交的底价的价款。

除第一款规定外，没有第498条规定的债权人和其他参与债权人参加执行时，债权人应支付主债权和意图提供价格之间的差价以及执行费用。

第590条　分配的决定

因缺少应价未举行拍卖时，如果债权人提出了分配的申请，法官应根据申请确定参与分配人支付可能存在的差价的期限。

支付完成后，法官根据第586条的规定作出转移财产的裁决。

第591条　司法行政决定或重新举行拍卖的决定

债权人未提出分配的申请或者申请未获批准时，执行法官根据第592条及其以下各条的规定作出司法行政决定，或者法官认为通过拍卖可以获得高于第568条规定所确定的财产价值一半的价格时，根据第576条的规定作出新裁定，对财产重新进行拍卖。

法官还可确定不同的变卖条件、公告形式（第490条）以及不低于上次拍卖底价1/4数额的底价。确定新的变卖条件或价格时，法官还应该确认当事人根据第571条的规定出价的期限，该期限不得低于60日或高于90日。

因缺少出价而未进行第二次变卖时，如果当事人提出分配的请求，法官应向债权人或提出请求的各债权人分配财产，并确定参与分配人支付可能存在的差价的期限。在此适用第590条第2款的规定。

第三分节Ⅱ　委托拍卖

第591条Ⅱ　委托拍卖

除第2款的规定外，执行法官通过第569条第3款规定的针对变卖请求作出的裁定，委托在辖区内有最佳办公地点的公证员、律师或者根据《实施细则》第 179 条Ⅲ的规定登记于相关名册的经济专家根据第 569 条第 3 款规定的形式对财产进行变卖。在同一裁定中，法官确定委托行为完成的期限、公告的形式、根据第 571 条规定出价的地点以及查验出价、出价人竞买和举行可能的拍卖的地点。在此适用第 569 条第 4 款的规定。

法官听取债权人的意见后，认为直接变卖财产可保护当事人的利益时，可以不作出委托拍卖的决定。

职业代理人应该：

1）参考法官指定专家（根据第 569 条第 1 款的规定）所撰写的报告以及当事人可能提交的信息（根据《实施细则》第 173 条Ⅰ第 4 款的规定），根据第 568 条第 3 款的规定确定不动产的价值；

2）完成第 570 条，以及必要时第 576 条第 2 款规定的行为；

3）根据第 572 条的规定考量出价，并根据第 573 条和第 574 条规定完成进一步的行为；

4）根据第 581 条的规定进行拍卖和出售不动产；

5）接收或验证根据第 583 条规定作出的声明；

6）对第 584 条规定的拍卖后的出价和第 585 条第 2 款规定的的价款支付作出决定；

7）对第 590 条和第 591 条第 2 款规定的分配申请作出决定；

8）根据第 591 条的规定确定重新举行的拍卖和提交新出价的期限；

9）根据第 587 条的规定确定新的拍卖；

10）根据第 508 条的规定准许买受人或参与分配人承担债务；

11）完成转移财产的裁决中的注册、登记和地籍过户手续，在法律规定应通知自愿转移行为的情况下，将上述裁定通知行政管理部门，在执行法官根据第 586 条的规定作出转移不动产的裁决后，完成扣押登记和抵押登记的撤销手续；

12）制作分配计划并转交执行法官，由其作出（可能的）修改后根据第 596 条的规定执行；

13）下令银行或邮局返还保证金（第 571、580 条）或其他未购得变卖财产的出价人通过转账或诉讼存款的方式直接支付的任何其他费用，应向存款人本人或者以向付款账户汇款的方式返还上述款项。

在第 570 条规定的公告中，应详细说明所有根据第 571 条及其以下各条的规定应当在书记室或者在执行法官面前（或者由书记员或执行法官）完成的活动，以及职业代理人在其工作室或者第 1 款规定的裁定所指示的地点完成的活动。公告应遵守《实施细则》第 173 条Ⅳ的相关规定。

职业代理人还应撰写变卖活动的笔录。在笔录中应包括进行变卖活动的地点和时间、参加人的信息、活动的进展情况以及包括买受人个人信息（第 582、583 条）的临时卖出声明。

职业代理人应亲自在笔录上签名，且不得将第 579 条第 2 款规定的特别委托附入笔录。

买受人未在期限内支付价款的，职业代理人应及时通知法官，并向其提交档案（第 585 条）。

买受人根据第 574 条、第 585 条和第 590 条规定确定的方式支付价款后，职业代理人应起草转移财产的裁决（第 585 条），并立即向执行法官提交档案。法律有规定时，应将诉讼档案中的不动产城市规划用途的证明附入裁定。未进行财产的分配（第 590 条）或者根据第 591 条重新举行拍卖时，职业代理人应向执行法官转交档案。当事人可根据第 617 条的规定对本款中的裁决提出异议。

买受人支付的价款应存入银行或者法官指定的邮政账户（《实施细则》第 162 条）。

委托职业代理人进行变卖时，执行法官在任何情况下都可根据第 586 条的规定作出决定。

变卖活动违反变卖程序的条件和指示时，执行法官听取利害关系人的意见后，可作出决定撤销变卖的委托，除非职业代理人证明对变卖程序的条件和指示的违反出自不可归责于本人的原因。

第 591 条Ⅲ　向执行法官提出申请

在变卖过程中出现困难时，职业代理人可以请求获得执行法官的帮助，由其通过裁决作出决定（第 487 条）。针对上述裁决以及职业代理人的行为，当事人和利害关系人可通过申请书的形式向执行法官提出质疑，由其通过裁定作出决定。除非法官有重大理由作出了中止的决定，申请的提出不能中止拍卖程序。针对法官的决定，当事人可根据第 669 条Ⅷ的规定提出异议。

第四节　司法管理

第 592 条　司法管理人的指定

不动产的司法管理人由一名或数名债权人、为此而授权的机构或者经所有债权人同意后由同一债务人作出任命（第 591、595 条，《实施细则》第 159 条），且任期不得超过 3 年。

第 65 条及其以下各条的规定适用于司法管理人。

第 593 条　财务报告

管理人应在执行法官规定的期限内，以及在任何情况下都应在每 3 个月的月底向书记室提交管理报告，并通过法官确定的方式存入可支配的收入（第 594 条）。

管理到期后，管理人应提交最终财务报告。

部分和最终的财务报告应获得法官的批准（《实施细则》第 178 条）。根据第 263 条及其以下各条的规定，针对上述报告的质疑，法官应通过终局性的裁定作出决定。

第 594 条　收入的分配

在司法管理过程中，执行法官根据第 596 条及其以下各条的规定（第 178 条）作出决定，将获得的收入分配给债权人。

第 595 条　司法管理的终止

扣押债权人或一名参与债权人可随时请求执行法官（第 484 条）在听取其他当事人意见后，作出重新拍卖或者分配不动产（第 591、589 条）的决定。在司法管理期间，任何人均可根据第 571 条及其以下各条的规定出价。

除法官根据全体当事人的请求，批准对司法管理进行一次或多次总计不超过三年的延期外，司法管理在第 592 条规定的裁定期限届满后终止，且法官应下令举行新的拍卖。

第五节　所得款项的分配

第 596 条　制订分配方案

不能根据第 510 条第 1 款的规定采取措施时，执行法官（第 484 条）或者第 591 条 Ⅱ 规定的职业代理人应在支付价款（第 585 条）后 30 日内，制订一份包括参加分配的债权人类别在内（第 565、566、597 条，《民法典》第 2741 条）的分配方案，将其提交书记室以便为债权人和债务人提供参考，并安排庭审以听取当事人对该方案的意见（《实施细则》第 179 条）。

邀请的通知和庭审之间应至少有 10 日期限的间隔。

第 597 条　未出席庭审

当事人未出席首次庭审以及第 485 条最后一款规定的其他庭审时，视为其对下一条中的分配方案表示同意。

第 598 条　计划的批准

分配计划获得批准或者得到全体当事人的一致同意时，应将其记录于庭审笔录，并由执行法官（第 484 条）或第 591 条 Ⅱ 规定的职业代理人下令进行单独份额的支付，否则适用第 512 条的规定（第 597 条，《实施细则》第 177 条）。

第五章 不可分财产的执行

第 599 条 扣押

即使并非所有的共有人都对债权人承担义务（《民法典》第1100 条），法院也可对不可分财产进行扣押。

在此情况下，扣押债权人应向其他共有人送达扣押（第 492 条）公告。无法官的命令（第 180 条），债务人不得将其他共有人的份额从共有财产中分割出去。

第 600 条 传唤共有人出庭

应扣押债权人或共有人的请求，执行法官（第 484 条）听取所有利害关系人的意见后，在可能的情况下作出决定，对债务人的部分财产进行实物分割（《民法典》第 1114 条；《实施细则》第 180 条）。

无人提出实物分割的请求或者不能进行实物分割时，法官根据《民法典》的规定进行财产的分割，除非法官认为部分财产在未进行分割时的价值可能等于或高于第 568 条规定所确定的价值。

第 601 条 分割

进行财产的分割时，在当事人就财产分割达成协议或者法官根据第 627 条的规定作出判决（《实施细则》第 181 条）之前，执行程序中止（第 626 条）。

分割财产后，应根据前面各章的规定对债务人的财产进行变卖或分配。

第六章 对第三人所有人的执行

第 602 条 执行的方式

执行标的是其他债务的质押或抵押财产，或者因欺诈而撤销债务人对财产的转让时（《民法典》第 2901、2910 条），适用未被后面规定所修改的前面各章的规定（《民法典》第 2858~2871、2905条，《海事法》第 670、1070 条）。

第 603 条 执行文书和催告令的送达

应向第三人送达执行文书和支付催告书（第 479 条）。

在支付催告书中应对将被执行的第三人的财产作出说明。

第 604 条 特别规定

对第三人进行财产扣押（第 492 条以下）以及一般的执行行为时，除第 579 条第 1 款的禁止性规定以外，可适用所有与债务人相关的规定。

根据前面章节的规定，在所有应听取债务人意见的情况中，也应听取第三人的意见。

第三编

交付或转让的执行

第 605 条　交付和转让的命令

除第 480 条规定的内容外，交付动产或转让不动产的催告令中还应包括对上述财产情况的简要说明（《民法典》第 2930 条）。

执行文书确定了支付或转让的期限时，催告令中也应包括该期限的说明。

第 606 条　交付动产的方式

催告令中的期限届满后，执行文书和催告令（第 605 条）授权的司法官前往执行财产所在地，根据第 513 条的规定对财产进行搜查，再将财产交给申请人或其指定主体（第 607 条）。

第 607 条　被扣押的财产

待交付的财产被扣押的，不得交付财产，且申请者应根据第 619 条及其以下各条的规定通过异议的方式提出诉求。

第 608 条　转让不动产的方式

执行自送达公告时开始。通过公告的送达，司法官应至少在 10 日之前通知当事人转让不动产的义务以及转让的日期和时间。

在确定的日期和时间，由执行文书和催告令（第 480、605 条）授权的司法官应前往执行财产所在地，并在必要时行使第 513 条赋予其的权力，向申请人或其指定主体交付钥匙，使其获得不动产的占有；不动产有保管人时，司法官下令保管人对新的占有人予以认可。

第 608 条 II　因申请人弃权而终止执行

在交付或转让财产之前，如果申请人向被执行人送达弃权文书并有计划向执行司法官提交该文书的形式弃权，第 605 条规定的执行活动终止。

第 609 条　对不属于执行标的的动产作出的决定

在不动产中发现不应被交付的动产时，司法官下令不动产的转让人或动产的所有人在确定的期限内将其取走。上述命令应记录于诉讼笔录，或者在下令取走动产的人未出现时，通过送达的文书作出记录，并由申请人承担送达费用。如果动产未在确定的期限内被取走，司法官应申请人的请求，根据第 518 条第 1 款的规定确定财产的估算价值以及保管财产和取走财产的预期费用，并由申请人承担上述费用。

认为财产的价值高于保管和取走的费用时，司法官指定财产的保管人并由其负责将财产转移至其他地方，相关费用由申请人承担。保管人根据第 559 条的规定被指定。无人提出申请且未预付费用时，如果进行第 5 款规定的尝试变卖没有显著意义，财产则将被摒弃；在当事人未提出不同的请求时，司法官可以作出决定将其清除或销毁。

在不动产中发现的文件与企业或职业活动的发展相关时，如果该文件未根据第 1 款的规定被取走，应由申请人对其进行为期两年的保管，或者在申请人提出申请并预付费用之后由司法官指定的保管人保管。无人提出申请且未预付费用时，在可适用的情况下适用第 2 款最后一句的规定。本款中申请人或管理人的两年保管期限届满时，也适用同样的处理方式。

第 1 款中的命令所确定的期限届满后，在变卖财产或者根据第 2 款最后一句的规定清除或销毁财产之前，动产所有人可以向执行法官提出交付动产的请求以便完成不动产的转让。法官通过裁决作出决定。如果请求被接受，法官应在支付保管和取走动产的费用和报酬之后，作出交还动产的决定。

保管人根据执行法官为转让不动产所确定的程式，以变卖扣押动产的方式对财产进行非拍卖的变卖。在可适用的情况下，此处适用本法第530条及其以下各条的规定。变卖所得款项应用于支付财产的保管、取走和变卖费用，并由执行不动产转让的法官对上述费用作出计算。除动产不属于不动产转让人所有的情况外，不动产转让人可根据第611条的规定对计算的执行费用提出可能的抗辩。

如果未能在法官确定的期限内获得变卖收益，司法官将根据第2款最后一句的规定对动产作出处理。

物被扣押（第513条）或假扣押（第670条）时，司法官应立即告知提出扣押或假扣押申请的债权人和执行法官即将对不动产进行转让，以便后者对保管人进行可能的替换（第66条）。

第610条 临时决定

执行中出现应立即解决的困难时，任何主体都可以向执行法官提出请求（包括口头形式在内），由其在必要时作出临时决定（《实施细则》第183条）。

第611条 执行费用

司法官应在诉讼笔录中（第126条）记明申请人预付的所有费用。

根据第91条及其以下各条的规定，执行法官在可以被执行的裁决中对执行费用作出计算。

第四编

作为与不作为义务的强制执行

第 612 条　决定

针对违反作为或不作为义务（《民法典》第 2931、2933 条）而作出的判决，如果当事人想获得强制执行的效力，应在送达催告令之后（第 479 条），以申请书的方式向确定执行方式的执行法官提出申请（第 26 条）。

法官听取义务人的意见后作出决定。法官在其裁定中指定负责执行的司法官和应当完成未完成的作品或者销毁已完成作品的主体。

第 613 条　执行过程中的困难

为解决在执行过程中出现的困难，司法官可获得警方的协助，并请求执行法官采取适当措施。执行法官通过裁决作出决定。

第 614 条　费用的报销

在执行结束时或者在执行过程中，申请人可与禁令裁决的申请一起（第 633 条）向执行法官提交司法官签署的预付费用的清单。

执行法官认为上述费用有正当理由时，根据第 642 条的规定通过裁决作出决定。

间接强制措施

第 614 条 II　间接强制措施

通过要求履行非金钱义务的判决，法官可在不显失公平的情况下，根据当事人的请求，确定一笔义务人在违反义务、不按照规定履行义务或拖延了判决的执行时应支付的罚款。在义务人因违反或不遵守义务而应支付罚款时，该处罚的决定具有执行效力。公共或私人劳动争议以及第 409 条规定的协作性和持续性的合作关系不适用本款的规定。

法官参考争议标的价值、履行的性质、已计算出的或预计的损害赔偿数额以及其他相关因素，确定前款所规定的罚款的数额。

第五编

异　议

第一章　债务人和被执行第三人的异议

第一节　执行异议

第615条　异议的形式

对强制执行中的申请人的权利有质疑时，如果强制执行尚未开始，当事人可以通过执行异议起诉状[1]（第163条）对法官作出的催告令提出异议。异议应向对案件的性质、价值（第17条）或第27条规定的地域有管辖权的法院提出。有重大理由时，法官可以根据当事人的申请中止执行文书的效力。当事人只针对申请人的部分权利提出质疑时，法官中止执行文书中被质疑部分的效力。

执行开始后（第491条），当事人通过申请书的方式向同一执行法官提出（第484条，《实施细则》第184条）前款规定的异议以及针对财产可扣押性的异议（第514条以下，第545条）。执行法官通过裁决安排当事人参加诉讼的庭审以及送达申请书和裁决书（第618条Ⅱ，第624、625条，《实施细则》第184~186条）的固定期限（第630条）。

第616条　执行法官的决定

执行法官所在的法院对案件有管辖权时，在利害关系人向立案登记处提交案件登记表后，执行法官应在第163条Ⅱ规定的开庭期

---

〔1〕　此处应指执行异议起诉状（Citazione），参见第163条注释。

限（或者根据法律规定在减半的期限）内，以因案件的性质和程序的需要而采取的方式，确定对案件进行实体审理的固定期限；否则法官应将案件发回有管辖权的法院，并确定重新起诉的固定期限。

第二节　执行文书的异议

第617条　异议的形式

通过在送达执行文书或催告令（第618条，第618条Ⅱ）后20日的固定期限内（第630条）送达诉状方式，异议人可向第480条第3款规定的法官提出对执行文书（第474条）和催告令（第480、605条）的形式规范性的异议。

不得在执行开始前提出上款规定的异议。在执行文书或催告令的首次执行或单独执行活动完成（第497、530、552、569、628条）后20日的固定期限内，异议人以申请书的形式向执行法官（第484条）提出对执行文书和催告令（第479条）的送达以及单独执行活动的异议。

第618条　执行法官的决定

执行法官通过裁决安排当事人出席诉讼的庭审，并确定送达申请书和裁决书的期限。在紧急情况下，执行法官还可作出必要决定。

法官在庭审中通过裁定作出不得延迟程序或终止程序的决定。利害关系人在立案登记处登记后，在任何情况下，执行法官应在第163条Ⅱ规定的开庭期限（或者根据法律规定在减半的期限）内，以因案件的性质和程序的需要而采取的方式，确定审理案件实体问题（《实施细则》第186条Ⅱ）的固定期限。法官通过终局性的判决对案件作出决定。

根据上条第1款的规定所作出的判决亦不可被质疑。

第三节 劳动关系、社会保障和扶助的异议

第 618 条 II 程序

在第二卷第四编第一章和第二章（第 409 条以下）规定的情况下，对执行程序和执行文书的异议在可适用的情况下适用有关个人劳动争议的法律规范。

在第 615 条第 2 款和第 617 条第 2 款规定的情况下，执行法官仅对可通过裁定作出决定的事项享有管辖权。

第二章 第三人异议

第 619 条 异议形式

在法官下令对财产进行变卖（第 620 条）或分配（第 607 条，《实施细则》第 184 条）之前，主张对扣押财产有所有权（《民法典》第 832 条）或者其他物权（《民法典》第 952、957、978、1021、1022、1027 条）的第三人可通过申请书向执行法官（第 484 条）提出异议。

法官通过裁决安排当事人出席诉讼的庭审，并确定送达申请和裁决的固定期间（《实施细则》第 185 条）。

当事人在庭审中达成协议的，法官通过裁定明确协议内容，并采取适当措施以保证执行程序的继续进行或程序的结束（如果执行程序结束，法官还应确定执行费用）；或者参考对案件标的价值的管辖权根据第 616 条的规定作出决定。

第 620 条 延迟提出异议

如果提出异议后法官并未中止对动产的变卖（第 624 条），或者在变卖后才提出异议，第三人可针对变卖所得款项（《民法典》第 2920 条）主张其权利。

第 621 条 证人证言的限制

提出异议的第三人不能通过证人（第 244 条以下）来主张其位

于债务人家中或企业中的扣押动产上的权利，除非该权利有很大可能是第三人或债务人通过其职业或贸易活动而获得的。

第622条 （已废除）

第六编

诉讼程序的中止和终止

第一章 诉讼程序的中止

第 623 条 中止的限制

除根据法律规定或者法官针对执行文书的质疑（第 624 条）作出中止诉讼程序的决定外，执行法官不能作出中止强制执行的决定（第 487、625 条）。

第 624 条 执行异议程序的中止

当事人根据第 615 条和第 619 条的规定对执行提出异议时，执行法官根据当事人的申请，有重大理由时作出中止诉讼程序的决定。该决定可要求当事人缴纳或不缴纳保证金。

法官根据中止诉讼程序的申请作出裁定后，当事人可根据第 669 条ⅩⅢ的规定提出质疑。前句规定也适用于根据第 512 条第 2 款的规定所作出的决定。

法官根据第 1 款的规定作出中止诉讼程序的决定后，当事人未提出质疑或者质疑未获认可，且未在第 616 条规定的固定期限内对实体问题进行审理时，执行法官也可依职权通过裁定宣告诉讼程序的中止，下令撤销扣押登记并确定诉讼费用。裁定可根据第 630 条第 3 款的规定被质疑。

在可适用的情况下，第 3 款的规定也适用于第 618 条规定的中止诉讼程序的情况。

第 624 条 I   根据当事人的请求中止诉讼程序

根据全体执行文书授权的债权人的申请,在听取债务人意见后,执行法官可决定在 24 个月的期限内中止诉讼程序。债权人可在出价前 20 日内,或者拍卖前(在不能进行非拍卖的变卖时)15 日内提交申请。法官应在提交申请后 10 日内作出决定;当申请被接受时,在第 490 条第 2 款规定的情况下,法官在提交中止诉讼的决定后 5 日内,将该决定通知保管人,并公布于在登载评估报告的网站。法官只能作出一次中止诉讼程序的决定。只根据一名债权人的请求,法官在听取债务人的意见后,即可随时作出撤销裁定的决定。

利害关系人应在期限届满后 10 日内,向法官提出确定继续进行诉讼的庭审的申请。

强制执行动产时,当事人可在为取走财产所确定的期限内提出中止诉讼程序的申请,或者在变卖日期 10 日前(应当于变卖在财产保管地进行的情况下),且在变卖的商业公告生效前提出上述申请。对第三人执行时,不得在第三人作出声明后提出中止诉讼程序的申请。

第 625 条   诉讼

根据上一条规定的中止诉讼程序的申请,执行法官(第 484 条)听取当事人的意见后(第 485 条),通过裁定作出决定。

在紧急情况下,法官可通过裁决作出中止诉讼程序的决定,并安排当事人参加诉讼的庭审。在庭审中法官通过裁定作出决定。

第 626 条   中止的效力

除执行法官另有决定外(第 484 条),诉讼程序被中止时,不得进行任何执行活动。

第 627 条   执行程序的恢复

通过在执行法官(第 630 条)确定的固定期限内(第 152、

153 条）提出的申请，执行程序获得恢复。在任何情况下，执行程序的恢复都不能晚于一审判决获得既判力后或者拒绝异议的上诉判决被通知后的 6 个月的期限。

第 628 条　扣押效力期间的中止

针对单独执行文书（第 617 条）提出的异议可中止第 497 条规定的期间。

第二章　诉讼程序的终止

第 629 条　放弃

如果扣押债权人或者经执行文书授权的参与债权人在变卖或分配之前宣布放弃诉讼（第 526、528、551、564~566 条），则诉讼程序终止。

变卖完成后，如果所有参加执行的债权人都放弃诉讼（第 632 条），则诉讼程序终止。

在可能的情况下，此处应适用第 306 条的规定。

第 630 条　当事人的不作为

除法律明确规定的情况（第 629、631 条）外，如果当事人没有继续执行程序，或者没有在法律规定或法官确定的固定期限内恢复执行程序（第 497、549、615、616、618、619、627 条，《实施细则》第 156 条），执行程序终止。

执行程序根据法律的直接规定发生终止时，在确认导致执行程序终止的事由后的首次庭审之前，执行法官（第 484 条）可以通过裁定宣告执行程序的终止。在庭审之外宣告裁定时，由书记员负责裁定的通知。

根据第 178 条第 3 款、第 4 款和第 5 款的规定，债务人、债权人或其他参与债权人可以在庭审或裁定通知后 20 日的固定期限内，对宣告终止程序或驳回相关抗辩的裁定提出异议。合议庭在法官评议会中通过判决作出决定（第 737 条，《实施细则》第 130 条）。

第 631 条 缺席庭审

在执行过程中，如果没有当事人出席庭审，除决定变卖的庭审外，执行法官应重新安排庭审并由书记员通知当事人。

当事人均未出席重新安排的庭审的，法官通过裁定宣告执行程序的终止。

此处适用上一条最后一款的规定。

第 631 条 Ⅱ 未在公开变卖的门户网站发布公告

如果在法官所指定的期限内，因可归责于扣押债权人或执行文书授权的参与债权人的原因，未能在公开变卖的门户网站发布公告，法官应作出裁定宣告执行程序的终止，此时应适用第 630 条第 2、3 款的规定。如果未能在门户网站发布公告是司法部网络系统故障造成的，而这种情况可以根据《实施细则》第 161 条 Ⅳ 的规定予以确认的话，则不得适用本条的规定。

第 632 条 程序终止的效力

通过宣告程序终止的裁定，法官撤回扣押的登记。通过同一裁定，执行法官应请求对当事人应支付的诉讼费用和第 591 条 Ⅱ 中受托人的酬劳作出计算。

如果在变卖或分配之前执行程序已终止，则已经完成的诉讼活动无效（《实施细则》第 172 条，《民法典》第 2945 条）；在变卖或分配之后终止诉讼程序的，所获款项应交付给债务人。

诉讼程序终止后，保管人应向债务人报账（第 560 条），执行法官（第 484 条）应主持双方对账目进行讨论和结算。

此处适用第 310 条最后一款的规定。

第四卷

特别诉讼

第一章 强制令诉讼

第 633 条 签发条件

根据金钱之债的债权人（第 638 条）、数额确定的种类物的债权人（第 639 条）或对特定动产的交付享有权利者的申请，有管辖权的法官（第 637 条）在以下情形中签发支付或交付的强制令（第 186 条Ⅲ）：

1）权利效力获得了书面证据的证实（第 634、635 条）；

2）债权涉及司法服务或非司法服务的酬劳，或者律师、代理人、书记员、司法官或其他在诉讼程序中提供劳务者（第 636、637 条）的费用的报销；

3）债权涉及特别法规定的公证员、其他从事自由职业或艺术活动的人依法应当纳税的酬劳、权利或费用报销（第 636、637 条）。

上述权利存在对待给付或附带有条件时，只要通过申请人提供的相关文件可以推断出对待给付已完成或条件已实现，法官即可签发强制令。

第 634 条 书面证据

即使不符合《民法典》规定的条件，为私证书（《民法典》第 2702 条）和电报（《民法典》第 2705 条）作出的保单和单方允诺可被视为上条第 1 项规定的适当的书面证据。

对于供应货物的债权、金钱债权以及从事商业活动的（《民法典》第 2195 条）企业和不从事商业活动的人提供服务的债权，《民法典》第 2214 条及其以下各条规定的、根据法律规定的形式盖章生效的、以符合规范的方式被保存的经认证的会计账簿摘录，以及税法规定的、根据相关法律规定被保存的、经认证的会计账簿的摘录（第 186 条Ⅲ）均可作为适当的书面证据。

第 635 条　国家和公共机构的债权的书面证据

对于国家以及保护和监督国家的团体或机构的债权，由获得必要授权的工作人员或公证员根据法律和法规证明其规范性后，行政机构的账本或账簿也可以作为适当的证据，有关国家和上述机构财政税收的法律另有规定的除外。

对于未根据第 459 条[1]规定的关系向社会保障和社会协助机构支付费用所产生的债权，劳动监察机构和企业工作人员的认证也可作为适当的书面证据。

第 636 条　费用和履行凭证

在第 633 条第 2 款和第 3 款规定的情况下，应随同申请（第 638 条）一起提交附有申请人签名的费用和履行凭证以及相应行业协会的意见。费用或履行凭证是根据强制税费计算出来的，不需要提供行业协会的意见。

法官未根据第 640 条的规定驳回申请时，除应对事实上的错误进行修改的情况外，应在申请数额的范围内遵从上述意见。

第 637 条　管辖法院

对按照普通程序提交的申请，有管辖权的治安法院或者独任审判法庭有权签发强制令。

涉及第 633 条第 2 款规定的债权时，对债权相关案件作出决定的司法官有权签发强制令。

---

〔1〕　现改为第 442 条"有关义务性社会保障和社会协助的争议"的规定。

律师或公证员也可以针对自己的客户提出签发强制令的申请，申请应向对其登记的律师行业协会或从属的公证员协会所在地有管辖权的法院提出。

第 638 条　请求的形式和提交

申请人以申请书的形式提出签发强制令的请求。除了第 125 条的要求外，申请书还应对所要提交的证据（第 634、635 条）、申请人的代理人情况或可本人参加诉讼（第 82、86 条）的当事人在审理法院所在地的经常居住地或择定住所地作出说明。

申请书中未对代理人或当事人的经常居住地或择定住所地作出说明时，在书记室完成（第 645 条、《实施细则》第 188 条）对申请人的送达。

申请人应向书记室提交申请书以及附随文件。在根据第 641 条签发的强制令裁决所确定的期限届满之前，申请人不得取回上述材料。

第 639 条　交付种类物的申请

请求涉及确定数量的种类物的交付时，申请人应表明其可接受的替代实物交付的金钱数额，从而使债务人解除债务。法官认为前述数额与种类物的价值不符时，在对申请作出决定之前，可要求申请人出示商业协会、工业协会、手工业协会或农业协会的证明。

第 640 条　请求的驳回

法官认为没有足够的正当理由支持请求时，可下令书记员通知申请人并要求其提交相应证据。

申请人既不回应提交证据的要求也不撤回申请，或者申请未获批准的，法官通过裁决驳回申请。

该裁决不能阻止当事人再次提出请求（包括常规性的方式）。

第 641 条　请求的批准

申请人递交的申请符合第 633 条规定的条件时，法官通过在提交申请书后30日内作出的附理由的裁决，责令对方当事人在40日内支付款项，应申请人的请求选择交付实物或者支付第639条规定的替代实物交付的金钱数额，并明确提醒对方当事人，可在同一期限内根据下面各条的规定提出异议，如果未提出异议，法官将进行强制执行（第483条以下）。

有正当理由时，有效期限可缩短至10日或延长至60日；被申请人位于欧盟其他国家境内的，有效期限为50日并可被缩短至20日；被申请人位于其他国家境内的，有效期限为60日，且该期限不得缩短至少于30日或延长至超过120日。

法官在裁决中对诉讼费用和酬金作出计算并下令支付。

第642条 临时执行

债权来自于汇票、银行支票、流通支票、交易清算证明、公证员或其他获得授权的公共机构（《民法典》第2699条）的文书时，根据申请人的请求，法官应责令债务人立即支付或交付；未作出上述决定的，法官可批准裁决的临时执行，并根据被申请人提出的异议确定临时执行的期限（第645条，《民法典实施细则》第63条）。

延迟会造成严重损害，或者申请人提交了可证实其权利主张并由债务人签名的材料的，法官可以批准临时执行。法官可下令由申请人缴纳保证金。

在此情况下，法官也可批准执行，无需遵守第482条对于期限的规定。

第643条 裁决书的送达

申请书和裁决书的原件应存档于书记室（《实施细则》第35条）。

申请书和裁决书的经认证的副本应根据第137条及其以下各条的规定送达。

送达引起诉讼程序的开始（《民法典》第2943、2945条）。

第 644 条 未完成裁决的送达

裁决公布后 60 日内未在意大利境内完成送达，或者公布后 90 日内未在其他地区完成送达的，签发强制令的裁决无效（第 188 条）；但申请人可以再次提出请求。

第 645 条 异议

当事人应向作出裁决的法官所属的法院提出异议，并在第 638 条规定的地点向申请人送达异议诉状。同时，法院应向书记员送达异议的通知，以便后者将其记录于裁决的原件。

提出异议后，受理法官根据普通诉讼程序的规定展开诉讼。

第 646 条 对劳务债权裁决的异议

公布对个体劳动关系债权作出的裁定时，应根据第 430 条的规定，在裁定送达后 5 日内将异议送交异议者所属的获得法律认可的工会。

在这种情况下，出席庭审的期限自送达异议后的 20 日起开始计算。

在尝试进行调解的期间，当事人可以通过申请书的形式请求法官中止裁决的临时执行。法官接受请求后通过裁决作出决定，并向相对方当事人送达该裁决。

第 647 条 未提出异议或者异议人未作出相关行为所产生的强制执行力

当事人未在确定期限内提出异议，或者异议人未会见法官的，根据申请人提出的请求（包括口头形式的），作出裁决的法官宣布裁决产生执行效力。在第一种情况下，如果债务人确实或很有可能不知晓所作出的裁决，法官应下令重新送达。

根据本条规定宣布裁决具有执行效力后，除第 650 条规定的情况外，异议人不得再次提出异议或继续异议，并应向缴纳过保证金的申请人返还保证金。

第 648 条　异议诉讼中的临时执行

法官未根据第 642 条的规定批准临时执行时（第 655 条），如果异议缺乏书面证据，或者申请已得到确认的证据的支持，调查法官可通过终局性裁定批准对强制令的临时执行。除当事人针对程序的不符合规范提出了异议外，针对无争议的数额，法官可以批准对强制令裁决进行部分地临时执行。

只要申请人为可能退还的金额、执行费用和损害赔偿缴纳了保证金，法官即应批准强制令的临时执行。

第 649 条　临时执行的中止

有重大理由时，调查法官可根据异议人的请求，通过终局性的裁定（第 177 条第 2 项）中止对根据第 642 条规定作出的裁决的临时执行。

第 650 条　延迟提起异议

被申请人证明因不符合规范的送达、意外事件或不可抗力而未能及时获知裁决的内容的，可在裁决确定的期限届满后（第 641 条）提出异议。

在此情况下可根据上条规定中止执行。

不得在第一次执行（第 491 条）开始 10 日后提出异议。

第 651 条　败诉时的保管

（根据 1977 年 10 月 18 日第 793 号法令废止）

第 652 条　和解

双方当事人在异议诉讼中达成和解的，法官通过终局性裁定，宣布或确定裁决获得执行效力（第 642、648 条），或者将执行数额或数量减少至当事人协议的范围。在后一种情况下，已经完成的执行活动（第 653 条）和抵押登记（第 655 条）在协议减少的数额或数量的范围内继续有效。数额或数量的减少应记载于不动产登记簿（《民法典》第 2872 条以下）。

第 653 条 异议的驳回或部分接受

异议被获得既判力的判决（第 324 条）或临时执行的判决（第 282 条）驳回，或者法官通过裁定宣布终止程序时（第 306 条以下），未获得执行效力的裁决将获得执行效力（第 474 条）。

如果异议仅被部分接受时，法官只能通过判决书赋予其执行效力，但是根据裁决完成的执行活动在减少的数额或数量的范围内继续有效（第 655 条）。

第 654 条 宣告执行效力和执行

强制令未通过上条规定中的判决或裁决获得执行效力时，签发强制令的法官可通过裁决授予其执行效力，并书于强制令裁决原件的页底。

执行强制令时无需再次送达执行裁决；但在催告令中应写明授予执行效力的命令并例行签章。

第 655 条 抵押登记

根据第 642、647 条和第 648 条的规定宣告执行效力的裁决以及驳回异议的裁决（第 653 条）构成司法抵押登记的文书（《民法典》第 2818 条）。

第 656 条 质疑

强制令的裁决根据第 647 条的规定获得执行力后，在第 395 条第 1、2、5 项和第 6 项规定的情况下，第三人可根据第 404 条第 2 款的规定通过异议对其提出质疑并要求撤销。

第二章　确认驱逐效力之诉

第 657 条　终止租赁的解约和驱逐通知

出租人或土地所有人可在合同期限届满前，向承租人（《民法典》第 1571 条）、自耕农（《民法典》第 1647 条）、分益佃农（《民法典》第 2141 条）或佃农（《民法典》第 2164 条）发出终止租赁关系的解约通知，同时在合同、法律或地方惯例规定的期限内提交确认驱逐效力的起诉状。

合同期限届满后，如果根据同一合同、诉讼文书或前述通知，租赁合同未获得延期，出租人或土地所有人亦可签发驱逐通知，同时提交确认驱逐效力的起诉状。

第 658 条　拖延引起的驱逐通知

承租人到期未支付房租的（《民法典》第 1587 条第 2 项），出租人可通过上条规定的方式向承租人（《民法典》第 1571 条）发出驱逐通知，并在同一诉讼文书中请求法官发布支付到期房租的强制令（第 664 条）。

房租包括膳食时，出租人应根据第 639 条的规定明确其可接受的、替代实物交付的金钱数额（第 664、666、669 条）。

第 659 条　劳务租赁关系

不动产的使用权是提供劳务服务（《民法典》第 2094 条）的对待给付（或部分对待给付）时，无论合同为何终止，在合同终止时当事人都可根据上述规定发出解约或驱逐通知，并同时提交确认驱逐效力的起诉状。

第 660 条　通知的形式

送达主体非法院而是司法官除向择定住所地进行的送达外（第141 条），司法官应当根据第 137 条及其以下各条的规定对上述规定中的解约或驱逐通知进行送达。

出租人应在文书中表明自己位于审理法院所在地（《民法典》第 43、47 条）的经常居住地或择定住所地；否则可在书记室完成对第 668 条规定的异议以及其他司法文书的送达。

不同于第 163 条第 3 款第 7 条规定的对被告的邀请和提醒，在根据第 125 条规定所起草的确认驱逐效力的起诉状中，应邀请当事人参加法官安排的庭审，并提醒当事人如果未出席庭审或者在庭审中未提出异议，法官将根据第 663 条的规定确认解约或驱逐的效力。

送达通知与召开庭审的时间间隔不得少于 20 日。在应当立即寄送的情况下，法官可根据申请人的请求，通过附理由的裁决将出庭的时间缩减至一半。裁决应书于解约或驱逐通知的原件或副本的页底。

参加诉讼的当事人应向书记室提交解约或驱逐通知、送达报告（第 148 条）或参加诉讼的回复，或者在庭审中向法官出示上述文书。

为提出异议或者完成第 663 条至第 666 条所规定的活动，被通知人（第 82 条）应亲自参加诉讼。

未向本人送达通知时（第 138 条），司法官应通过挂号信的形式向被通知人寄发通知，并在送达的文书原件中附随邮寄回执。

第 661 条　管辖法院

当事人发出解约或驱逐通知时，应向财产所在地（第 9、28条）的地方法院提交起诉状（第 657 条）。

第662条　出租人未出席庭审

若出租人未出席起诉状所指定的开庭，通知的效力终止。

第663条　被通知人缺席或未提出异议

被通知人未出席庭审或出席时未提出异议的，法官确认解约或驱逐的效力，通过书于起诉状页底的裁定作出决定，并在按例行方式书写的执行命令上签署姓名和日期（第475条）；被通知人确实或者有可能不知晓同一诉状的内容，或者因意外事件或不可抗力不能出席庭审的，法官应下令重新起诉。

被通知人未出席庭审的，执行的命令自签署后30日生效。

因未支付房租而发出驱逐通知时，出租人或其代理人在案件审理过程中提供租赁人持续延迟支付的证明文书后，通知方能生效。在此情况下，法官可下令出租人缴纳保证金（第199、668条）。

第664条　租金的支付

在第658条规定的情况下，审理法官应针对逾期未付的租金、在执行驱逐之前将至清偿期的租金以及通知的费用，签发不同的强制令裁决（第641条）。

裁决应书于申请人向书记室提交的通知文书副本的页底。

裁决立即产生执行效力，但当事人可根据前面章节的规定对裁决提出异议（第645条以下）。异议不影响合同解除的效力。

第665条　异议和法官的决定

被通知人出席庭审且未根据书面证据提出异议时（《民法典》第2699条以下），如果无重大理由支持相反观点，审理法官通过终局性裁定批准申请，并保留被告的抗辩权（第667条）。

裁定立即产生执行效力，但可要求当事人缴纳损害和费用的保证金（第119、478条）以作为执行的条件。

第 666 条 针对租金数额提出的质疑

因不支付租金而收到驱逐通知时，如果被告对应付款项的数额提出质疑并因此否认迟延履行时，法官可通过裁定要求被告支付无争议的款项，并为此给予被告不超过 20 日的履行期限（第 667 条）。

租赁人不遵从支付命令时，法官确认驱逐通知的效力，并在第 658 条规定的情况下签发支付租金（第 641 条）的强制令裁决。

第 667 条 程序的变更

根据第 665 条和第 666 条的规定发布命令后，如果法官作出了第 426 条规定的变更程序的裁定，应通过特别诉讼程序继续审理案件。

第 668 条 通知生效后的异议

因被通知人未出席庭审（第 663 条）而使解约或驱逐通知的效力获得确认时，如果被通知人证明因送达的不规范、意外事件或不可抗力（第 660 条）而未及时获悉裁决的内容，被通知人可提出异议（第 665 条）。

执行开始 10 日后（第 608 条），异议不获接受，且应返还通知人根据第 663 条第 2 款规定缴纳的保证金。

在可适用的情况下，被通知人通过法律规定的形式，向地方法庭提出对强制令裁决的异议（第 645 条以下）。

异议不得中止执行程序。但法官有重大理由时，可通过终局性裁定中止执行，并在认为适当的情况下要求异议人缴纳保证金（第 119 条，《实施细则》第 86 条）。

第 669 条 支付租金的独立诉讼

在第 658 条规定的情况下，如果出租人没有提出支付租金的要求，驱逐通知的宣布将解除租赁关系，但租赁关系的解除并不影响有关租金的问题的处理。

第三章 预防性诉讼

第一节 预防性诉讼概述

第 669 条 Ⅱ 请求的形式

申请人以申请书的形式向有管辖权的法院的书记室提出请求（第 669 条 Ⅲ、第 669 条 Ⅳ、第 669 条 Ⅴ）。

第 669 条 Ⅲ 案件审理之前的管辖权

对案件实体问题进行审理之前，申请人应向对实体问题有管辖权的法院提出请求（第 9、18、688 条）。

治安法官对案件的实体问题有管辖权时，申请人应向地方法院提出请求。

意大利法院对案件的实体问题无管辖权时，申请人应向对案件标的或价值有管辖权的、预防性决定执行地的法院提出请求（第 669 条 Ⅻ）。

申请人提交申请书后，书记员依职权制作档案并立即送交地方法院院长，由后者指定法官进行审理。

第 669 条 Ⅳ 案件审理过程中的管辖

在案件的实体问题审理未决期间，申请人应向审理案件的法官提出请求。

案件由地方法院审理未决时，申请人应向调查法官提出请求；尚未指定调查法官或者诉讼被中止或中断的，申请人应向第 669 条 Ⅲ 最后一款规定的地方法院院长提出请求。

案件由治安法官审理未决时，申请人应向地方法院提出请求。

申请人应在提出质疑的期限届满前向作出判决的法官提出请求。

案件由外国法官审理未决，且意大利法官不能了解案件的实体问题时，适用第 669 条Ⅲ第 3 款的规定。

除《刑事诉讼法》第 316 条第 2 款规定的情况外，第 669 条Ⅲ第 3 款的规定也适用于在刑事诉讼中执行民事诉讼或民事诉讼被转移至刑事诉讼中的情况。

第 669 条 V　仲裁条款、仲裁协议书或待决仲裁诉讼的管辖

当事人之间的争议为仲裁条款（第 808 条）或仲裁协议书（包括非程序性的）（第 806、807 条）的标的，或者尚待仲裁诉讼作出决定时（第 813 条、第 816 条Ⅱ），申请人应向对案件实体问题有管辖权的法官提出请求。

第 669 条 VI　诉讼

法官听取当事人意见后，忽略对争议无实质意义的形式问题，以其认为最适当的方式对预防性诉讼决定的条件和目的作出必要调查，并作出裁定，支持（第 669 条Ⅷ）或驳回（第 669 条Ⅸ）当事人的请求。

召集相对方可能对决定的实施不利时，法官应作出包含简要信息的附理由的裁决。在此情况下，法官通过同一裁决安排当事人在 15 日内参加庭审，以及申请人在不超过 8 日的固定期限内（第 152 条）完成申请和裁决的送达（第 137 条以下）。法官在庭审中通过裁定作出确定、修改或撤回（第 669 条 X）裁决的决定。

裁决应向国外送达时，上款中的期限延长至 3 倍。

第 669 条 VII　驳回请求的决定

认定审理法官不具备管辖权的裁定不能阻止申请人再次提出申请。经过查验，如果案情发生变化或者推导出新的事实或法律理由（第 669 条Ⅲ），驳回请求的裁定则不能阻止当事人再次提出预防性

决定的申请。

法官在审理案件实体问题之前（第 669 条Ⅲ），作出了否定管辖权或驳回诉讼请求的裁定的，应在该裁定中对预防性诉讼的费用作出定案性的决定。

判定费用的决定立即产生执行效力。

第 669 条Ⅷ　接受请求的决定

当事人在审理案件实体问题之前提出请求的，除第 669 条Ⅸ最后一款规定的情况外，接受请求的裁定（第 669 条Ⅲ）应确定在不超过 60 日的固定期限内开始对实体问题的审理（第 669 条Ⅸ）。

法官未确定上述期限的，应在 60 日的固定期限内开始对实体问题的审理。

自在庭审中宣布裁定或完成裁定的通知（第 136 条）之日起计算上述期限。

除属于行政法官司法裁判权的案件外，涉及公共机构职员劳动关系的个体争议时（第 409 条第 4、5 项），自诉讼请求可诉之日起计算上述期限；在当事人未提出尝试进行调解（第 410 条）的请求时，上述期限为 30 日。

争议属于仲裁协议书或仲裁条款的标的时，当事人应在前面各款规定的期限内向相对方送达诉状。当事人应在诉状中说明其启动仲裁程序的意图、提出诉讼请求，并在需要时指定仲裁员。

法官根据第 700 条规定所发布的紧急命令、为提前产生实体案件的效果而根据《民法典》或特别法发布的其他适当的预防性命令以及第 688 条中为新施工和担忧损害的警告所发布的命令不适用本条和第 669 条Ⅸ第 1 款的规定，但任何一方当事人都可以启动对实体问题的审理。

法官根据第 6 款规定作出决定时，应在审理实体问题前对预防性诉讼的费用作出决定。

即使当事人在案件审理过程中（第 669 条Ⅳ）提出相关诉讼请求，根据第 6 款规定所作出的决定也不因实体问题审理的终止而失效。

在其他诉讼程序中不得主张预防性决定的效力。

第 669 条 IX　预防性决定的无效

如果未在第 669 条 VIII 规定的固定期限内开始对案件实体问题的审理，或者在开始后又终止（第 306 条），则预防性决定无效。

在上述两种情况下，如果没有具备执行效力的相反内容的裁定，作出决定的法官应根据利害关系人的申请书，通过书于申请书页底的裁决召集当事人，宣布预防性决定无效并采取必要措施以恢复原状；存在具备执行效力的相反内容的裁定时，除有可能在案件审理中根据第 669 条 X 的规定作出决定的情况外，作出预防性决定的法官所在的法院通过临时性执行效力的判决作出决定。

当事人未根据第 669 条 XI 的规定缴纳保证金（《实施细则》第 86、119 条）时，或者法官通过（包括未获得既判力在内的）判决宣告作为预防性诉讼请求基础的权利不存在时，预防性决定无效。在此情况下，法官通过前款的判决宣告预防性决定无效；如果法官未在前款判决中作出宣告，作出决定的法官应根据申请书作出裁定，宣告预防性决定的无效。

除第 1 款和第 3 款的规定外，外国法院、意大利或外国仲裁机构对案件实体问题进行审理时，在以下情形中预防性决定无效：

（1）申请人未在法律规定的期限或国际惯例确定的期限内，提出在意大利境内执行外国判决或仲裁的请求时；

（2）外国判决（包括未获得既判力的在内）或者仲裁书宣告作为预防性诉讼请求基础的权利不存在时；司法机构宣布预防性决定无效或采取相关弥补措施应适用本条第 2 款的规定。

第 669 条 X　撤销和修改

除根据第 669 条 XIII 的规定提出的异议外，案件事实问题的调查法官还可根据当事人的申请，在调查取证阶段通过裁定，修改或撤销预防性决定。经过查证，如果案情发生变化或者申请人在作出预防性决定后才获知先前发生的事实，即使预防性决定是在案件审理之前作出的，法官亦可对其进行修改或撤销。在此情况下，当事人应证明其获知事实的时间。

案件实体问题的审理尚未开始或者被宣布终止时，如果证实案情发生变化或者申请人在预防性决定作出后才获知先前发生的事实，在第 669 条 XIII 规定的可能出现的异议阶段结束后，当事人可向根据申请作出预防性决定的法官提出请求，要求撤销和修改采用预防性决定的裁定。在此情况下，当事人应证明其获知事实的时间。

外国法官或仲裁员对案件的实体问题进行审理，或者在刑事诉讼中执行民事诉讼，或民事诉讼被转移至刑事诉讼中时，当事人应向作出预防性决定的法官（第 669 条 IV，第 669 条 V）提出作出本条规定中的决定的请求。

第 669 条 XI　保证金

通过采用（第 669 条 VIII）、确定或修改（第 669 条 X）预防性决定的决定，法官可参考具体案情，下令当事人为可能出现的损害赔偿缴纳保证金（第 669 条 IX）。

第 669 条 XII　　措施的实施

除第 677 条及其以下各条针对假扣押的规定外，在可适用的情况下，为金钱款项采取的预防性措施的实施方式应遵守第 491 条及其以下各条规定；为财产交付或转让义务以及作为或不作为义务所采取的预防性措施应由作出预防性决定的法官（第 669 条 III，第 669 条 IV）决定：法官确定预防性措施的实施方式，或者在出现困难或异议时，听取当事人的意见后通过裁定作出适当决定。其他问题应在审理案件实体问题时提出。

第 669 条 XIII　　针对预防性决定提出的异议

针对采用或否定预防性决定（第 669 条 VI）的裁定，当事人应在庭审宣告后 15 日的固定期限内提出异议；裁定是在庭审之前作出的，当事人应在通知或送达裁定后 15 日的固定期限内提出异议。

针对地方法院单个法官的决定，当事人应向合议庭提出异议，其决定被提出异议的法官不得成为合议庭的成员。针对上诉法院作出的预防性决定，当事人应向该法院的其他审判庭提出异议；没有其他审判庭时，当事人向最近的上诉法院提出异议。

异议程序应遵守第 737 条和第 738 条的规定。

如果提交异议时突然出现新的情况和事由，当事人应根据辩论原则，在相应的诉讼程序中提出上述情况和理由。地方法院应随时接受信息并获取新的文件，不得向初审法官移交异议。

合议庭应在异议申请提交后 20 日内召集当事人，通过终局性裁定，确认、修改或撤销（第 669 条 X）预防性决定。

异议不得中止决定（第 669 条 XII）的执行，除非有新理由证明决定的执行会引起严重的损害。此时受理异议的地方法院院长或法庭庭长可通过终局性裁定作出决定，中止执行或要求当事人缴纳适当的保证金。

第 669 条 XIV 适用范围

根据本章第二节、第三节和第五节的规定所作出的决定，以及在可适用的情况下《民法典》和特别法作出的其他预防性决定以适用本节的规定。根据本章第四节的规定作出的预防性调查决定以适用第 669 条 VII 的规定。

第二节 假扣押

第 670 条 司法假扣押

在以下情况中，法官可批准进行司法假扣押：

1）对动产、不动产（《民法典》第 812 条）、企业（《民法典》第 2555 条）或其他财产集合体（《民法典》第 816 条）的所有或占有（《民法典》第 832、1401 条）产生争议，且应当对其进行保管或者临时管理时（第 676 条）；

2）对出示或通知的权利产生争议（第 210 条，《民法典》第 2711 条）且应当对书籍、登记簿、材料、模型、样本和其他可作为证据的物进行临时管理时。

第 671 条　保全性假扣押

根据债权人担心失去债权担保的申请，法官可在法律规定的允许扣押的范围内（第 514 条以下，第 545、558、678 条），授权对债务人的动产、不动产以及债务人应支付的款项或应交付的物进行保全性假扣押（《民法典》第 2905、2906 条）。

第 672~674 条　（已废除）

第 675 条　决定生效的期限

批准假扣押的决定（第 669 条 VI，第 669 条 X）应在决定宣告（第 669 条 IX）后 30 日内开始执行（第 677~679 条），否则决定无效。

第 676 条　司法假扣押中的保管

法官下令进行司法假扣押时，应指定保管人（第 65 条以下）、确定管理假扣押物的准则和限制性条件以及保管人的特别谨慎义务，以保证保管的安全并防止秘密的泄漏。

法官可指定提供了最高额的保证并缴纳了保证金（第 86 条）的人为保管人。

假扣押物的保管人根据第 521 条、第 522 条和第 560 条的规定享有权利、承担义务。

第 677 条　司法假扣押的执行

在适用的范围内，应根据第 605 条及其以下各条的规定执行司法假扣押，且无需完成支付或转让的催告令的送达以及第 608 条第 1 款规定的通知。

保管人不是财产的持有人时，适用第 608 条第 1 款的规定。

法官通过批准假扣押的决定或者在作出决定后，可以下令持有假扣押财产的第三人出示财产（第210条）或同意保管人立即获得财产的占有。

第三人应遵守第211条的规定（第680条）。

第678条 对动产的保全性假扣押的执行

对动产或债权进行保全性假扣押时，应遵守债务人（第513条）或第三人（第543条）扣押的法律规定。在第三人扣押中，假扣押人应通过假扣押文书，要求第三人参加在其住所地所属的地方法院举行的庭审，以便其根据第547条的规定作出声明。在案件的实体问题审结之前，只要第三人未立即提出审查其合理义务的要求，应中止对第三人是否应承担义务的争议的审理。

债权人对假扣押的客体享有优先权的，法官可根据上一条第2款的规定对第三人占有人发布命令。

在假扣押的执行过程中出现亟待解决的困难时，适用第610条的规定。

第679条 对不动产的保全性假扣押的执行

对不动产进行保全性假扣押时，应由不动产所在地的不动产登记机构对假扣押命令进行登记（《实施细则》第156条，《民法典》第2693、2906条）。

不动产的保管适用第559条的规定。

第680~683条 （已废除）

第684条 假扣押的撤回

通过调查法官作出的终局性裁定，在为假扣押所保障的债权数额以及根据假扣押物的价值所确定的执行费用（《实施细则》第86条）缴纳相应的保证金后，债务人可撤回保全性假扣押（第669条X，第671条）。

第685条　易毁损物的变卖

作出假扣押标的的物有毁损的危险时，法官可以通过批准假扣押的同一决定或随后作出的决定，下令以确定的方式对扣押物进行变卖（第503~508条，第530条以下）。

变卖所得价款代替变卖物成为假扣押的标的。

第686条　保全性假扣押转换为抵押

假扣押债权人获得有执行效力的判决时（第282、431、477条，《实施细则》第156条），保全性假扣押即转换为抵押（第492条）。

假扣押财产是其他债权人的执行标的时，假扣押人与其他债权人共同参加所得款项的分配（第509条以下）。

第687条　假扣押的特殊情况

当事人之间对支付或交付的义务、方式或所提供的物的适当性产生争议时（《民法典》第1216、1513条，《民法典实施细则》第79条），法官可下令，对债务人为偿还债务而提供的，或用于债权人处置的款项或物，进行假扣押。

第三节　新施工和担忧损害的警告之诉

第688条　申请形式

当事人通过申请书（第125条）的形式向第21条规定的有管辖权的法官提出（第28条，第669条Ⅲ）对新施工或担忧损害（《民法典》第1171、1172条）的警告。

案件的实体问题悬而未决时，应根据第669条Ⅳ的规定提出警告。

第689~690条　（已废除）

第 691 条　法官禁令的违背

被要求不得作出损害行为或改变事实状态的当事人违背法官的禁令时，法官可根据利害关系人的请求，通过裁定要求违背禁令者将物恢复原状并承担相关费用。

第四节　预防性调查诉讼

第 692 条　证言的听取

当事人有充分的理由认为将来无法取得一项或多项证言（第 244 条以下，《民法典》第 2721 条以下），而该证言的取得对案件的审理有重要意义时，可以请求法官下令听取证言，以便将来使用。

第 693 条　申请

当事人通过申请书的形式（第 125 条）向对案件实体问题有管辖权的法官提出申请（第 7 条，第 8 条以下）。

在特殊紧急情况下，当事人也可向证据采纳地的地方法院提出申请。

申请书中应包括紧急情况的理由、应当听取证言的事实依据，以及对预先收集的证据所要证明的请求内容或抗辩理由的简要陈述。

第 694 条　出席审判的命令

地方法院院长或治安法官通过裁决安排当事人出席的庭审，并确定送达裁定的固定期限（第 697 条）。

第 695 条　证据的采纳

地方法院院长或治安法官应在必要时采集简要信息，作出终局性的裁定（第 177 条，第 669 条Ⅶ、669 条ⅩⅢ），并在允许询问证人时安排采纳证人证言的庭审，指定主持审理的法官（第 697 条）。

第 696 条 专家评估和司法检查

在案件审理之前，因紧急事由需要对物的地点、质量或条件进行查验时，当事人可根据第 692 条及其以下各条的规定提出进行专家评估（第 191 条）或司法检查的请求。在紧急情况下，法官也可下令对申请人和被申请人（经申请人同意后）进行专家评估和司法检查。

第 1 款中的专家评估也包括对查验对象的致害原因和损害结果进行的评估。

地方法院院长或治安法官根据第 694 条和第 695 条规定的形式作出决定，并在可适用的情况下指定专家并确定技术评估开始的日期。

第 696 条 II 调解争端的预防性技术评估

除第 696 条第 1 款规定的条件外，为对不履行或不完全履行合同义务或侵权所产生的债权进行评估和确认，当事人也可提出进行预防性专家评估的请求。法官根据第 696 条第 3 款的规定进行诉讼。在提交报告之前，专家应在可能的情况下对当事人进行调解（第 185 条）。

当事人达成和解的，制作和解诉讼笔录（第 199 条）。

为进行强制执行、特定形式的执行以及法定抵押权的登记，法官应将有执行效力的裁定记载于诉讼笔录。

不应对诉讼笔录收取登记费。

当事人未达成和解的，任何一方均可要求在随后案件实体问题的审理过程中通过诉讼文书获得专家提交的报告。

在可适用的情况下，适用第 191~197 条的规定。

第 697 条 紧急例外情况的决定

在紧急例外情况下，地方法院院长或治安法官可作出第 694 条和第 695 条规定的裁决，并免除申请人对其他当事人的送达义务。在此情况下，法官可为未出席为举证而进行的开庭的当事人指定一名代理人参加诉讼。

书记员最迟应于次日向未参加质证的当事人送达裁决（第 137 条）。

第 698 条　预防性证据的收集和生效

在可适用的情况下，收集预防性证据应适用第 191 条及其以下各条的规定。

收集预防性证据应不影响证据的可采纳性和关联性（第 202 条以下），也不会妨碍在实体问题的审理中对证据作出更新。

证据在审理中被采纳之前（第 187 条），不得制作、查阅或复制证据的诉讼笔录（第 126、130 条）。

第 699 条　案件审理中的预防性调查

在案件审理过程中，以及案件审理中断或中止时，当事人都可提出进行预防性调查的请求（第 299 条以下，第 295 条以下）。

法官通过裁定作出决定。

第五节　紧急决定

第 700 条　准入条件

除本章前面规定的情况（第 669 条 II 条以下）外，当事人有理由担心在通过一般方式实现其权利的期间，该权利可能遭受危急且不可修复的损害时，可通过申请书（第 125 条）请求法官作出紧急决定，以便根据具体情况，以最为适宜的方式对案件实体问题的判决的效力临时提供保障。

第 701~702 条　（已废除）

第三章 II 简易审判程序

第 702 条 II 请求的形式以及当事人出席诉讼

地方法院在审理中通过独任审判作出决定时，当事人应向有管辖权的地方法院提出请求。根据第 125 条提交的申请书应包括第 163 条第 3 款的第 1~6 项的内容以及第 7 项的提醒内容。

申请书被提交后，书记员应制作办公室档案并立即送交地方法院院长，由后者指定初审法官进行审理。

被指定的法官通过裁决安排当事人出席的庭审，并确定被告应于审判开始前 10 日内出席诉讼的期限。在被告出席诉讼日期之前 30 日内，应向被告送达申请书和确定庭审的裁决。

被告应通过向书记室提交答辩状的方式出席诉讼。在答辩状中，被告应提出其辩护意见，表明对申请人根据申请所提出的事实的立场，出示意图使用的证据，指出通知中的文件并总结陈词。被告应在有效的期限内提出可能的反诉申请，以及法官不能依职权自行提出的程序和实体问题的异议，如过期则丧失相应权利。

被告要求作出保证人的第三人参加诉讼时，应在出席诉讼时提交的答辩状中作出声明并要求被指定的法官重新安排庭审，否则将丧失相应权利。法官通过裁定确定新的庭审日期，并指定传讯第三人的固定期限。书记员应将裁定通知出席诉讼的当事人。第三人出席诉讼时应遵守本条第 4 款的规定。

第 702 条 III 诉讼

法官认为案件不属于其管辖时，可通过裁定作出宣告。

当事人的请求不符合第 702 条 II 的规定时，法官通过终局性的裁定驳回其申请。法官也可通过同样的方式驳回被告的反诉申请。

法官听取双方当事人的辩护意见后，认为不应当适用简易程序调查案件时，应通过终局性裁定安排第 183 条所规定的庭审。在此情况下适用第二卷的相关规定。

法官认为不应对反诉案件适用简易程序进行调查时，应单独审理反诉案件。

法官未根据前款规定作出决定的，在第一次庭审时听取当事人的意见后，可以无视那些不影响争议解决的程序，以其认为对实现决定的目标而言最适当的方式进行证据的调查，并通过裁定接受或驳回诉讼请求。

裁定具有临时执行效力，并构成司法抵押登记的文件。

在任何情况下，法官都应根据第 91 条及其以下各条的规定确定诉讼费用。

第 702 条 IV 上诉

针对第 702 条 III 第 6 款规定的裁定，当事人未在通知或送达后 30 日内提起上诉的，该裁定将根据民法典第 2909 条的规定生效。合议庭认为新的证据和材料与案件的决定相关，或者当事人证明因不可归责的原因未能在证据收集阶段提交新的证据和材料时，新的证据和材料可获得采纳。合议庭庭长可指定合议庭的一名成员进行调查取证。

第四章　占有保护之诉

第 703 条　返还或维持占有的申请

当事人应以申请书的形式向第 21 条规定的有管辖权（第 28 条）的法官提出返还或维持占有的请求（《民法典》第 1168～1170 条）。

在可适用的情况下，法官根据第 669 条 Ⅱ 及其以下各条的规定作出决定。

当事人可根据第 669 条 ⅩⅢ 的规定对批准或驳回请求的裁定提出质疑。

应当事人的请求，法官应在通知针对质疑或根据第 3 款规定所作出的决定后 60 日的固定期限内，确定由其主持的庭审，以对案件的实质问题继续进行审理。在此适用第 669 条 Ⅸ 第 3 款的规定。

第 704 条　在所有权保护之诉中请求作出占有保护的决定

因所有权保护之诉中发生的事实而提出的占有保护的请求（《民法典》第 1140 条），都应向审理所有权保护之诉的法官提出。

当事人可向第 703 条规定的有管辖权的法官提出占有返还的申请，由后者作出必要的临时性决定。任何主体都可以继续参加第 703 条规定的所有权保护之诉的法官所主持的诉讼。

第 705 条　不得提出所有权保护之诉的情况

在先诉讼尚未结束且决定未获执行之前，占有保护诉讼的被告不能提出所有权保护之诉。

占有保护的决定因原告的原因而不能被执行时，被告仍可提出所有权保护之诉。

第二编
家庭和个人状况之诉

第一章　夫妻分居

第 706 条　请求的形式

当事人通过申请书的形式向夫妻最后共同经常居住地所在地的地方法院提出夫妻分居的请求（《民法典》第 151 条）；无最后共同经常居住地的，向被申请人的经常居住地或住所地所在地的地方法院提出（《民法典》第 43、47 条）请求。申请书应对请求所依据的事实作出说明。

被申请人的经常居住地不明或在国外的，申请人应向其经常居住地或住所地所在地的地方法院提出分居申请；申请人的经常居住地也在国外的，申请人可向意大利共和国境内的任何地方法院提出分居申请。

地方法院院长应在向书记室提交分居申请后 5 日内，通过裁决确定双方当事人在提交申请后 90 日的期限内参加庭审的日期、申请和裁决送达的期限以及被申请人提交答辩意见书和文件的期限。申请书和答辩意见书中应附入当事人最近的收入声明。

申请书应对夫妻双方在婚姻期间的婚生子女、准正的非婚生子女和收养子女作出说明。

第 707 条　当事人亲自出席庭审

当事人应在辩护人（第 82 条）的协助下亲自出席地方法院院长主持的庭审。

申请人未出席庭审或放弃权利的，申请无效。

被申请人未出席庭审时，地方法院院长可确定开庭审理的新日期，并下令重新送达申请书和裁决书。

第708条　地方法院院长的调解和决定

在当事人出席的庭审中，地方法院院长应首先分别听取夫妻个人的意见，再听取共同的意见，对双方当事人进行调解。

夫妻达成和解的，地方法院院长制作调解笔录。

夫妻未达成和解的，地方法院院长可以自行或在听取双方当事人及辩护人的意见后，通过裁定作出临时和紧急决定，以更好地保护子女及夫妻的利益，并指定调查法官和安排当事人参加的庭审（第183条）。被申请人未出席庭审的，地方法院院长在听取申请人及辩护人的意见后，以同样的方式作出决定。

针对第3款作出的决定，当事人可通过申请书的形式向上诉法院提出异议，由其通过法官评议会（第737条以下）作出决定。当事人应在送达决定后10日的固定期限内提出异议。

第709条　送达裁定和安排庭审

地方法院院长通过裁定安排调查法官主持的庭审后，申请人应在裁定确定的固定期限内向未出席诉讼的被申请人送达裁定，并通知公诉人（第71条）。

自作出裁定或者应将裁定送达给未出席的被申请人之日，至当事人出席诉讼并审理案件的开庭之日的期间应遵守第163条Ⅱ对于缩短了一半的期间的规定。

地方法院院长还应通过裁定确定申请人向书记室提交补充诉讼意见书的期限，在意见书中应包括第163条第3款第2~6项的内容，被告根据第166条和第167条第1款和第2款的规定出席诉讼的期限，以及对法官不得依职权提出的程序和实体问题提出异议的期限。在裁定中，应提醒被告未在上述期限内参加诉讼即意味着根据第167条的规定超过期限；一旦超过期限，被告将不能对法官不得依职权提出的程序和实体问题提出异议。

对地方法院院长根据第 708 条规定通过裁定作出的临时和紧急决定，调查法官可进行撤销或修改。

第 709 条 II　当事人出席庭审和调查法官的审理

调查法官主持的庭审应遵守第 180 条，第 183 条第 1、2、4~10 款以及第 184 条的规定。因欠债的请求而继续诉讼时，为解决子女的寄养或经济问题，地方法院应针对分居问题作出非终局性的判决。针对此判决，当事人应立即提起上诉，并由法官评议会作出决定（第 737 条以下）。

第 709 条 III　不履行或违背义务时争议的解决和决定

法官在审理案件时有权作出决定，解决父母因亲权行使或者抚养方式所产生的争议。未成年人经常居住地所在地的地方法院有权根据第 710 条的规定作出决定。

当事人提出申请后，法官应召集当事人并作出适当决定。出现严重不履行义务、引起未成年人损害或阻碍正确抚养方式的行为时，法官可修改已生效的决定，并作出以下决定：

1）对不履行抚养义务的父母作出警告；

2）判决父母一方赔偿未成年人的损害；

3）判决父母一方赔偿另一方的损害；

4）判决不履行抚养义务的父母支付 75~5000 欧元现金的行政罚款。

审理法官作出的决定可以通过常规方式被质疑（第 323 条）。

第 710 条　修改分居决定

对分居后夫妻和子女抚养问题所作出的决定，当事人可随时通过法官评议会的诉讼程序提出修改的请求。

地方法院在听取当事人的意见后，作出决定采纳证据，并可指定一名评议会成员对证据进行查证。

不能立即结束诉讼时，地方法院可作出临时决定，并在诉讼过程中进一步修改决定的内容。

第 711 条 协议分居

在《民法典》第 158 条规定的协议分居的案件中，合议庭庭长应根据双方当事人提交的申请书，告知当事人其确定的日期，并根据第 708 条规定的方式进行调解。

只有夫妻一方提交申请书时，适用第 706 条最后一款的规定。

夫妻双方未达成和解的，应将双方就分居问题、夫妻分居的条件以及子女抚养问题达成的协议记入诉讼笔录。

分居协议须经地方法院的批准方能生效。地方法院根据合议庭庭长的报告，通过法官评议会对分居协议作出决定。

可根据前一条的规定对分居协议的条件作出修改。

第二章　禁治产、准禁治产和生活费管理

第712条　申请的形式

当事人应以申请书的形式（第125条，《民法典》第417条）向被申请人的经常居住地或住所地所在地的地方法院提起（《民法典》第43条，《民法典实施细则》第40条）禁治产或准禁治产（《民法典》第414条以下）的请求。

申请书中应包括请求的事实依据以及禁治产人或准禁治产人的配偶、四亲等以内的血亲（《民法典》第76条）、二亲等以内的姻亲（《民法典》第78条）以及禁治产人或准禁治产人的监护人或保佐人（第424条）的姓名和经常居住地。

第713条　地方法院院长的决定

地方法院院长下令将申请书通知公诉人（第71、158条）。应公诉人的请求，地方法院院长可作出裁决驳回请求，或者指定调查法官，并安排申请人、拟被宣告禁治产或准禁治产的人以及其他申请书涉及的主体参加的庭审。

在上述裁决确定的期限内，申请人向上款中的主体送达申请书和裁决书。裁决应通知公诉人。

第714条　预先调查

在公诉人参加的庭审中（第70条），调查法官应对拟被宣告禁治产或准禁治产的人进行检查，听取其他出庭的当事人的意见，对其认为与案件相关的情况进行调查，依职权收集更多的信息（第

213 条）并行使《民法典》第 419 条规定的各种调查权。

第 715 条　拟被宣告禁治产或准禁治产的人出席庭审的障碍

拟被宣告禁治产或准禁治产的人因合理事由不能出席调查法官主持的庭审时，调查法官应在检察机关的参与下（第 70 条），前往当事人所在地听取意见（第 203 条）。

第 716 条　拟被宣告禁治产或准禁治产的人的诉讼能力

即使根据《民法典》第 419 条和第 420 条的规定为其指定了临时监护人或保佐人，拟被宣告禁治产或准禁治产的人仍可参加案件的审理并单独完成包括提出异议在内的（第 718 条）所有诉讼活动。

第 717 条　指定临时监护人和保佐人

调查法官可通过裁决指定上条规定中的临时监护人或保佐人（《民法典》第 419、423、427 条，《民法典实施细则》第 42 条）。

在宣告禁治产或准禁治产的判决前，同一调查法官可撤回临时监护人和保佐人的指定。

第 718 条　可提出质疑的主体

任何有权提出禁治产或准禁治产请求的人（即使未参加审理）（《民法典》第 417 条）以及同一判决指定的监护人和保管人均可对宣告禁治产或准禁治产的判决提出质疑。

第 719 条　质疑的期限

上条规定中任何主体提出质疑（第 325 条以下）的期限，自以常规方式向参加审理的当事人送达判决之日起计算（第 285、286、326 条）。

指定了临时监护人或保佐人（第 717 条）时，也应向其送达异议文书。

第 720 条　禁治产或准禁治产的撤销

撤销禁治产或准禁治产（《民法典》第 429 条）时应遵守宣告禁治产或准禁治产的相关规定。

有权提出宣告禁治产或准禁治产（《民法典》第 419 条）的人可参加撤回禁治产或准禁治产请求（第 105 条）的审理，并可对撤销的判决提出异议（即使并未参加审理）。

第 720 条 II　生活费管理诉讼适用的法规

在可适用的情况下，生活费管理的诉讼适用第 712、713、716、719、720 条的规定。

针对监护法官作出的裁决，当事人可根据第 739 条的规定向上诉法院提起上诉。

针对上诉法院根据第 2 款规定作出的的裁决，当事人可向最高法院提出上诉（第 360 条）。

第三章　失踪和宣告死亡的相关规定

第721条　为失踪人利益作出的保护性规定

根据利害关系人提交的申请书，在听取公诉人的意见后（第70条第3项），地方法院依据《民法典》第48条的规定通过法官评议会（第737条以下）作出决定。

第722条　宣告失踪的申请

当事人应以申请书的形式（第125条，《实施细则》第190条）提出宣告失踪的申请（《民法典》第49条）。在申请书中，应写明失踪人的法定继承人（《民法典》第565条）、代理人或法定代理人（《民法典》第320、357条）的姓名和住址。

第723条　安排当事人出席的庭审

通过裁决，地方法院院长安排由自己或指定法官主持的、申请人以及上条规定中所有与申请相关的主体所出席的庭审，并确定申请人完成送达的期限。院长也可以下令将裁决公布于一家或多家报纸。

裁决应通知公诉人（第70条第3项、第71条）。

第724条　诉讼

法官应向出席庭审的当事人询问相关信息，在必要时获取更多信息，再向法官评议会报告地方法院通过判决作出的决定（第729、731条，《民法典》第50条）。

第 725 条　临时占有

对潜在的法定继承人（《民法典》第 565 条）提出的启阅遗嘱和临时占有失踪人财产（《民法典》第 50 条第 2 款）的请求，地方法院通过法官评议会（第 737 条以下）作出决定。

其他利害相关人（《民法典》第 49 条）提出上述请求时，应适用普通程序进行审理。潜在的法定继承人均有权参加诉讼。

在临时占有的决定中，应明确《民法典》第 50 条规定的保证金（第 119 条）或者其他措施，并采取《民法典》第 53 条规定的保全失踪人收益的必要措施。

第 726 条　宣告死亡的申请

当事人应以申请书的形式提出（第 125 条，《实施细则》第 190 条）宣告死亡的申请（《民法典》第 58 条）。在申请书中，应写明失踪人的法定继承人（《民法典》第 565 条），失踪人的代理人或法定代理人（《民法典》第 320、357 条），以及申请人所知悉的、因失踪人的死亡而丧失权利或承担义务的其他主体的姓名和住址。

第 727 条　申请的公告

地方法院院长根据第 723 条的规定指定法官，下令申请人在其确定的期限内、连续两次在《意大利共和国公报》及其它两份报纸上公告申请摘要（两次公告之间的时间间隔为 10 日）。在公告中，应邀请任何掌握失踪人信息的人在最后公告后 6 个月的期限内前往地方法院以告知情况。

申请人未在确定期限内完成所有公告的，视为放弃申请。

地方法院院长可下令使用其他的公告方式。

第 728 条　出席庭审

完成最后公告 6 个月后，法官根据申请人的申请，安排申请人和第 726 条规定的申请书中的相关当事人出席的庭审，并确定申请人送达申请书和裁决书的期限。

裁决应通知公诉人

法官向出席庭审的当事人询问相关信息，还可作出决定获取更多信息，再向法官评议会报告地方法院通过判决作出的决定。

第729条 判决的公告

宣告失踪或死亡的判决的内容摘要应在《意大利共和国公报》和司法部的网站上刊登。地方法院也可下令使用其他的公告方式。

任何利害关系人都可完成判决的刊登，效力等同于送达。应向作出判决的法官的书记室提交判决书副本和公告判决内容摘要的报纸副本，以便在判决原文上作出记录（第730条）。

第730条 执行

在判决产生既判力（第324条）并根据上条规定完成记录之前（《民法典》第63条），法官不得执行宣告失踪或死亡的判决。

第731条 通知民政官

书记员应根据第133条第2款的规定，将宣告死亡的判决通知有管辖权的民政官。

第四章　未成年人、禁治产人和准禁治产人的
相关规定

第 732 条　根据监护法官的意见作出决定

除法律另有规定外，地方法院通过法官评议会（第 737 条以下）作出关于未成年人（《民法典》第 2 条）、禁治产人（《民法典》第 414 条）和准禁治产人（第 415 条）的决定。

听取监护法官的意见后（《民法典》第 344 条），地方法院应为未成年人、禁治产人或准禁治产人的利益作出决定。申请人应同时提交监护法官的意见和申请书。

申请人未提交监护法官的意见时，地方法院院长可依职权要求其提交。

第 733 条　财产的变卖

批准变卖未成年人、禁治产人或准禁治产人的财产时，如果地方法院确定以公开拍卖的形式进行变卖（《民法典》第 376 条），应指定不动产所在地的地方法院的司法官、前述法院的书记员或不动产所在地的公证员负责进行拍卖。

根据地方法院要求的形式完成公告后（《实施细则》第 191 条），在可适用的情况下，被指定的司法官应根据第 534 条及其以下各条的规定进行拍卖。

第 734 条　拍卖未完成

第一次拍卖中未出现高于或者等于（《民法典》第 376 条第 1 款规定的）地方法院所确定的最低价格的出价时，被指定的司法官

应在诉讼笔录中作出记录，并将副本转交授权变卖的地方法院（第733条）。

地方法院无意撤回授权或者重新安排更低底价的变卖时，可授权进行私下交易的变卖（《实施细则》第 191 条）。

第五章 夫妻的财产关系

第 735 条 家庭财产管理人的替换

在《民法典》第 174 条规定的情况下，一方配偶、近亲属或公诉人可以提出替换家庭财产管理人的请求；在《民法典》第 176 条规定的情况下，年龄最大的子女、解除监护权的子女、近亲属或公诉人可以提出替换家庭财产管理人的请求。

第 736 条 诉讼程序

当事人应以申请书的形式提出上一条规定中的请求。

地方法院院长通过裁决确定利害关系人出席庭审的日期以及送达申请和裁决的期限，庭审由地方法院院长或其委托的法官主持。

地方法院院长或其委托的法官听取当事人意见后，收集其认为适当的信息，再向地方法院提交请求。地方法院通过法官评议会作出终局性裁定。

第五章 Ⅱ　针对家庭暴力的保护令

第 736 条 Ⅱ　签发针对家庭暴力的保护令的决定

在《民法典》第 342 条 Ⅱ 规定的情况下，申请人可亲自或委托他人以申请书的形式向其经常居住地或住所地所在地的地方法院提出请求，由该法院通过法官评议会的独任审判作出决定（第 50 条 Ⅲ）。

地方法院院长指定负责处理申请的法官。听取当事人的意见后，法官以其认为最适当的方式进行必要的调查取证，在需要时通过经济警察对当事人的收入状况、经济生活水平、个人财产与共有财产进行调查，并作出可立即执行的附理由的裁决（第 474 条）。

在紧急情况下，法官获取必要信息后可立即签发保护令，安排在 15 日内召开当事人参加的庭审，并要求申请人在 8 日内完成申请和裁决的送达。法官可在庭审中确认、修改或撤销保护令。

针对法官根据第 2 款规定签发的保护令或驳回申请的裁决，以及根据第 3 款规定确定、修改或撤销保护令的裁决，当事人可在第 739 条第 2 款规定的期限内向地方法院提出异议。异议不能中止保护令的执行效力。地方法院听取当事人意见后，通过法官评议会的合意审判作出终局性裁决。不属于合议庭成员的法官可作出非终局性的裁决。

本条未作出规定时，在可适用的情况下诉讼程序适用第 737 条及其以下各条的规定（第 50 条 Ⅱ）。

第六章　法官评议会诉讼程序的一般性规定

第 737 条　请求和决定的形式

针对应由法官评议会作出的决定，申请人应以申请书的形式向有管辖权的法院提出请求。法官评议会通过附理由的裁决作出决定，法律另有规定的除外（第 70、724、728、779 条，《民法典》第 84、87、89、288 条）。

第 738 条　诉讼程序

地方法院院长应在合议庭成员之中指定一名发言人，由其向法官评议会作出报告。

应听取公诉人的意见时（第 70 条），应事先将材料送交公诉人，并由公诉人将其结论书于地方法院院长作出的决定的页底。

法官可收集信息。

第 739 条　当事人的异议

对监护法官（第 344 条）作出的裁定，当事人可通过申请书的形式向地方法院提出异议，由其通过法官评议会作出决定；对地方法院通过法官评议会作出的初审裁决，当事人可通过申请书的形式向上诉法院提出异议，由其通过法官评议会作出决定。

针对一方当事人作出的裁决，应在通知裁决后 10 日的固定期限内（第 153 条）提出异议；针对多方当事人作出的裁决，应在送达裁决后 10 日内的固定期限内提出异议（第 70 条）。

除法律另有规定外，不得对上诉法院的裁决或地方法官针对异议作出的裁决提出异议（第 747、749、750 条）。

第 740 条　公诉人的异议

监护法官或地方法院作出的裁决须听取公诉人的意见时，公诉人可在通知裁决后 10 日的期限内提出异议（第 738 条）。

第 741 条　决定的生效

当事人未在上述规定中的期限内提出异议的，裁决生效。

在紧急情况下，法官可下令裁决立即生效。

第 742 条　决定的撤销

裁决可随时被修改或撤销，但不得影响善意第三人在修改和撤销前因合同而取得的权利。

第 742 条 II　前述规定适用的范围

包括前面章节未规定的或者家庭或个人状况以外的情况在内，本章规定适用于法官评议会的所有诉讼程序。

第三编

公证书的副本和核对

第 743 条　文书的副本

除注册和印花税的特别法律规定外，被授权寄送所持文书副本的公共保管人应向申请人或文书的作者发送经认证的文书副本（即使申请人或文书的作者不是诉讼文书的当事人）（《民法典》第2714、2715 条），否则将承担相应的损害赔偿或费用。

除非遗嘱人请求并在遗嘱副本中注明（第 745、746 条），不可在遗嘱人生前发送公证遗嘱的副本（《民法典》第 603 条）。

第 744 条　公共登记簿的副本或摘要

除法律规定的情况外（第 476、698 条），任何人提出请求后，书记员和公共登记簿的保管人都应出具其持有法律文件的副本和摘要，否则将承担相应的损害赔偿或费用（第 60 条）。

第 745 条　拒绝或延迟发送文书

上一条规定中的书记员或保管人拒绝或迟延发送文书时，申请人可向治安法官、地方法院院长、书记员或保管人任职的法院提出申诉。

第 743 条规定的公共保管人拒绝或迟延发送文书时，申请人可向保管人任职辖区的地方法院院长提出申诉。

地方法院院长或治安法官应在听取公共事务官员的意见后，通过裁决作出决定。

第 746 条　副本的核对

根据第 743 条的规定获得公证书的副本后，申请人有权在保管人面前将副本与原件进行核对。保管人拒绝的，申请人可向其任职辖区的地方法院院长提出申诉。听取保管人意见后，法官通过裁决作出适当决定，并可在保管人的办公室亲自进行核对。

第四编

继承开始的相关诉讼

第一章　一般规定

第 747 条　授权变卖遗产

当事人应以申请书的形式向继承开始所在地的地方法院（《民法典》第 456 条）提出批准变卖遗产（《民法典》第 460、499、694、703、709 条）的请求。

遗产属于无行为能力人时，应听取监护法官的意见（《民法典》第 344 条）。

法官通过裁决对申请书作出决定，当事人可根据第 739 条的规定对裁决提出异议。

批准变卖遗产的申请涉及特定遗赠标的时，应向受遗赠人送达申请书（《民法典》第 649 条以下）。

第 748 条　变卖形式

遗产的变卖应符合变卖未成年人财产的相关规定（第 733 条以下）。

法官在必要时确定保存和再使用所得价款的方式。

第 749 条　确定期限的诉讼

当事人未在审理过程中提出申请的，应以申请书（第 125 条）的形式向继承开始所在地（《民法典》第 456 条）的地方法院提出确定发表声明或完成特定诉讼活动（《民法典》第 481、488、500、620、645、650、702 条）的期限的申请。

法官通过裁决安排申请人以及为其确定期限的当事人出席的庭审，并确定申请人向该当事人送达申请书和裁决书的期限。

法官通过裁定作出决定。针对该裁定当事人可向地方法院提出异议，并由法院根据第739条的规定通过合议庭的合意审判作出决定。其决定被提出异议的法官不得成为合议庭成员。合议庭听取前款中利害关系人的意见后，通过法官评议会作出终局性的裁定。

延长法定期限的申请适用同样的形式。当事人应向确定期限的法官（第154条）提出延长期限的请求。

第750条 地方法院院长对保证金和遗嘱执行人作出的决定

无人提起诉讼时，申请人应以申请书的形式向继承开始地（《民法典》第456条）的地方法院院长提出要求继承人或受遗赠人依法（《民法典》第492、639、640、647条）提交保证金的请求。

地方法院院长通过裁决安排申请人、继承人或受遗赠人参加的庭审，并确定送达申请和裁决的期限。

地方法院院长通过裁定确定保证金的形式和数额（第119条；《实施细则》第86条）。对此裁定当事人可根据第739条的规定向上诉法院院长提出申诉。上诉法院院长听取上款中利害关系人的意见后，通过终局性的裁定作出决定。

民法典第708条和第710条对遗嘱执行人的规定也适用本条规定的形式。

第751条 遗赠义务人的选择

申请人通过申请书（第125条）的形式提出《民法典》第631条最后一款规定的选择的请求，并向有选择权的人和遗嘱义务人送达申请书。

地方法院院长通过裁决作出关于选择的决定。

第二章　封条的加贴和移除

第一节　封条的加贴

第 752 条　法院管辖

地方法院有权作出加贴封条的决定（《民法典》第 361、705 条）。

在紧急情况下，在未设地方法院的地区可由治安法官作出加贴封条的决定。加贴封条的笔录应立即送交地方法院。

第 753 条　申请加贴封条的主体

以下主体可提出加贴封条的请求：

1）遗嘱执行人（《民法典》第 700 条以下）；

2）享有继承权的主体（《民法典》第 565 条）；

3）配偶、继承人或其中任何人在外地时，与死者共同生活之人或在其死亡时为其服务者；

4）债权人。

请求应以申请书（第 125 条）的形式提出，在申请书中申请人应表明其位于地方法院辖区的经常居住地或择定住所地（《民法典》第 43、47 条）。

第 754 条　依职权加贴封条

在以下情形中，法官依职权或应公诉人的请求作出加贴封条的决定：

1）配偶或继承人不在本地的；

2）继承人中有未成年人（《民法典》第 2 条）或禁治产人

《民法典》第 414 条以下），且无监护人或保佐人的；

3）死者曾为公共保管人，或曾从事或担任可在其住所找到公共行政文件或机密文件的职业或职务的。

死者另有遗嘱安排时，第 1 款和第 2 款的情况不适用本条规定。

在第 3 款的情况中，仅在被保管之物或者上述文件所在的房间或家具之上加贴封条。

第 755 条　法官的权力

房门关闭或者在加贴封条时有障碍或其他困难时，法官可下令打开房门并作出其他适当的决定（第 68 条）。

第 756 条　钥匙的保管

在法官下令移除封条之前（第 763 条），书记员负责加贴封条后钥匙的保管。

第 757 条　遗嘱和文件的保存

在加贴封条时发现的遗嘱或其他重要文件时，法官作出保管的决定。

不能在同一日作出决定的，法官应在诉讼笔录中对文件的外部状况进行描述，将其放入信封并在当事人面前密封签字，并确定下一步决定作出的日期和时间。

第 758 条　不能加贴封条的物和易损毁物

在诉讼笔录（第 126 条）中应对不能加贴封条的物或个人生活居住的必需物品作出描述。

法官可通过裁定下令对易损毁物立即进行变卖，并根据第 532 条及其以下各条的规定委托他人进行（《民法典》第 1731 条以下）。

第 759 条　信息和保管人的指定

在加贴封条的过程中，为确保物没有被取走，法官可收集所需信息。

法官应指定保管人（第 65 条以下）对被查封的物进行保管。

第 760 条　在清算过程中或清算完成后加贴封条

在清算遗产过程中，当事人只能对未编入遗产清单的财产提出加贴封条的请求。

除受到质疑的清算遗产外，在清算完成后不能对其加贴封条。

第 761 条　进入查封地点

根据第 762 条的规定作出移除封条的裁定之前，法官或书记员不能进入加贴封条的查封地点，除非法官因紧急事由通过附理由的裁定作出了准许进入查封地点的决定。

第二节　封条的移除

第 762 条　期限

在加贴封条后 3 日内不得移除封条以及进行遗产的清算（第 769 条），除非法官因紧急事由另行作出了附理由的裁决。

继承人中有未解除监护的未成年人时（《民法典》第 2 条，第 390 条以下），在为其指定监护人（《民法典》第 346 条）或特别保佐人（第 78 条）之前不得移除封条。

第 763 条　移除的决定

根据第 753 条第 1 项、第 2 项和第 4 项规定的主体提出的申请，法官通过裁决作出移除封条的决定。

在第 754 条规定的情况下，法官也可依职权作出移除封条的决定；在第 754 条第 2 款和第 3 款规定的情况下，应在移除封条后进行遗产的清算（第 769 条）。

在制作加贴封条的笔录后，再提交移除封条的申请并作出裁决。

第 764 条　异议

利害关系人可以在加贴封条的笔录中提出声明或者向法官提交申请书的方式对封条的移除提出异议。

法官通过裁决安排当事人出席的庭审，并确定异议人送达裁定的固定期限。

法官通过终局性的裁定作出决定。作出移除封条的命令时，法官可决定在移除封条后进行遗产的清算（第 769 条），并下令对异议标的进行谨慎而适当的保管。

第 765 条　执行的司法人员

根据第 769 条规定执行遗产清算的法官负责移除封条。

未进行遗产的清算时，地方法院的书记员负责移除封条；在未设置地方法院的地区，治安法官的书记员负责移除封条。

第 766 条　通知利害相关人

未根据第 772 条的规定通知第 771 条规定的当事人时，不能移除封条。

第 767 条　封条的替换

负责移除封条的司法人员应首先对封条的状况进行查验。

一旦发现封条被替换，司法人员应终止任何进一步的操作，并立即向法官报告。法官应到达封条所在地对其进行必要的查验，并作出必要决定以便继续进行遗产的清算。

第 768 条　一般规定

除法律另有规定外，本章规定适用于任何其他应该加贴或移除封条的情况。

第三章　遗产的清算

第769条　申请

有权申请移除封条的主体（第763条）可向地方法院提出清算遗产的请求。地方法院的书记员、死者在遗嘱中指定的公证员或地方法院指定的公证员负责进行遗产的清算。

申请人应以申请书（第125条）的方式提出请求，并在申请书中表明其位于地方法院辖区的经常住所地或择定住所地（《民法典》第43、47条）。

地方法院通过裁决作出决定。

未加贴封条时，上述申请人可直接向死者在遗嘱中指定的公证员提出清算遗产的请求；未在遗嘱中指定公证员的，申请人可向其选择的公证员提出请求。

第770条　公证员进行遗产的清算

应由公证员进行遗产的清算时，书记员向公证员交付以下物品并收取回执：

1）根据第756条的规定由其保管的钥匙；

2）加贴封条的笔录（第752条以下）、申请书和移除裁决书的副本；

3）提出异议的记录（第764条），在记录中包括异议人的姓名、经常居住地或择定住所地。

第2项的副本和第3项的记录应放入遗产清单。

第 771 条　有权协助清算遗产的主体

以下主体有权协助制作遗产清单：

1）生存的配偶；

2）法定继承人（《民法典》第 565 条以下）；

3）遗嘱执行人（《民法典》第 700 条以下）、遗嘱继承人和受遗赠人（《民法典》第 588 条）；

4）对移除封条提出异议的债权人（第 764 条）。

第 772 条　遗产清算开始的通知

在开始清算遗产 3 日前，执行人员应通知上一条中的当事人遗产清算开始的地点、日期和时间。

当事人在执行遗产清算的地方法院辖区没有经常居住地或择定住所地时，无需对其进行通知，但应通知法官通过裁决指定的代表当事人的公证员（第 766 条）。法官根据提出清算请求的主体的申请作出上述裁决。

第 773 条　评估人的指定

执行人员在必要时可指定一名或多名评估人对动产标的的价值作出评估（第 68 条，《实施细则》第 52、161 条）。

第 774 条　程序的延期

不能在开始当日完成遗产的清算时，执行人可将清算程序延期至下一日，并口头通知在场的当事人。

第 775 条　遗产清算的笔录

遗产清算的笔录包括：

1）通过对不动产的性质、状况、边界、不动产档案号和地籍图的介绍对不动产作出说明；

2）通过对金银物品的重量和品牌的描述对动产作出说明与估价（第 773 条）；

3）对现金数量和种类的说明；

4）对其他积极财产和消极财产的说明；

5）对记录与资产和负债有关的清单、账单和账簿的说明，上述材料的正文和结尾处应附有执行人的签名。执行人员还应对商业账簿和记账册的状况作出查验，在每一页签名并装订成册。

利害关系人反对将某物品编入遗产清单的，执行人员应在笔录中注明此情况，并记录当事人的意见和请求（第192条）。

第776条　被清算动产的交付

应向利害关系人指定的主体交付被清算的动产和清单；未指定接受交付的主体时，法官根据某一当事人的请求并听取其他当事人的意见后，通过裁决指定接受交付的主体。

第777条　遗产清算中其他情况的法律适用

除《民法典》对未成年人财产清算的特殊规定外（《民法典》第362条以下），本章规定适用于所有法律规定的一般财产清算的情况。

第四章　遗产清单

第 778 条　对清偿顺序表的异议

对《民法典》第 501 条规定的清偿顺序表，当事人应向对继承开始地有管辖权的法院提出异议。

案件标的的价值由被继承遗产的价值所决定，其中动产的价值通过遗产清单进行计算，不动产的价值根据第 15 条的规定进行计算。

异议应以起诉状（第 162 条）的形式提交。起诉状应送达给继承人以及权利被质疑者，并由法官通过独任审判作出决定。

第 779 条　债权人和受遗赠人提出的清算请求

债权人和受遗赠人根据《民法典》第 509 条的规定以申请书（第 125 条）的形式提出请求。

通过裁决，法官安排由继承人和申报债权者（《民法典》第 498 条）所参加的庭审。书记员向当事人通知裁决。

听取上款中利害关系人的意见后，地方法院通过法官评议会（第 177 条、第 738 条以下）做出终局性裁定。

某一债权人提出反对并主张继承人丧失遗产清单中的利益时（《民法典》第 505 条），指定的申请不获接受，且应在异议阶段撤销未来的指定。

继承人主张《民法典》第 509 条规定的条件不存在时，法官根据第二编的规定下令对案件进行调查取证，采用适当的保管方式，并在需要时指定管理人。

第 780 条　继承人对遗产的请求

继承人应针对所有其他继承人提出对遗产清单的请求。没有其他继承人或所有继承人均提出同样的请求的，法官指定一名遗产管理人（第 78 条）。

第五章　待继承遗产的保佐人

第781条　指定裁决的送达

在同一裁决确定的期限内，书记员向被指定人送达关于指定遗产保佐人的裁决（《民法典》第528条）。

第782条　法官的监管

保佐人的管理活动应受到法官的监管（《民法典》第529条，《实施细则》第193条）。法官认为适当时，可通过裁定确定保佐人提交管理账目的期限，并可随时撤销或替换保佐人。

保佐人从事超过日常管理范围的活动时，应获得法官的授权（《民法典》第530条）。

第783条　遗产的变卖

保佐人应在编制遗产清单后30日的期限内变卖动产，除非法官通过附理由的裁决另行作出了决定（第747条）。

仅在必要或明显有用的情况下，地方法院可通过法官评议会（第737条以下）作出裁决授权进行不动产的变卖。

第五编

共有的解除

第 784 条　必要共同被告

分割遗产或解除共有的请求应针对所有的继承人或共有人以及提出反对的债权人提出（第 12、22、23、102 条，《民法典》第 713 条以下，第 1111 条以下，第 2646 条）。

第 785 条　分割请求的判决

当事人对分割权无异议时，调查法官通过裁定对分割请求作出决定；有异议时根据第 187 条的规定作出决定。

第 786 条　指导执行

调查法官指导进行遗产的分割。在遗产分割过程中，调查法官也可指定公证员进行指导（第 790 条，《实施细则》第 194 条）。

第 787 条　动产的变卖

需要变卖动产或转让收入或年金时（《民法典》第 1861、1872 条），如果对变卖和转让的必要性没有争议，调查法官或职业代理人根据第 534 条及其以下各条的规定作出决定。

对变卖和转让的必要性有争议时，应根据合议庭的判决进行变卖和转让。

第 788 条　不动产的变卖

在变卖不动产的过程中，对变卖的必要性无争议时，调查法官根据第 569 条第 3 款的规定作出裁定。

对变卖的必要性有争议时，须根据合议庭的判决进行变卖。

调查法官主持进行不动产的变卖。在此适用第 570 条及其以下各条的规定。

职业代理人接受变卖的委托时，根据本条规定直接进行变卖。

第 789 条 分割计划及异议

调查法官起草分割计划并将其存档于书记室。通过裁定，调查法官安排讨论分割计划的庭审，并下令共有人和参与债权人参加。

裁决应通知当事人。

当事人无争议时，调查法官通过终局性裁定（第 177 条）宣布执行分割计划；否则应根据第 187 条的规定作出决定。

在任何情况下，调查法官都应通过终局性的裁定为应继份的提取作出必要安排（《实施细则》第 195 条）

第 790 条 公证员执行

委托公证员（第 786 条）进行遗产的分割时，公证员应在执行开始至少 5 日前，通知共有人和参与债权人分割程序开始的地点、日期和时间。

遗产的分割应在当事人面前进行；如果当事人提出请求并承担相关费用，可获得其代理人的协助。

在分割过程中产生争议时，公证员应撰写特别诉讼笔录并转交给调查法官。

调查法官通过裁决安排当事人出席的庭审。书记员负责将裁决通知当事人。

法官通过裁定对争议作出决定。

第 791 条 公证员撰写的分割计划

公证员应为完成的活动撰写单独的诉讼笔录

当事人对制订的分割和应继份方案有异议的，公证员自签字后 5 日内向调查法官转交诉讼笔录。

根据上条倒数第 2 款的规定，法官作出决定安排当事人参加的庭审，并根据第 187 条的规定发布属于其管辖范围的决定。

只有依据法官根据第 789 条最后一款作出的裁定或产生既判力的判决（第 324 条，《实施细则》第 195 条），才能进行应继份的提取。

第六编

解除不动产抵押的程序

第 792 条　价款的提存

购买人向前所有人和登记债权人宣告其欲解除所购买的不动产上的抵押权后（《民法典》第 2889 条），应以申请书（第 125 条）的形式向对强制执行（第 26 条）有管辖权的地方法院院长提出申请，以确定提存价款的方式（《民法典》第 2890 条以下）。地方法院院长通过裁决作出决定。

在向前所有人和登记债权人（《民法典》第 2891 条）送达声明后 40 日的期限内，购买人没有提出转移财产的请求的，应在完成送达后 60 日的固定期限内根据地方法院要求的方式提存价款，并向书记室提交提存证明、附登记证明的购买权利证书（《民法典》第 2664 条）、经认证的抵押状态摘要和向前所有人和登记债权人送达的文书原件。

第 793 条　召集债权人

根据书记员提交的上一条规定的文件，地方法院院长通过裁决指定法官进行诉讼，安排购买人、前所有人和登记债权人（《民法典》第 2890 条）参加的庭审，确定购买人向其他当事人送达裁决的固定期限。

第 794 条　法官的决定

法官在庭审中确认提存和其他诉讼活动符合规范后，通过裁定解除在购买人的权利证书登记之前注册的抵押权，再根据第 596 条及其以下各条的规定作出分配价款的决定（《民法典》第 2893 条）。

第795条 强制转移

如果当事人提出了强制转移财产的申请（《民法典》第2891、2898条），法官对法律规定的准许条件作出审查后，根据第567条及其以下各条的规定作出裁决。

财产的变卖只能通过第576条及其以下各条规定的拍卖的方式进行。

申请债权人可参加拍卖的出价。

先取特权债权人、抵押债权人和购买人的债权人均可参加所得款项的分配。

购买人有权被编入清偿顺序表，并对声明解除抵押的费用享有先取特权（《民法典》第2770条）。

第七编

外国司法机构的判决效力和文书执行

第 796~805 条 （已废除）

第八编
仲 裁

第一章　仲裁协议

第 806 条　可提交仲裁的争议

除法律明文禁止外，当事人可将因其可处分的权利引起的争议提交仲裁作出决定。

除法律规定、合同约定或集体劳动合同（第 412 条Ⅲ）的协议外，不可将第 409 条规定的争议提交仲裁决定。

第 807 条　仲裁协议书

仲裁协议书应为书面形式（第 829 条）并明确争议标的，否则无效。

当事人按照有关传送和接收电子文件的法律、法规的规定，用电报、电传、传真和电子邮件来表达其仲裁意愿的，也应被认为采取了书面形式。

第 808 条　仲裁条款

当事人可在其签订的合同中或者以单独文书的形式明确约定，只要争议可以成为仲裁协议的标的（第 806 条），基于合同而发生的争议即应由仲裁员作出决定。记载仲裁条款的文书应符合第 807 条所规定的仲裁协议的形式。

仲裁条款的效力独立于包含该条款的合同的效力（《民法典》第 1419 条）；但当事人有订立合同的权力也意味着其具有订立仲裁条款的权力。

第808条Ⅱ 非合同纠纷的仲裁协议

通过特别协议，当事人可确定由仲裁员对将来的一个或多个涉及非合同关系的纠纷作出决定。协议文书应具备第807条规定的仲裁协议书的形式。

第808条Ⅲ 非程序性仲裁

除第824条Ⅱ的规定外，当事人可以书面形式（第807条）确定，由仲裁员通过合同协议对争议作出决定。在其他情况下，适用本卷的规定。

在以下情形中，法官可根据第一编的规定宣告基于合同作出的仲裁无效：

1）仲裁协议无效，或者仲裁员的决定超出仲裁协议的范围且当事人在仲裁程序中提出了抗辩的；

2）未根据仲裁协议确定的形式和方式指定仲裁员的；

3）仲裁是由未根据第812条的规定而指定的仲裁员作出的；

4）仲裁员未遵守当事人为有效仲裁所制定的规范的（第816条Ⅱ）；

5）在仲裁程序中未遵守辩论原则的。基于合同作出的仲裁不适用第825条的规定。

第808条Ⅳ 仲裁协议的解释

出现疑问时，仲裁协议应被解释为仲裁员对因本合同或因仲裁协议涉及的法律关系所产生的所有争议都具有管辖权。

第808条Ⅴ 仲裁协议的效力

未针对案件实体问题作出的仲裁决定不影响仲裁协议的效力。

第二章　仲裁员

第809条　仲裁员的人数

仲裁员可以是一人或多人，人数须为奇数。

仲裁协议应包括对仲裁员的指定，或者确定仲裁员人数以及指定方式。

指定的仲裁员人数为偶数的，如果当事人未另行达成协议，地方法院院长应根据第810条的规定再指定一名仲裁员；未指定仲裁员人数或者当事人未对此达成协议的，仲裁员人数应为3名；未指定仲裁员的，如果当事人未另行达成协议，地方法院院长应根据第810条的规定作出决定。

第810条　仲裁员的指定

根据仲裁协议指定仲裁员时，当事人应以送达书面文书的方式，告知对方当事人其指定的一名或多名仲裁员，并邀请对方当事人指定自己的仲裁员（第809条）。在收到邀请后20日的期限内，对方当事人应向当事人送达书面文书，对其指定的一名或多名仲裁员的情况作出说明。

对方当事人未作出上述回应的，提出邀请的当事人可以以申请书（第125条）的形式要求仲裁地（第816条）的地方法院院长指定仲裁员；双方当事人尚未确定仲裁地的，向仲裁协议签订地的地方法院院长提交申请书；仲裁协议签订地在国外的，向罗马地方法院院长提交仲裁书。

有可能存在仲裁协议或仲裁协议中没有明确约定在外国仲裁时，应当事人的请求，地方法院院长作出指定仲裁员的决定。

当事人通过仲裁协议请求司法机关指定一名或多名仲裁员时，或者请求第三人指定仲裁员而该第三人未作出指定时，适用同样的规定。

第 811 条　仲裁员的替换

不论因何原因，指定的全部或部分仲裁员不能参加仲裁时（第810 条），应根据指定仲裁员的仲裁协议进行仲裁员的替换。当事人或第三人未按照要求指定仲裁员，或者仲裁协议中无相关规定的，适用前一条的规定。

第 812 条　仲裁员的不适格

限制行为能力人或无行为能力人不能成为仲裁员。

第 813 条　仲裁员接受指定

仲裁员应以书面形式接受指定，以并可通过在仲裁协议（第807 条）或第一次会议笔录上签字的方式接受指定。

公共事务官员或从事公共服务业者不得成为仲裁员。

第 813 条Ⅱ　仲裁员丧失资格

仲裁员疏忽或延迟履行职责时，如果当事人未另行作出约定，达成一致协议的当事人或者经仲裁协议授权的第三人可进行仲裁员的替换；未对仲裁员进行替换的，在向仲裁员寄发要求其履行职责的特别警告挂号信 15 日后，任何当事人均可根据第 810 条第 2 款规定向地方法院院长提出申请。地方法院院长听取仲裁员和当事人的意见后，通过终局性裁定作出决定；如果确认仲裁员有疏忽或延迟履行职责的行为，地方法院院长宣告仲裁员丧失资格并作出替换的决定。

第 813 条Ⅲ　仲裁员的责任

在以下情形中，仲裁员应承担损害赔偿责任：

　　1）因故意或严重过失而疏忽或延迟履行职责，并因此被宣告丧失仲裁员资格，或者无正当理由放弃仲裁员资格的；

　　2）因故意或严重过失而没有或未能在第 820 条和第 826 条规定的期限内作出仲裁的；

　　除以上情况外，仲裁员仅为其作出的（1988 年 4 月 13 日发布的第 117 条法令第 2 条第 2、3 款所规定的）故意或严重过失的行为承担责任。

　　只有在第 1 款第 1 项规定的情况下，可在仲裁过程中提起要求仲裁员承担责任的诉讼。

　　作出仲裁后（第 823 条），只有获得既判力的判决的质疑被接受时，当事人可根据（被接受的）质疑的理由提起诉讼，要求仲裁员承担责任。

　　仲裁员非因故意行为而承担责任时，损害赔偿的数额不得超过约定报酬的 3 倍；无约定时，损害赔偿的数额等于根据现行税率计算的报酬的 3 倍。

　　仲裁员应承担损害赔偿责任时，无权获得报酬和报销费用；仲裁部分无效时，报酬和报销费用相应减少。

　　每位仲裁员仅为自己的行为承担责任。

第 814 条　仲裁员的权利

　　仲裁员在接受指定（第 813 条）时未作出拒绝，或者在接受指定后未通过书面形式作出拒绝的，有权就其从事的仲裁活动获得报销费用和报酬。当事人对费用和报酬的支付承担连带责任，并有权向其他当事人追偿。

　　仲裁员直接对费用和报酬的数额提出要求时，在未获得当事人的认可之前，此数额对当事人无约束力；地方法院院长根据仲裁员的申请、并听取当事人意见后，根据第 810 条第 2 款的规定通过裁定确定费用和报酬的数额。

　　裁定对当事人具有执行效力（第 474 条）并可根据第 825 条第 4 款的规定被质疑。在此适用第 830 条第 4 款的规定。

第815条　仲裁员的回避

在以下情形中，可要求仲裁员回避：

1）不具备当事人明确要求的资质的；

2）本人或其管理的团体、社团或公司与案件有利害关系的；

3）本人或其配偶与一方当事人、一方当事人的法定代表人或辩护人是四亲等以内的亲属，或者共同生活或经常共同用餐的；

4）本人或其配偶与一方当事人、一方当事人的法定代表人或辩护人之间有未决的诉讼正在进行，或有强烈的敌意的；

5）本人与一方当事人、一方当事人控制的公司、控制公司的主体或处于与他人共同控制之下的公司之间存在着劳动关系、持续性顾问关系、支付报酬的劳务关系或其他影响仲裁员作出独立判断的财产或合作关系的，或者仲裁员是当事人的监护人或保佐人的；

6）在案件前面阶段为当事人提供建议、协助或辩护，或者作为证人提供证言的。

除在指定仲裁员后才知悉回避理由的情况外，当事人不得要求其指定或参加指定的仲裁员回避。

当事人应在送达指定仲裁员的文书或知悉上款回避理由后10日的固定期限内，以申请书的形式向第810条规定的地方法院院长提出回避的请求。地方法院院长听取被申请回避的仲裁员和当事人的意见并在必要时收集信息后，通过终局性裁定作出决定。

地方法院院长通过裁定对诉讼费用作出决定。当事人提出的回避申请明显不可被接受或无合理依据时，法官判定由提出申请的当事人承担对方当事人的诉讼费用。费用的数额应根据衡平原则进行计算，且不超过根据律师费率计算的仲裁员单人酬劳的3倍。

回避申请的提出不能中止仲裁程序，除非仲裁员作出了不同的决定（第819条Ⅱ）；但回避申请获得接受后，被要求回避的仲裁员所作出或参与的仲裁活动无效。

第三章 仲裁程序

第 816 条 仲裁地

当事人应在意大利共和国境内确定仲裁地；仲裁地未确定时由仲裁员作出决定。

当事人和仲裁员未确定仲裁地的，仲裁地为仲裁协议的签署地；在意大利共和国境外签署仲裁协议的，仲裁地为罗马。

仲裁协议未作出不同约定时，仲裁员可在仲裁地以外或国外召开庭审、调查取证、作出仲裁并在仲裁书上签名。

第 816 条 II 仲裁程序的进行

在仲裁审理开始之前，当事人可在仲裁协议上，或以单独文书的方式，确定仲裁员在诉讼中遵守的规则以及仲裁使用的语言；未确定前述规则的，仲裁员有权以其认为最适当的方式，确定仲裁中应遵守的规则以及仲裁使用的语言。在任何情况下，仲裁员都应遵守辩论原则，为当事人提供合理和平等的辩护机会。当事人可在辩护人（第 82 条以下）的协助下参加仲裁。无明确限制时，辩护人可根据代理权进行所有仲裁程序的活动，包括放弃诉讼以及确定或延迟作出仲裁的期限。在任何情况下，辩护人均可接收送达仲裁书和质疑文书的通知。

当事人或其他仲裁员可授权仲裁合议庭庭长针对仲裁程序作出裁定。

除认为应通过非定案性的仲裁书作出决定的情况外，仲裁员可通过不需要存档的可撤销裁定对所有仲裁程序中的问题做出决定。

第 816 条Ⅲ　调查取证

全体仲裁员可委托一名仲裁员对案件进行调查取证或单项调查。

仲裁员可要求证人在其面前作证，或者经证人同意后在证人的住所或办公室采纳证人证言。仲裁员还可要求证人在其确定的期限内，提交回答质询的书面答复，以采纳证人证言。

证人拒绝出席接受仲裁员的质证时，仲裁员参考具体情况，在其认为适当的时候可要求仲裁地所在地的地方法院的院长发布命令，要求证人出庭接受质证。

在上款规定的情况中，自发布命令之日起至召开接受质证的庭审之日，作出仲裁的期限中止。

仲裁员可得到一名或数名专家的协助（第 191 条以下）。自然人和法人均可被指定为专家。

因审理的需要，仲裁员可要求行政机构提供与其制作的文书和文件相关的书面信息。

第 816 条Ⅳ　多数当事人

两个以上的当事人受到仲裁协议效力的约束时，如果仲裁协议约定委托第三人指定仲裁员（第 810 条）、根据全体当事人的合意指定仲裁员，或者在第一个当事人指定一名或数名仲裁员后其他当事人通过协议指定同样人数的仲裁员或者委托第三人指定仲裁员，任何当事人均可在同一仲裁程序中对所有或部分其他当事人提起诉讼。

除上款规定的情况外，一方当事人对其他当事人提起诉讼的，应根据被告人数划分为数个诉讼。

如果未查明本条第 1 款规定的情况，且处于必要共同诉讼（第 102 条）中时，案件不能进行仲裁。

第 816 条Ⅴ　第三人参加诉讼以及争议权利的继承

只有第三人和当事人一致同意并获得仲裁员的许可时，第三人可自愿（第 105 条）或者应要求参加仲裁（第 106、107 条）。

在第 105 条第 2 款规定的情况中或作为必要共同诉讼人时，第三人可随时参加仲裁

在此适用第 111 条的规定。

第 816 条 VI　当事人死亡以及行为能力的终止或丧失

因死亡或其他原因导致当事人减少或者当事人丧失行为能力时，仲裁员应采取适当措施保障辩论原则的适用，以便继续诉讼。仲裁员可中止诉讼程序。

当事人均不遵守仲裁员为继续诉讼而制定的规则时，仲裁员可宣布解除职责。

第 816 条 VII　预付费用

预付费用后（第 814 条）仲裁员可继续诉讼。除当事人另有协议外，仲裁员确定当事人各自预付费用的数额。

一方当事人未应请求预付费用时，其他当事人可提前支付全部费用。当事人未在仲裁员确定的期限内预付费用的，不再受到解决仲裁争议的仲裁协议的约束。

第 817 条　对管辖权的异议

在仲裁过程中，仲裁协议的效力、内容、范围或仲裁员确立的规则受到质疑时，仲裁员根据其管辖权作出决定。

在仲裁过程的任何阶段，不管何种理由仲裁员的权力受到质疑时，也适用本条规定。如果当事人未在仲裁员接受任职（第 813 条）后的首次辩护中，以仲裁协议的不存在、无效或不生效为由对仲裁员的管辖权提出异议，亦不得根据前述理由对仲裁书提出质疑，除非争议标的不属于仲裁的范围。

如果当事人未在仲裁过程中质疑其他当事人的结论超出了仲裁协议的范围，亦不得据此理由对仲裁书提出质疑。

第 817 条 Ⅱ　抵销

仲裁员有权在诉讼请求价值的范围内了解对抵销权的抗辩事由，即使对方的债权不在仲裁协议的范围内。

第 818 条　预防性措施

除法律另有规定外，仲裁员不得采取假扣押（第 670 条）或其他预防性措施（第 669 条）。

第 819 条　需要预先解决的实体问题

除法律规定应由具有既判力的判决作出决定的问题外，仲裁员可对所有与仲裁争议相关的问题作出没有既判力的决定，即使这些问题不属于仲裁协议处理的范围（第 806 条）。

对属于仲裁协议处理范围的先决问题，根据一方当事人的请求，仲裁员可作出具有既判力的决定；对不属于仲裁协议范围内的先决问题，根据全体当事人的请求，仲裁员可作出具有既判力的决定。

第 819 条 Ⅱ　仲裁的中止

除第 816 条 Ⅵ 的规定外，在以下情形中，仲裁员通过附理由的裁定作出中止仲裁的决定：

1）司法机构曾受理该案，而根据《刑事诉讼法》第 75 条的规定本应中止诉讼的；

2）需要预先解决的问题不属于仲裁协议的处理范围，且依法应由司法机构作出有既判力的终局性判决的；

3）根据 1957 年 3 月 11 日发布的第 87 条法令第 23 条的规定应将问题交由宪法法院进行合宪性审查的。

仲裁中涉及判决的权威性问题且该判决被质疑时，适用第 337 条第 2 款的规定。

一旦作出了中止仲裁的决定，在仲裁员确定的期限内或在中止事由结束后一年内，如果没有当事人向仲裁员提出继续仲裁的申请，仲裁程序终止；在第1款第2条规定的情况下，如果没有当事人在作出中止仲裁的裁定后90日的期限内，向仲裁员提交用以向法院提交先决问题的争议的、经认证的文书副本，仲裁程序终止。

第819条Ⅲ　仲裁员与法院的关系

同一案件正在被法院审理或者仲裁员受理的案件和法院受理的另一案件之间有牵连关系时，仲裁员不因此丧失案件的管辖权。法官通过判决承认或否定了自己对仲裁协议的管辖权的，该判决可根据第42条和第43条的规定被质疑。

仲裁与审判的关系不适用第44、45、48、50、295条的规定。

在仲裁审理未决期间，不能提出主张仲裁协议无效的司法请求。

第四章　仲　裁

第 820 条　仲裁的审限

通过仲裁协议或仲裁员接受指定前达成的协议，当事人可确定作出仲裁的审限。

当事人未确定作出仲裁的审限的，仲裁员应在接受指定（第 813 条）后 240 日的审限内作出仲裁。

在以下情形中，审限可获得延长：

a）所有当事人作出书面声明并寄送仲裁员；

b）根据一方当事人或仲裁员的请求，第 810 条第 2 款规定的地方法院院长在听取其他当事人的意见后，作出延期决定，但审限只能在届满之前获得延期。

当事人无不同意见的，在以下情形中，审限可获得且仅可获得一次 180 日的延长：

a）应采纳证人证言的（第 816 条Ⅲ）；

b）法官依职权指定专家的；

c）作出非定案性的仲裁或部分仲裁的（第 827 条）；

d）仲裁合议庭的组成被修改，或者独任仲裁取代仲裁合议庭的，在中止仲裁期间，作出仲裁的审限亦中止，仲裁程序重新开始后，在任何情况下低于 90 日的审限都应被延长至 90 日。

第 821 条　审限届满的规定

在多数仲裁员通过签署判决书而作出仲裁之前，如果一方当事人未以送达的方式告知另一方当事人和仲裁员其意图将审限届满作为仲裁无效的理由，前条规定的审限的届满不能成为仲裁无效的原因。

当事人认为仲裁因审限届满而失去效力时，仲裁员应在查明审限届满的情况下，宣布仲裁程序终止。

第 822 条 作出仲裁的规则

仲裁员根据法律规定作出决定，除非当事人（以任何方式）提出了要求仲裁员根据衡平原则作出裁决的请求。

第 823 条 作出仲裁和仲裁书的要求

全体仲裁员通过多数表决作出仲裁，并以书面形式制作仲裁书。任何仲裁员都可要求仲裁员亲自参会并作出全部或部分的仲裁。

仲裁书应包括：

1）仲裁员的姓名；

2）对仲裁地的说明（第816条）；

3）对当事人的说明；

4）对仲裁协议和当事人结论作出的说明；

5）对仲裁理由的简要说明；

6）仲裁内容；

7）所有仲裁员的签名（如果仲裁内容已经声明仲裁是在所有仲裁员的参加下作出的，并指明了其他不愿或不能签名的仲裁员时，仲裁书有多数仲裁员的签名即可）；

8）签名的日期。

第 824 条 仲裁书的原件与副本

仲裁员应起草一份或多份仲裁书原件。自在仲裁书上签名之日起的10日的期限内，仲裁员应通过寄送原件或经认证与原件一致的副本的方式通知所有的当事人；仲裁员亦可通过挂号信完成寄送。

第 824 条 II 仲裁书的效力

除第825条的规定外，自最后一名仲裁员签名（第823条）之日起，仲裁书产生法院判决的效力。

第 825 条　仲裁书的存档

当事人想要在意大利境内执行仲裁书时，应提出相应请求，并将仲裁书原件或与原件内容一致的副本，以及包含仲裁协议的文书的原件或与原件内容一致的副本提交仲裁所在地的地方法院的书记室存档。地方法院确认仲裁书的形式符合规范后，通过仲裁宣布仲裁书产生执行力。在任何情况下，只要对有相同内容的判决书进行登记或记录时，亦应对有执行力的仲裁书进行登记或记录。

以第 133 条第 2 款规定的方式，书记室将仲裁书的存档和地方法院的决定告知当事人。

针对驳回或接受仲裁书的执行效力而作出的仲裁，当事人可在通知后 30 日的期限内，以申请书的形式向上诉法院提出异议。法庭在听取当事人的意见后，通过法官评议会作出裁定。

第 826 条　仲裁的修改

任何当事人均可在通知仲裁后 1 年的期限内向仲裁员提出以下请求：

1）对仲裁内容中的遗漏、实质错误或计算错误作出修改，包括不同的仲裁书原件中出现了分歧内容或者涉及仲裁员的签名问题；

2）将第 823 条第 1~4 项规定的内容之一加入到仲裁书中。

仲裁员听取当事人的意见后，在 60 日的期限内作出决定。仲裁的修改应根据第 824 条的规定通知当事人。

仲裁员未作出决定的，申请人可向仲裁所在地的地方法院提出修改的申请（第 816 条）。

仲裁书已被提交存档的，当事人应向存档所在地的地方法院提出修改的请求。在可适用的情况下，适用第 288 条的规定。受理或负责审理对仲裁提出的质疑的法官也可作出修改仲裁的决定。

第五章 质 疑

第 827 条 质疑的方式

仲裁可因其无效、可撤销或第三人异议而被质疑。

即使尚未存档（第 825 条），亦可对仲裁提出质疑。

仲裁对争议的实体问题作出部分决定的，当事人可立即对其提出质疑；但仲裁对案件的部分问题作出非定案性的决定的，当事人只能与定案性的仲裁书一起提出质疑。

第 828 条 仲裁无效的质疑

在送达仲裁书后 90 日的期限内，当事人可向仲裁所在地（第 816 条）的上诉法院提起仲裁无效的质疑。

在最后的仲裁员签名日期（第 823 条）1 年后，当事人不得提出质疑。

修改仲裁的申请不能中止提出质疑的期限。当事人可在常规期限内对仲裁修改部分的内容提出质疑，自通知当事人修改的仲裁之日起对该期限进行计算。

第 829 条 仲裁无效的情况

不论之前是否放弃了有关权利，在以下情形中，仲裁无效的质疑应获得支持：

1）仲裁协议无效的，但第 817 条第 3 款规定的情况除外；

2）未根据本编第二章和第六章规定的形式和方式指定仲裁员，且在仲裁过程中被提出异议的；

3）仲裁是由未根据第812条的规定而指定的仲裁员作出的；

4）除第817条第4款规定的情况外，对超出仲裁协议范围的问题作出了仲裁的，或者在任何其他不能对实体问题作出决定的情况下，对争议的实体问题作出了仲裁的；

5）仲裁书不具备第823条第5~7项规定的内容的；

6）在确定的审限届满后作出仲裁的，但第821条规定的情况除外；

7）在仲裁过程中未遵守当事人约定的形式，且根据该约定前述行为将明确导致仲裁无效且未对无效作出补救的；

8）如果在诉讼中已经作出终局性仲裁或判决，且在先判决已在当事人之间获得了既判力，而仲裁的内容与前述在先的仲裁或判决相反的；

9）在仲裁程序中未遵守辩论原则的；

10）终结诉讼时仲裁未对争议的实体问题或者应由仲裁员决定的争议的实体问题作出决定的；

11）仲裁内容自相矛盾的；

12）仲裁未对当事人根据仲裁协议提出的请求或抗辩作出决定的。

导致仲裁无效的当事人、放弃无效主张的当事人以及未在一审或随后的辩护中对违反仲裁程序规范的行为提出抗辩的当事人，不得以导致无效的原因对仲裁提出质疑。

当事人明确约定或法律有规定时，如果违反了为案件实体问题相关权利而制定的规则，则对仲裁的质疑应获得支持；在任何情况下，只要违反公共秩序，对决定的质疑即应获得支持。

在以下情形中，只要违反了为案件实体问题相关的权利而制定的规则，对仲裁的质疑即应获得支持：

1）在第409条规定的争议中；

2）规则的违反涉及对仲裁协议范围外的案件先决问题的解决时。

在第 409 条规定的争议中，可以违反合同或集体协议为由对仲裁提出质疑。

第 830 条　针对仲裁无效的质疑作出的决定

上诉法院应对主张仲裁无效的质疑作出决定，并在支持上诉时通过判决宣布仲裁的无效。仲裁有错误的部分与其他部分相独立时，上诉法院可宣告仲裁的部分无效。

因第 829 条第 1 款第 5~9、11、12 项的规定以及同条第 3、4、5 款的规定而导致仲裁的无效时，如果当事人未在仲裁协议或随后的合议中另行达成处置意见，上诉法院针对争议的实体问题作出决定。如果一方当事人在签署仲裁协议之时移居国外或在国外拥有住所的，只有当事人在仲裁协议中确定或提出一致请求时，上诉法院才能对争议的实体问题作出决定。

上诉法院未对实体问题作出决定的，应适用仲裁协议处理当事人之间的争议，但因仲裁协议的无效或不生效而导致仲裁无效的情况除外。

根据当事人在提出质疑之后的申请，上诉法院有重大理由时，也可通过裁定中止仲裁的效力。

第 831 条　仲裁的撤销和第三方的异议

不论之前是否弃权，在第 395 条第 1~3、6 项规定的情形下，可根据第二卷规定的期限和方式撤销仲裁。

在质疑仲裁无效（第 830 条）的诉讼过程中查明发生第 1 款规定的情况时，在通知作出仲裁无效的判决前，提出撤销请求的期限中止。

在第 404 条规定的情形下，第三人可对仲裁提出异议。撤销仲裁的质疑和第三人提出的异议应根据第二卷规定的期限和形式，向仲裁地（第 816 条）所在地的上诉法院提出。

先受理案件的情况表明其适合与其他案件合并时，上诉法院可在同一诉讼程序中将针对仲裁无效、撤销仲裁和第三人异议提出的质疑合并审理。

第六章　根据事先制定的规则进行仲裁

第 832 条　仲裁规则的准用

在仲裁协议中可事先制定仲裁规则。

仲裁协议的内容与仲裁规则相冲突时，优先适用仲裁协议。

当事人无其他协议时，仲裁规则自仲裁开始时生效并适用。

社团或职业团体成员与第三人之间产生争议时，社团性质的机构和代表职业团体利益的机构不能指定仲裁员。

除法律规定的情况外，事先制定的规则可对仲裁员的替换（第811 条）和回避（第 815 条）作出进一步的规定。

仲裁机构拒绝对仲裁进行管理时，仲裁协议继续有效并适用本编前面章节的规定。

第 833~838 条　（已废除）

第七章　外国仲裁

第 839 条　外国仲裁的承认和执行

当事人想要在意大利境内执行外国仲裁时，应以申请书的形式向对方当事人所在地的上诉法院院长提出申请；对方当事人在意大利境内无住所的，向罗马上诉法院提出申请。

申请人应提交仲裁书原件或与原件内容一致的副本、仲裁协议书或同类文件的原件或与原件内容一致的副本。

前款中的文件未使用意大利语撰写时，申请人还应提交与原件一致的、经认证的翻译文本。

上诉法院确认仲裁书的形式符合规范后，通过裁决宣告外国仲裁在意大利境内生效，除非：

1）根据意大利法律的规定，争议标的不能成为仲裁协议的客体；

2）仲裁作出的决定与公共秩序相违背。

第 840 条　异议

针对承认或否认外国仲裁书效力的裁决，当事人可在通知否认效力的裁决或送达承认效力的裁决后 30 日的期限内，通过诉状的形式向上诉法院提出异议。

当事人提出异议后，在可适用的情况下，法官根据第 645 条及其以下各条的规定进行审理。上诉法院通过可向最高法院提出质疑的判决作出决定。

在异议的审理过程中，如果对方当事人证明存在以下情况，上诉法院应拒绝承认或执行外国仲裁：

1）根据法律规定订立仲裁协议的当事人无法律能力、根据当事人适用的法律仲裁协议无效，或者在当事人没有指定适用的法律时根据仲裁制作地所在国家的法律，协议无效；

2）对方当事人未收到指定仲裁员的通知、参加仲裁程序的通知，或者不能同一仲裁程序中主张自己的辩护；

3）仲裁针对仲裁协议书或仲裁条款未规定的或者在规定范围之外的争议作出决定的，但如果仲裁对属于仲裁范围的问题所作出的决定独立于对不属于仲裁范围的问题的决定时，该决定的效力应获得承认并被宣告有执行力；

4）仲裁合议庭的组成或仲裁程序不符合当事人达成的协议，或者在当事人没有协议的时候不符合仲裁地的法律规定；

5）仲裁尚未对当事人产生约束力，或者在某一国家或根据某国法律作出仲裁时，该国有管辖权的司法机构进行撤销或中止仲裁。

第3款第5项所规定的司法机构要求撤销或中止外国仲裁的效力时，上诉法院可中止承认或执行仲裁的诉讼程序；根据请求执行的当事人的申请，上诉法院在中止诉讼时可下令对方当事人缴纳适当的保证金（第119条，《实施细则》第86条）。

上诉法院查明属于以下情况时，也应拒绝承认或执行外国仲裁：

1）根据意大利法律的规定，争议标的不能成为仲裁协议的客体的；

2）仲裁作出的决定与公共秩序相违背的。

在任何情况下，国际公约的条款都应获得适用。

《民事诉讼法典》
实施细则和过渡性规则

（1941年12月18日第1368号王国法令）

第 1 条　要求获取诉讼文书

为行使法律所赋予的权力，公诉人可以在诉讼的任何审级、任何阶段要求法官以通知的方式向自己递送诉讼文书（《民事诉讼法典》第 69 条以下）。

第 2 条　参与调查法官主持的诉讼

公诉人可以根据《民事诉讼法典》第 267 条的规定参与调查法官主持的诉讼（《民事诉讼法典》第 70 条）。

第 3 条　参与合议庭主持的诉讼

公诉人也可以向书记室（或在开庭时）提交一份诉状（《民事诉讼法典》第 70、125 条）以参与（包括由合议庭进行的）诉讼（《民事诉讼法典》第 275 条）。

参加开庭的公诉人应对其结论作口头陈述，对其得出的结论应进行庭审登记（第 117 条）。

如果参与合议庭开庭的公诉人并不赞同任一方当事人得出的结论，而是得出了自己的结论并要提交文件或证据，合议庭庭长可以依职权或应当事人的申请发布裁定，将案件发回给调查法官以进行证据的补充（《民事诉讼法典》第 280 条）。

第二编

专家和法官的辅助人

第一章　劳动法官的专家

第 4~12 条　（已废除）

第二章　法官的专家

第一节　普通程序中的专家

第13条　专家名册

每个地方法院都应设有一本专家名册（《民事诉讼法典》第61条以下）。

名册应区分不同专业类型。

名册必须包含以下专业类型：

1）内科和外科医疗；

2）工业；

3）商业；

4）农业；

5）金融业；

6）保险业（第146条，《民事诉讼法典》第424、445条）。

第14条　名册的制作

名册由地方法院的院长保管，该名册由一个该院长主持的委员会制作。委员会由一名国家法律顾问和一名登记在行业名册中的专家组成，该专家由登记申请人所属的行业自治协会或行业公会指定。

上述行业协会在其认为适当时，在将其意图告知了保管相关行业名册的行业协会后，也可以指定另一行业协会或公会的在册专家。

如果专业评估师提出了登记申请，则应由农会、工会、商会进行指定。

地方法院的书记员承担委员会秘书的工作。

第 15 条 名册登记

列入名册的人应当具备特定领域的专业技能，有良好的道德操守并在相应的行业协会中注册。

同一人不得同时列入两个以上名册。

由根据前一条规定组成的委员会负责处理登记申请。

当事人在送达完成之后的 15 日内，可以向第 5 条规定的委员会[1]对上述委员会的决定提出质疑。

第 16 条 登记申请

希望被列入名册的人，应向地方法院院长提出申请。

提交申请时应一并提交以下材料：

1）出生证明的摘要；

2）记载近三个月内涉案状况的案底证明；

3）地方法院管辖区域内的居住证明；

4）行业协会的注册证明；

5）申请人用以证明自己专业技能的头衔和文件。

第 17 条 信 息

地方法院的院长负责向警务部门获取有关申请人公开和私人行为的信息。

第 18 条 名册的审查

名册是终身性的。每隔 4 年，第 14 条所指的委员会都要对名册进行一次审查，以删除那些不符合第 15 条所规定的条件或存在导致其无法履行职务的障碍的专家。

---

〔1〕 根据第 5 条（已废除）规定，该委员会由上诉法院院长担任主席，由一名国家法律顾问和劳动法庭庭长共同组成。

第 19 条　纪律

地方法院的院长负责监督专家的工作；他可以应公诉人、行业协会的申请或依职权决定，针对违反道德操守或未能及时完成委托给他的工作的专家提起违纪之诉。

上述违纪之诉由第 14 条所指的委员会管辖。

第 20 条　违纪处分

对于前一条所规定的违纪专家，可以进行以下处分：

1）警告；

2）将该专家从名册中暂时除名，时间不超过 1 年；

3）从名册中彻底除名。

第 21 条　违纪之诉

在违纪之诉开始前，地方法院的院长应告知该专家对其进行的处分，并让该专家提交书面的答辩。如果在告知该专家之后，院长认为应该继续诉讼，则他应当让书记室发送传票邀请该专家列席纪律委员会。

委员会应听取该专家的陈述。专家可以按照第 15 条最后一款的规定，对违纪之诉提出质疑。

第 22 条　工作的分配

通常情况下，在某一地方法院辖区内工作的所有法官，都必须将专家的工作委托给该地方法院专家名册上的专家。

如果调查法官要把工作委托给登记在其他地方法院的专家名册中的专家，或者委托给没有登记在任何名册上的人，则他应听取地方法院院长的意见，并在决定中说明选择该人的理由。

上诉法院中，专家的工作通常委托给所属地区地方法院的专家名册上的专家。如果要把工作委托给其他专家名册中的专家，或者委托给没有登记在任何名册上的人，则应当听取首席院长的意见，并在决定中说明选择该人的理由。

第23条 对工作分配的监督

在不违反法官管理制度的前提下，地方法院的院长应监督并保证专家工作在所有在册专家中平等分配，任何专家都不得承担超过10%的工作任务，并保证工作任务的安排具有充分的透明度，为此可以使用计算机。

为了能够完成监督工作，法院院长应让书记员制作一个登记簿，记录专家所接到的工作任务以及每个法官所结算的报酬。

法官应当将所记录的承担了工作任务的专家以及结算的费用告知地方法院的法官。

上诉法院的首席院长应按照第1款的规定监督本法院所委托的工作任务。

第二节 社团诉讼中的专家

第24~27条 （已废除）

第三章　书记室的登记簿和书记员的活动

第 28 条　书记室的登记簿

通过由司法部长作出的裁决，或者由财政部长在其管辖范围内、与司法部长取得一致后作出的裁决，法院可以设置应由书记员负责保管的登记簿。

第 29~32 条　（已废除）

第 33 条　将登记簿划分为更多的卷

在有大量不同业务的法院，依书记室主任的提议，院长可以批准，按照不同事项对总登记簿和按字母排序的总目进行进一步的划分。

院长也可以批准按时间顺序将登记簿分为两卷，一卷偶数，一卷奇数，或者按不同事项划分不同的卷。

第 34 条　（已废除）

第 35 条　各类决定原件的卷宗

每年书记员都应当将本年度所有判决书、第三人参加诉讼的裁决书、调解笔录，以及包含根据《民事诉讼法典》第 281 条Ⅵ的规定作出的判决的笔录分别汇编成册。

第 36 条　书记室的案件档案

即使法律未明确要求，书记员仍应为其所处理的每一个案件制作档案。

每一个案件档案，都应有一个登记案件的立案登记处所给的编号。

案件档案袋的封皮上应当注明法院名称，审理案件的法官所属的法庭，法官、当事人及其各自所授权的辩护人的姓名，以及诉讼标的。

案件档案袋的内侧应包含放入档案的诉讼文书的目录，并注明每一份文书的性质和日期。

放入档案的文书应按时间先后顺序排列，并按照目录中的编号注明各自的序号。

第37~43条 （已废除）

第44条 案件笔录的制作

除了现行法规定的具体情况外（《民事诉讼法典》第57条），书记员还应当将所有有第三方利害关系人参与完成的诉讼活动制作成笔录。在笔录中应记载书记员完成的诉讼活动、参加活动的人的姓名及其所作出的声明。

第45条 书记员通知的形式

书记员按照《民事诉讼法典》第136条的规定完成通知时所使用的通知单应当一式两联，其中一联寄送给被通知人，另一联放入法官的案件档案（《民事诉讼法典》第168条）。

在任何情况下，通知都应当包含法院名称，受理案件的法庭、调查法官姓名（如果已经指定了的话），登记案件的立案登记处给的编号以及当事人的姓名。

归档的文件还应该包括司法官的送达报告或被送达人的回执。如果司法官选择进行邮寄送达，则书记员应将挂号信回执归档。

第46条 司法活动的形式

诉讼笔录（《民事诉讼法典》第126条）以及其他的诉讼文书

（《民事诉讼法典》第 57 条）的书写必须清晰明确且通俗易懂，并且文字间不得留有空白，也不得进行涂改。

补充、删除或修改的内容要以参考注释的形式写在文书底部，不得抹去被删除或修改的部分。

第四章　司法官的活动

第 47 条　送达的时间

在《民事诉讼法典》第 148 条规定的的送达报告中，如果利害相关当事人提出要求，应该将送达完成的时间记录下来（《民事诉讼法典》第 59、147 条）。

第 48 条　给被送达人的通知

《民事诉讼法典》第 140 条规定的通知应包含以下内容：

1）要求进行送达的人以及被送达人的姓名；

2）对被送达的文书性质的说明；

3）作出被送达的决定的法官或当事人应当出席诉讼会见的法官的姓名，以及出席诉讼的时间或期限；

4）日期和司法官的签名。

第 49 条　给公诉人的通知

按照《民事诉讼法典》第 142、143、146 条的规定进行送达的司法官，应当向公诉人递送送达文书的副本以及一份包含以下内容的通知：

1）对要求进行送达的人的姓名和资格的说明；

2）被送达人的姓名、经常居住地或居住地；

3）被送达的文书的性质；

4）作出被送达的决定的法官的姓名，或当事人应当出席诉讼会见的法官的姓名；

5）日期和司法官的签名。

第50条　允许公告送达的申请

根据《民事诉讼法典》第150条请求允许进行公告送达的请求，应当书写在文书底部。

公诉人应当在上述请求后面写下自己的意见。

第51条　提交给书记室的被送达文书副本的使用

书记员应当保管好司法官按照《民事诉讼法典》第150条第4款的规定提交给书记室的文书副本，并将其放入法官的案件档案（《民事诉讼法典》第168条）。

在提交的副本以及递交给要求进行送达的当事人的副本中，司法官应当注明将副本提交给书记室的日期。

第五章　可以协助法官的人

第 52 条　报酬的计算

《民事诉讼法典》第 68 条所指的辅助人的报酬，由指定他们的法官或由传召他们的书记员或司法官所属法院的院长在考量了其所完成的工作后，发布裁决予以计算（《民事诉讼法典》第 522 条）。

第 53 条　计算报酬的决定的内容和效力

法官用以计算保管人（《民事诉讼法典》第 65 条）或其他辅助人（《民事诉讼法典》第 68 条）报酬的裁决应当指明应付款的一方当事人。对于该方当事人而言，上述裁决可以强制执行（《民事诉讼法典》第 474 条）。

第一章　治安法院的诉讼

第 54 条　开庭日期的确定

无论是进行举证的开庭，还是进行辩论的开庭，其开庭日期和时间，都应按照由治安法院的院长以裁决的方式制作的年度开庭时间表予以确定；该裁决必须经过地方法院院长和公诉人批准。在本年度内，应当将该裁决书一直粘贴在法庭内。

第 55 条　在法官中分配庭审工作

治安法院的院长在每 3 个月开始时发布裁决，将进行证据调查和进行辩论的开庭工作分配给各庭负责的法官。

第 56 条　为每个案件指定法官

在将《民事诉讼法典》第 319 条规定的起诉文书提交给书记室后——如果错过了这个时间，则在根据《民事诉讼法典》第 316 条确定的开庭之日，在书记员呈交诉讼文书时，治安法院的院长应指定负责案件调查的法官。

如果在安排好的开庭之日，主持开庭的并非指定的法官，则在当事人出席诉讼后，主持开庭的法官可以将案件发往指定的法官以进行首次开庭。

第 57 条　当事人出席诉讼的庭审日期的变更

如果《民事诉讼法典》第 316 条所指的起诉状或诉讼笔录中所

指定的日期并非开庭日，则开庭日期顺延到由指定的法官主持的下一次开庭，当事人出席诉讼。

如果在当事人出席诉讼的开庭之日，法官无法会见当事人，治安法官应当在诉讼笔录中认可当事人已出席诉讼，并且在紧接着的下一次开庭日处理该案。

第 58 条　没有声明经常性居住地或择定住所地

除非法律另有规定，在诉讼期间对那些没有按照《民事诉讼法典》第 319 条的规定声明其经常性居住地或择定住所地的当事人的送达或通知，可以在书记室进行。

第 59 条　宣告缺席诉讼

在庭审开始 1 小时之后，治安法官可以按照《民事诉讼法典》第 171 条最后一款的规定，宣告未出席的当事人缺席诉讼。

第 60 条　调查活动的时间限制

治安法官必须在要求举证的开庭后的第三次开庭以前完成调查活动；如果开庭时没有宣读要求举证的裁定，则在要求举证的裁定通知到当事人后的第三次开庭以前完成调查活动。

第 61 条　案件审理和辩论的命令

在案件的审理和辩论过程中，治安法官应当优先处理那些按照《民事诉讼法典》第 163 条 Ⅱ 的规定缩短了期限的案件。

第 62 条　开庭辩论

治安法官在宣告调查阶段结束后，应要求当事人在同一次或下一次开庭时，为了接下来的开庭辩论和法官的最终判决而提交《民事诉讼法典》第 189 条所规定的总结。

辩论期间，如果有重大事由导致法院或当事人无法继续开庭或出庭，最多可以休庭一次；应当在休庭的决定中说明开庭受阻的原因。

第 63 条　作出判决的法官

应该由调查案件的治安法官作出案件的判决，除非按照《民事诉讼法典》第 174 条的规定，该法官被其他法官替代。

第 64 条　判决的公布

（已废除）

第 65 条　伪造之诉

治安法官将案件移送地方法院以审理伪造之诉时（《民事诉讼法典》第 221、313 条），他应当要求当事人在其指定的期限内向地方法院重新起诉。

第 66~67 条　（已废除）

第 68 条　调解申请

当事人可以向治安法官提交申请书或以口头的方式请求进行庭外调解。

如果当事人提交了申请书，治安法官应让书记员通知当事人在指定的日期和时间出席诉讼会见法官，以尝试进行调解。

如果申请是以口头的方式提出的，治安法官应将申请作成笔录，并按前款规定作出决定。

第 69 条　当事人缺席

如果当事人缺席调解，治安法官应在笔录中确认该情况；申请人可以索取该笔录的副本。

第二章　地方法院的诉讼

第一节　起诉阶段

第 69 条 II　当事人首次出庭的决定

地方法院院长根据《民事诉讼法典》第 163 条第 2 款的规定所作出的、确定当事人首次出庭在星期几以及出庭时间的裁决,应当在每年 11 月 30 日开始的整个司法年度内一直粘贴在法庭内。

第 70 条　申请缩短出席诉讼的期限

根据《民事诉讼法典》第 163 条 II 最后一款的规定申请缩短出席诉讼期限的当事人,应当向地方法院的院长提交申请书;如果案件已经分配给某个法庭,则向该庭庭长提交申请书。

院长或庭长应在申请书底部作出裁决,安排当事人首次出庭的时间。最迟在院长或庭长安排的开庭日的 5 个工作日之前将裁决和申请书一并通知出席诉讼的当事人的代理人。应当在院长或庭长指定的合理的期限内,将裁决和申请书送达给没有出席诉讼的当事人本人。

如果在院长或庭长安排的开庭日,应当对其进行通知或送达的当事人中有人没有出庭,则调查法官应当审查通知和送达是否正常完成,并在必要时要求重新进行通知或送达,并重新安排当事人的首次出庭。在这种情况下,通知的完成必须遵守前款相同的规定;法官应重新指定一个合理期限以完成对未出席诉讼的当事人的送达。

第 70 条 II　出席诉讼期间的计算

即使按照《民事诉讼法典》第 168 条 II 第 4 款的规定,案件的开庭被推延到另一时间,《民事诉讼法典》第163条Ⅱ规定的出席诉讼的期间,仍然应当根据起诉状中所指定的开庭日期来计算。

第70条Ⅲ 答辩状的送达

起诉状中除了明确《民事诉讼法典》第163条第3款第7项所规定的内容外,还可以在起诉状送达后不少于60日但又不超过《民事诉讼法典》第163条Ⅱ第1款所规定的期间届满前10日的时间范围内,指定一个期限,要求被告或各被告(如果有多个被告)在该期限内,按照2003年1月17日第5号立法性行政法规的第4条的规定,向原告的辩护人送达答辩状。

如果所有的被告都根据前款的规定送了答辩状,则可以按照2003年1月17日第5号立法性行政法规规定的程序和形式继续进行诉讼。

第71条 立案登记处的案件登记表

立案登记处的案件登记表(《民事诉讼法典》第165、168、347条)应当包含对当事人情况的说明,在立案登记处登记案件的当事人及出席诉讼的代理人的个人信息和税号(如果有的话)、诉讼请求的标的、起诉状送达的日期、当事人首次出庭的日期。

第72条 当事人案件档案的提交以及立案登记

当事人应当向书记员提交立案登记表以及当事人的案件档案。当事人的案件档案应当同书记员按照《民事诉讼法典》第168条第2款的规定制作的法官的案件档案放在同一文件夹中予以保管。

第73条 当事人诉讼文书的副本

除了当事人的案件档案外,当事人还应向书记员提交当事人诉讼文书的副本;根据《民事诉讼法典》第168条第2款这些文书的副本应当放入法官的案件档案中。

如果当事人没有一并提交前款所规定的诉讼文书的副本,则书记员应当拒绝接收其所提交的案件档案。

第 74 条　当事人案件档案的内容

诉讼文书和案件文档应当分门别类地放入当事人的案件档案。

归档的诉讼文书包括起诉状、答辩状、第三人参加诉讼的送达文书、诉讼意见书、总结性答辩状和判决书等文书的原件或已送达的副本。

在当事人案件档案的封皮上应注明法官的案件档案所要求的事项。

书记员在每次对诉讼文书和文件进行归档时，都应审查诉讼文书和文件（包括印花税票）的合规性，并在档案目录上签名。

第 75 条　诉讼费用的记录

在即将对案件作出判决时（《民事诉讼法典》第 275 条，第 281 条 V，第 281 条 VI），辩护人应当将诉讼费用的记录（《民事诉讼法典》第 91 条）放入当事人的案件档案，并参照每一项目所对应的行业收费标准，分别对报酬和费用予以说明。

第 76 条　当事人对案件档案的权力

当事人或得到其授权的代理人可以查阅放入法官案件档案（《民事诉讼法典》第 168 条）和其他当事人案件档案的诉讼文书和文件，并可要求书记员提供副本（应遵守法律有关印花税的规定）。

第 77 条　当事人案件档案的取回

为了能根据《民事诉讼法典》第 169 条的规定取回自己的案件档案，当事人必须向调查法官提交一份申请书。书记员应当将申请书和同意退回档案的裁决书都放入法官的案件档案中。

书记员应当要求当事人在裁决书底部申明其取回了案件档案，并让其注明归还档案的时间。

第二节　案件调查阶段

第78条　调查法官的自行回避

调查法官在收到指定其处理案件的裁决后，如果发现自己存在《民事诉讼法典》第51条所规定的回避事由，应当立刻向地方法院院长明确地申请回避，或向其提交回避的书面申请。

如果需要回避的事由是在案件已经进入调查阶段以后才出现的，调查法官应当立刻将该事由通知有管辖权的法院院长并要求回避该案的审理。

第79条　调查法官的替换

《民事诉讼法典》第174条规定的调查法官的替换，既可以由法官依职权决定，也可以由当事人提出申请。

申请应当以书面形式向地方法院的院长提出；院长应对此作出裁决，并在裁决中指定同一审判庭的另一位法官负责调查。

应当将申请书和裁决都放入法官的案件档案。

第80条　调查法官开庭的决定

在每个司法年度开始以及过半时，地方法院院长都应发布裁决，专门确定院长自己、各审判庭庭长以及每位调查法官应当在星期几以及什么时候为当事人的首次出庭以及举证而开庭。在该司法年度的相应期间内，都应将上述裁决粘贴在地方法院的法庭内。如果某位或某几位调查法官离开了该地方法院或该审判庭，则每当出现这样的情况时，都必须对上述裁决作出相应的修改。

第80条 II　当事人首次出庭时将案件提交给合议庭

调查法官在专门为当事人首次出庭进行的庭审中，也可以根据《民事诉讼法典》第187条的规定将案件提交给合议庭审理。

第81条　确定举证的开庭的日期

所有案件中，为举证而进行的每次开庭的日期都由调查法官决定。

除非法官在开庭的决定中表明存在特殊情况必须延期开庭，否则在同一诉讼中，从专门为当事人首次出庭举行的庭审，到首次举证的开庭，以及到下一次举证的开庭，时间间隔均不得超过15日。

第81条 II　诉讼程序日程表

法官在决定采纳证据时，在听取当事人的意见并对案件的性质、紧急程度和复杂性进行考量的基础上，可以根据诉讼程序期间合理性的原则，安排诉讼程序的日程表，确定以后各次开庭的日程。该日程表应当载明将要执行的、包括本《实施细则》第189条第1款所规定的情况在内的每一项紧急决定的日程。如果临时出现了重大事由，法官可以依职权决定延长日程表所确定的期间。当事人要延长期限的，应当在期限届满以前提出申请。

法官、辩护人和专家如果未能遵守前款规定的日程表所确定的时间，将会构成对诉讼规则的违反；在行使指引或半指引性的职权，对他们的专业性进行评估以及在对他们进行的任命或予以认可的过程中，可以考量上述情况。

第82条　当事人首次出庭和为举证而进行的开庭的延期

如果在为当事人首次出庭而确定的开庭日期，调查法官并不开庭，则应视为开庭被法官延期到了当事人确定的开庭日之后紧接着的、为该法官安排好的开庭日。

上述规定同样也适用于法官在原告指定的首次出庭的日期进行了开庭后，法院院长又指定了另一位法官的情形。

如果在确定好的日期临时放假，或者由于调查法官的个人原因或其他任何原因而无法进行举证的开庭，则应视为案件的开庭被法官延期到紧接着的下一个举证的开庭日进行。

在前款规定继续有效的情况下，调查法官可以应当事人申请或依职权决定，另外安排一次举证的开庭。书记员应将上述裁决通知决定作出时不在场的当事人。

如果根据前面第1、3款的规定应当将相应决定以通知的方式告知当事人，而全体当事人或当事人中有人缺席新的开庭，调查法官都应审查通知是否按规定完成，并在需要时，要求重新进行通知，并根据具体情况将开庭延期到紧接着的当事人的首次出庭日，或延期到下一个举证的开庭日。

第83条　审理案件的次序

调查法官要安排好审理案件的次序，应优先审理那些适用缩短期限的案件，以及根据前几条规定被延期审理的案件。

第83条 II　书面审理

调查法官在根据《民事诉讼法典》第180条第1款的规定批准书面审理案件时，可以决定哪一方当事人应当先将其诉状通知对方当事人，并规定对方当事人答辩的期限。

第83条 III　违反地方法院划分审判庭的规定的处理

如果当事人认为地方法院在进行独任审判时违反了法院组织规则在主庭和分庭，或各分庭之间分配案件的规定，则最迟应当在其首次出庭时提出异议。

如果法官认为确实存在违反相关规定的情况，或认为当事人的异议并非完全没有理由，则他应当向地方法院院长呈交法官的案件档案，院长应当以终局性裁决的方式作出决定。

第84条　庭审的进行

调查法官主持的开庭应采取不公开审理的方式进行。

在任何案件中，都只能允许当事人及其辩护人参加庭审。除非法官通过其辩护人允许其发言外，出庭的当事人均不得发言。

非经法官同意，当事人及其辩护人都不得宣读其将要记入诉讼笔录中的结论。

第 85 条 缴纳保证金的申请

当事人要按照《民事诉讼法典》第 98 条的规定提出的缴纳保证金的申请的，必须在案件首次开庭时提出。

如果上述申请是基于新出现的事实，或基于首次开庭时一方当事人无法获知的事实而提出的，则也可以在首次开庭之后再提出该申请。

第 86 条 保证金的形式

除非法官根据《民事诉讼法典》第 119 条的规定作出了不同规定，否则必须按照缴纳司法保证金的规定以金钱、公债的形式缴纳保证金。

应当将付款凭证放入法官的案件档案中。

第 87 条 文件的提交

当事人出席诉讼后要提交的文件应当向书记室提交，并应根据《民事诉讼法典》第 170 条最后一款的规定，将相应的文件目录以通知的方式告知对方当事人。当事人也可以在开庭时提交相关文件；在这种情况下，应当在诉讼笔录中记录提交的文件。

第 88 条 调解笔录

调查法官进行调解后，当事人达成的调解协议应当单独制作成笔录，由当事人、法官和书记员签名（《民事诉讼法典》第 185 条）。

如果调解协议是由未得到调解授权的代理人达成的，法官也应将相关情况记入诉讼笔录，并组织一次开庭要求当事人出席，并在这次开庭时制作前款规定的笔录。

如果当事人并未居住在法院的辖区内，法院可以允许当事人对代理人达成的调解协议予以认可。予以认可的当事人要向其居住地治安法院的书记员提交一份声明；如果其居住地没有治安法院，则

应向公证处提交该声明，并为此确定一个期限。对调解协议予以认
可的声明应当同包含调解协议的庭审笔录一起保存。

第89条　有关专家弃权或要求专家回避的裁定

《民事诉讼法典》第 192 条规定的专家弃权或要求专家回避的
裁定，应当书写在专家或当事人提交的申请书的底部。

应当将申请和裁定都放入法官的案件档案中。

第90条　法官不在场时的专家调查

根据《民事诉讼法典》第 194 条规定被许可无须法官在场就可
以进行调查的专家，必须让书记员以记入诉讼笔录中的声明或以通
知单的形式将其开展调查的日期、时间和地点通知当事人。

当事人除了根据《民事诉讼法典》第 194 条的规定得到向专家
提出包含其意见和要求的辩护文书的许可外，不得向专家提交其他
辩护文书。

在任何情况下，都应将一方当事人的辩护文书以通知的方式告
知对方当事人。

第91条　通知当事人的专家

在《民事诉讼法典》第 201 条第 1 款规定的声明中，应当载明
专家的住所和电话号码。

书记员应当将法官的专家预先确定的进行调查的时间、地点等
情况通知当事人按规定指定的专家，以便其能够按照《民事诉讼法
典》第 194 条和第 201 条的规定参加调查。

第92条　专家调查过程中提出的疑问

在专家单独进行的调查活动中（《民事诉讼法典》第 194 条），
如果当事人对专家开展受委托的工作的权限提出疑问，则该专家必
须向法官报告有关情况，除非利害相关当事人已经向法官提交书面
申请报告了相关情况。

当事人提交申请并不导致专家调查活动的中止。

法官在听取当事人意见的基础上，作出合理决定。

第 93 条 对被检查对象的协助

被要求进行身体检查的人，可以要求得到一位其所信任，而且法官也认为合适的人的协助（《民事诉讼法典》第 260 条）。

第 94 条 取证申请

要求调取另一方当事人或第三人所占有的文件或物品作为证据的申请，必须包含对该文件或物品的详细描述，必要时申请人还应提供该文件或物品为另一方当事人或第三人所占有的证据（《民事诉讼法典》第 210 条）。

第 95 条 要求举证的裁定的送达

在要求调取由未出庭的当事人或第三人占有的某份文件或某件物品作为证据的裁定中，法官应当指定该裁定的送达期限，并确定负责完成送达的当事人（《民事诉讼法典》第 210 条）。

第 96 条 公共行政机构提供的信息

公共行政机构应法官的要求，按照《民事诉讼法典》第 213 条的规定所提供的信息，应当被放入法官的案件档案中。

第 97 条 禁止私自获取信息

法官不得私自从自己正在处理的案件中获取信息；非经书记室也不得收取当事人的诉讼意见书（《民事诉讼法典》第 115 条）。

第 98 条 公共保管人对文件的提交

按调查法官的指令，根据《民事诉讼法典》第 218 条的规定向书记室提交参考文件的公共保管人应当制作参考文件的副本。

上述副本应由书记员进行鉴定，并由同一书记员就鉴定结果制作诉讼笔录。该笔录应当同文件原本一同由书记室保管，并向保管人发送一份笔录的副本。

公共保管人可以在其所制作的参考文件的副本的基础上，再发布一份记录了前款规定的鉴定笔录的副本。

第99条　伪造之诉的提起

当事人本人或得到其特别授权的辩护人必须在调查法官的首次开庭时确认其以起诉状的方式提起的伪造之诉（《民事诉讼法典》第221条）。

如果在开庭时提起的伪造之诉的当事人本人不识字，则书记员应当将其作出的口头声明单独记入诉讼笔录，以取代书面声明。

第100条　被质疑的文件的副本

除非有调查法官的授权，否则书记员不得把保管在书记室的、被质疑的文件的副本发布出去。

授权应当以裁决的方式作出。

第101条　准用

在不发生冲突的情况下，伪造之诉中（《民事诉讼法典》第221条以下）可以适用《民事诉讼法典》有关私人书证鉴定的规定（《民事诉讼法典》第214条以下）。

第102条　进行询问或采纳证人证言

如果在起诉状、答辩或诉讼笔录中已经包括了相关问题，那么就不用再在进行询问（《民事诉讼法典》第230条）或采纳证人证言（《民事诉讼法典》第245条）的裁定中重复这些问题了。

第103条　传唤证人出庭的期限

《民事诉讼法典》第250条所规定的对证人的传唤，最迟必须在要求其出庭的7日以前完成。

在紧急情况下，法官也可以允许缩短该期限。

辩护人的传唤必须包含以下内容：

1）申请方当事人和对方当事人的姓名，以及采纳证人证言的裁定的详细情况；

2）被传唤者的姓名和住所；

3）证人出庭的日期、时间和地点，以及主审法官的姓名；

4）提醒被传唤者注意，如果其没有正当理由而未出庭，将会被处以 100~1000 欧元的罚款。

第 103 条 II　证人证言的表格

证人证言应填写在一定的表格中，该表格要符合司法部通过裁决所认可的样式，而且要专门制作填表说明，并将填表说明和表格一同送达。填表者应当在表格的每一页上签名。表格中，除了要对诉讼的情况以及对审理本案的法官所作出的采纳证人证言的裁定作出说明外，还要预留出足够的空间以完整地记录证人的个人信息、经常居住地、住所地以及电话号码（如果有的话）。表格中还应包括《民事诉讼法典》第 251 条所规定的警示内容以及同一条所规定的誓言的内容，以及和按照《刑事诉讼法》第 200~202 条的规定放弃作证权力相关的提示。表格要留有给证人签名（证人必须签名）的空格；要有《民事诉讼法典》第 252 条第 1 款所规定的问题，包括对证人和某一方当事人之间存在的各种私人关系的说明；要有法官所采纳的问题的记录；表格中还要提醒证人必须具体、准确地回答每个问题，并详细说明自己是直接还是间接地知悉证言所涉及的客观事实的。

证人应当紧接着对每个问题的作答，不留下任何空隙的地签上自己的名字。

签名应当经过市政秘书或法院书记员的认证。在任何情况下，对签名的认证都是免费的，而且不得对此征收任何印花税或其他税费。

第 104 条　未能传唤证人

如果当事人无正当理由未能传唤证人出庭，法官应宣告该方当事人丧失相应的举证权利（《民事诉讼法典》第 208、250 条），除非另一方当事人表明其愿意听取证言。

如果法官认为证人缺席有合理原因，那么他应当另行安排一次开庭以采纳证人证言。

第 105 条　询问证人的特别方式

在任何情况下，《民事诉讼法典》第 255 条第 2 款关于证人免于出庭的规定，也同样适用于国家元首和政要。

第 106 条　对缺席证人的处分

证人在其被要求出庭的时间届至后经过了 1 小时仍未出庭的，调查法官可以针对该缺席证人作出《民事诉讼法典》第 255 条第 1 款所规定的决定。

对证人的处分决定可以被强制执行。

第 107 条　（已废除）

第 108 条　被授权的代理人参与委托取证

被授予诉讼代理权的辩护人可以参与按照《民事诉讼法典》第 203 条的规定在地方法院辖区之外进行的取证活动。

同一辩护人还可以将工作书面委托给取证地的另一律师。该委托书应与取证笔录一同保存。

第 109 条　根据账目要求支付的裁定

《民事诉讼法典》第 264 条最后一款所规定的裁定可以被强制执行。

第 110 条　（已废除）

第 111 条　诉状的提交

在调查法官所确定的开庭辩论的 4 日之前，必须将所有诉状都放入当事人的案件档案。

如果某份诉状未被以通知的方式告知对方当事人，同时也没有将其副本放入法官的案件档案并发送给合议庭的成员，那么书记员不得允许当事人将该诉状放入当事人的案件档案。但如果当事人是通过互联网提交的诉状，则不适用本款规定。

如果有重大理由，地方法院的院长可以允许将诉状归档的时间推迟至开庭辩论前 2 日。

诉状的书写应当清晰、易懂；否则对方当事人可以拒绝接收，书记员也不得允许将该诉状归档。

第 112 条　衡平判决的申请

当事人按照《民事诉讼法典》第 114 条的规定，可以提出进行衡平判决的申请。在任何情况下，该申请都必须在其按照《民事诉讼法典》第 189 条所提交的总结中明确提出。

第 112 条 II　（已废除）

第三节　案件的判决

第 113 条　决定法官评议会的日期及其合议庭的组成

每 3 个月开始时，地方法院的院长或审判庭庭长应当以裁决的方式确定法官评议会在星期几召开并决定其合议庭的组成。

如果法官评议会要求超出预定数额的法官参加，则在每个案件中，法官评议会的合议庭都应由庭长、发言的法官和最年长的法官组成。

第 114 条　决定开庭日期及合议庭的组成

在每个司法年度开始时，地方法院的院长应当按照《民事诉讼法典》第 275 条第 3、4 款的规定，以裁决的方式确定为辩论而举行的开庭在星期几以及开庭时间，该裁决要报上诉法院的首席院长批准。

在整个司法年度内，都应当将院长的上述裁决粘贴在地方法院的每个法庭内。

在每 3 个月开始时，地方法院的院长应当按照《民事诉讼法典》第 275 条第 3、4 款的规定，以裁决的方式确定开庭辩论时合议庭的组成。

如果有超出预定数额的法官参加开庭，则在每个案件中，合议庭都应由庭长、发言的法官和最年长的法官组成。

第 115 条　开庭辩论的延期

第 82 条的规定同样适用于合议庭的庭审。

只有在地方法院或当事人出现重大障碍无法开庭或出庭时，合议庭才能决定将开庭辩论的时间延期到调查法官按照《民事诉讼法典》第 190 条的规定所确定的开庭日的下一个开庭日之前进行，延期只能发生一次。

第 116 条　为辩论而举行的开庭的顺序

合议庭庭长应安排好为辩论而举行的开庭的顺序，并在开庭的前一日，将该顺序表粘贴在法庭的门上。

司法官应按照排定的顺序召集不同的案件举行开庭，除非庭长考虑到临时发生的情况对此另行安排。

第 117 条　开庭辩论

辩护人应向合议庭宣读各自的总结陈词，并可简短而适当地说明理由（《民事诉讼法典》第 275 条）。

辩护人发言要得到庭长的许可，其发言所针对的对象只能是地方法院。最后由公诉人发言。

庭长只能允许当事人进行一次答辩。辩论结束后不得再向法庭提出意见。不过，如果公诉人得出了不同于各方的结论，提交了相应的文件并按照第 3 条最后一款的规定进行了举证，而且案件也没有被发回给调查法官，那么合议庭也可以允许当事人向法庭提出意见。

第 118 条　判决理由

《民事诉讼法典》第 132 条第 2 款第 4 项所规定的判决理由，应包括对案件事实的简要陈述以及判决的法律基础，以及类似的相关案例。

理由中应按顺序对合议庭所讨论并作出决定的问题作出简要说明，并说明判决所适用的法律规则和原则。在《民事诉讼法典》第 114 条所规定的情况下，还应说明判决所依据的衡平理由。

在任何情况下都不能引用法学著作作为依据。

合议庭庭长应根据《民事诉讼法典》第 276 条最后一款的规定，在赞同判决的合议庭成员中选定一名法官负责撰写判决书。

第 119 条　制作判决书

负责撰写判决书的法官应将其起草的判决书提交给法院院长和审判庭庭长。院长和庭长如果认为判决合理，则应向合议庭表明其审阅的日期，同撰写人共同签署该草案，并将该草案移交给书记员。书记员负责撰写判决书原稿，或按照《民事诉讼法典》第 132 条的规定，将判决书的书写工作委托专职的打字员，并指导其完成判决书的书写。

合议庭庭长和发言的法官在确认了判决书原稿与提交给书记员的草稿之间的一致性后，应在判决书上签字并将其交由其他法官签字（《民事诉讼法典》第 132 条）。

撰写判决理由部分的法官，应当在其签名前注明其是撰写人。

如果判决是根据衡平规则作出的，应当在判决内容中说明该衡平规则。

第 120 条　（已废除）

第 121 条　修改判决书的裁定

书记员应当将修改判决书的裁定送达给各方当事人（《民事诉讼法典》第 288 条）。

第 122 条　对证据方面的决定进行补充的申请的方式

按照《民事诉讼法典》第 289 条的规定对证据方面的决定提出补充要求的当事人，应向调查法官（如果未能向调查法官提交，则应向合议庭庭长）提交申请书。

第 123 条　给书记室的质疑通知单

司法官在送达对判决提出质疑的文书后，应当立即向作出被质疑判决的法官的书记员发送判决被质疑的通知单。

书记员应当在判决书原件上注明其遭到质疑。

第 123 条 II　向上级法院移交法官的案件档案

如果遭到质疑的并非定案性的判决，则不应适用《民事诉讼法典》第 347 条最后一款和第 369 条的规定。不过，审理被质疑案件的法官可以要求移送法官的案件档案，或要求利害相关当事人提交特定文书的副本。

第 124 条　对获得既判力的判决书的认证

为了证实判决书已经获得既判力（《民事诉讼法典》第 324 条），书记员应当在包含送达报告的判决书副本的底部证实，出于《民事诉讼法典》第 395 条第 4、5 项规定原因，在法律规定的期限内没有提出上诉、没有向最高法院提出申诉或没有申请再审（《民事诉讼法典》第 325、326 条）。

同样地，对于那些在《民事诉讼法典》第 327 条规定的期限内没有人提出质疑的判决书，书记员也应当在其副本底部作出相同的认证。

第 125 条　重新起诉

除非法律另有规定（《民事诉讼法典》第 303、392、627 条），当事人必须以诉状[1]的方式重新起诉。诉状应包括以下内容：

---

[1]　该诉状（Comparsa）不具有传讯内容。

1）载明当事人应当会见的法官；

2）当事人及其授权的辩护人的名字；

3）对起诉文书的援引；

4）当事人出席诉讼的开庭时间和地点（开庭应符合《民事诉讼法典》第 163 条 II 的规定）；

5）按照《民事诉讼法典》第 166 条的规定对当事人提出的出席诉讼的要求；

6）对案件重新起诉所依据的法官的决定的说明——在《民事诉讼法典》第 307 条第 1 款规定的情况下，还应包括对起诉状[1]的送达日期的说明（送达后没有当事人出席诉讼）；或者对在立案登记处销案的决定的说明。

如果在重新起诉之前，调查法官为当事人首次出庭举行了开庭，而且当事人也必须向同一法官重新起诉，那么必须传讯当事人参加一次为举证而举行的开庭。如果被指定的调查法官不再是地方法院或审判庭的成员，重新起诉的当事人应当在起诉之前向地方法院院长或审判庭庭长提交替换法官的申请书。

应当按照《民事诉讼法典》第 170 条的规定送达诉状；并且，对于未出席诉讼的当事人，诉状必须送达给其本人。

第 125 条 II　调查阶段案件中止后的恢复

如果调查法官根据《民事诉讼法典》第 279 条第 4 款的规定中止了案件的执行或对证据的补充收集，则当事人必须按照前一条的规定，在直接提起的、导致诉讼程序中止的上诉审中所形成的定案性的判决被以通知的方式告知当事人后的 6 个月内，向同一法官重新起诉。

第 126 条　重新起诉后的案件档案

受理重新起诉案件的法官的书记员必须立刻向原先审理案件的

---

〔1〕　该起诉状（Citazione）有传讯内容（见《民事诉讼法典》第 163 条注释）。

法官的书记员要求移交法官的案件档案。

第 127 条　异议第三人罚款的收缴

根据《民事诉讼法典》第 408 条的规定对异议第三人处以罚款的，应当由书记员收缴罚款。

第三章　上诉程序

第 128 条　开庭日期的确定

上诉法官首席院长按照《民事诉讼法典》第 163 条第 2 款的规定作出的、决定专门在星期几以及几点为当事人首次出庭而开庭的裁决书，应在每年的 11 月 30 日粘贴在上诉法院的法庭内，并在整个相应的司法年度内保持粘贴的状态。

在每个司法年度开始和过半时，上诉法院的首席院长应作出裁决，决定专门在星期几以及几点为当事人首次出庭以及为举证而开庭。应当在相应的期间内将裁定粘贴在上诉法院的法庭内。

第 129 条　保留上诉权，诉讼程序终止

当事人想要针对《民事诉讼法典》第 278 条和第 279 条第 2 款第 4 项规定的判决保留上诉权的，可以在调查法官主持的庭审中作出保留。其方式包括：发表口头声明并将该声明记入诉讼笔录，或提交书面声明并将其与诉讼笔录一同保存。

保留也可以通过向已经根据《民事诉讼法典》第 170 条第 1、3 款的规定出席了诉讼的其他当事人的代理人（如果当事人缺席诉讼，则向其本人）送达相应的诉讼文书的方式作出。

如果诉讼程序在一审过程中就被宣告终止，那么从宣告程序终止的裁定成为终局性裁定，或宣告诉讼程序终止的判决获得既判力开始，保留所针对的对诉讼实体问题的判决即成为有定案效力的判决（《民事诉讼法典》第 308 条）。《民事诉讼法典》第 325 条规定

的对已送达的判决提出质疑的期间从这一日开始计算；如果判决书没有送达，则从同一日开始计算《民事诉讼法典》第327条规定的期间。

第129条 II 　修改非定案判决时案件调查阶段的中止

如果上诉审的判决修改了《民事诉讼法典》第279条第2款第4项所规定的判决，当事人又针对上诉判决向最高法院提起了申诉，那么调查法官应利害相关当事人的请求，在其认为合议庭所作出的要进一步展开案件调查的裁定是以被修改的判决的某项内容为基础时，可以以终局性裁定（《民事诉讼法典》第177条）的方式决定，在向最高院提起的申诉结案之前，中止案件的执行和进一步的调查。

如果上诉法院的判决被撤销（《民事诉讼法典》第383条），当事人应当在收到支持其申诉请求的判决书的通知后的6个月内，按照《民事诉讼法典》第125条规定的方式向调查法官重新起诉。

第130条 　针对终止了诉讼程序的判决提起的上诉

在针对根据《民事诉讼法典》第308条的规定宣告诉讼程序终止的判决，或针对《民事诉讼法典》第630条所规定的质疑作出处理的判决所提起的上诉中，合议庭在其认为必要时，可以允许当事人提交诉讼意见书（同时确定相应期限），并在法官评议会作出判决。

第131条 　判决的形成

上诉法院在形成判决的过程中，应当适用《民事诉讼法典》第276条的规定。

发言的法官首先投票，然后是其他法官按照年龄从大到小的顺序投票，最后由合议庭庭长投票。

合议庭庭长应在赞同判决的合议庭成员中选定一名法官负责撰写判决书（《民事诉讼法典》第118条）。

第 131 条 Ⅱ　　向最高法院提起的申诉所针对的判决书的执行的中止

当事人按照《民事诉讼法典》第 373 条的规定提出中止判决执行的申请时，如果当事人没有表明其已经针对同一判决向最高法院提起了申诉，则法官不得作出中止决定。

第 132 条　准用

在不和本章规定的内容发生冲突的情况下，在可以适用时，上诉审过程中应适用第二章的规定（《民事诉讼法典》第 359 条）。

第四章　向最高法院提起的申诉的程序

第 133 条　保留申诉权，诉讼程序终止

《民事诉讼法典》第 361 条规定的向最高法院提起申诉的权利的保留，应该按照第 129 条第 1、2 款的规定的方式作出。如果申诉或反申诉是通过互联网提交的，则不适用本款规定。

对于向最高法院提起的申诉可以适用第 129 条第 3 款的规定。

第 129 条第 3 款的规定还可以适用于《民事诉讼法典》第 360 条第 3 款规定的判决作出后诉讼程序终止的情况。

第 133 条 II　向最高法院申诉期间案件调查阶段的中止

如果当事人在《民事诉讼法典》第 279 条第 2 款第 4 项规定的判决作出后，针对该判决直接向最高法院提起申诉，调查法官应当事人共同申请，在其认为合议庭所作出的要进一步展开案件调查的裁定是以被质疑的判决的某项内容为基础的时候，可以以终局性裁定的方式决定：在向最高院提起的申诉结案之前，中止案件的执行和进一步的调查。

如果申诉被驳回或被宣告不予受理，当事人应当在收到驳回申诉的判决书的通知后的 6 个月内，按照第 125 条规定的方式，向调查法官重新起诉。

第 134 条　以邮寄的方式提起申诉和反申诉

在申诉书和反申诉书上签名的律师，可以以向最高法院书记员邮寄挂号信的方式提起申诉和反申诉、提交《民事诉讼法典》第

369 条和第 370 条所规定的相关诉讼文书。

下列文件应当和诉讼文书一并提交：

1）税费、差旅费、书记室通知单送达的邮费以及其他应书记员要求而完成的诉讼活动所产生的费用的印花；

2）适用于申诉和反申诉的、给律师及代理人的国家保障基金的印花；

3）按照第 137 条的规定在没有印花的空白纸张上制作的申诉书、反申诉书以及被质疑的判决书或其他决定的副本；

4）在没有印花的空白纸张上制作的、由律师签名的包括所有发送出去的印花和纸张的两份清单。

书记员在收到邮包后，应当核对清单是否准确，并以收信人付费的挂号信的方式，将一份标注了书记室的收件日期并注明第 2 款 1～3 项的规定中可能尚未完成的项目的清单副本邮寄回发件人。

辩护人应当在提交申诉书和反申诉书的期限内，或者之后在收到寄回清单的挂号信后的 30 日，向书记室寄送遗漏的印花和副本。

应当认为自挂号信投递之日起，根据前款规定进行的提交和补充即已完成，并产生一切相应的效果。

书记员应当将邮寄申请书或反申请书的信封，以及邮寄前面所说的印花或邮寄向邮政账户支付款项的收据及其副本的信封（如果有的话）放入法官的案件档案。

第 134 条 II 当事人的经常居住地或登记的营业地

辩护人在提起申诉、反申诉或申诉意见书的文书中（《民事诉讼法典》第 369、370、378 条），必须注明当事人的经常居住地或登记的营业地。

第 135 条 向当事人寄送副本

应没有居住在罗马的律师在提交申诉书或反申诉书时提出的要求，应当将开庭辩论的通知以及判决书的内容的副本，以收信人付费的挂号信的方式邮寄给该律师。

第 136 条　（已废除）

第 137 条　申诉书和反申诉书的副本

当事人在提交申请书或反申请书时，应一并提交至少 3 份在没有印花的空白纸上复制的申诉文书和被质疑的判决书或决定的副本（《民事诉讼法典》第 369 条以下）。

如果当事人没有提交上述副本，最高法院的书记员可依职权制作副本，费用由当事人承担。

书记员应立即将一份申诉书或反申诉书以及被质疑的判决书的副本呈送给公诉人。

第 138 条　（已废除）

第 139 条　移送全院审判庭的申请

《民事诉讼法典》第 376 条所规定的请求应当向最高法院的首席院长以申请书的方式提出，申请书中应当包含对其申请由最高法院全院审判庭审理的申诉的说明，以及该申诉应当由全院审判庭管辖的理由。

当事人应当在《民事诉讼法典》第 376 条第 2 款规定的期限内向书记室提交上述申请书；应当将该申请书放入法官的案件档案。

第 140 条　当事人诉讼意见书的提交

按照《民事诉讼法典》第 378 条的规定提交诉讼意见书的当事人，除了要为其他各方当事人都准备一份副本外，还要在没有印花的空白纸上复制至少 3 份副本。

如果当事人没有在空白纸上复制至少 3 份副本，则书记员不得接收其诉讼意见书。

第 141 条　判决的形成

最高法院在作出判决时应适用《民事诉讼法典》第 276 条的规定（《民事诉讼法典》第 380 条）。

由发言的法官首先投票，然后其余的大法官按照年龄顺序从大到小投票，最后由院长投票。

院长应在赞同判决的合议庭成员中选定一名大法官负责撰写判决书。

第142条　最高法院全院审判庭和一般审判庭管辖的申诉

在申诉书中既包含导致最高法院一般审判庭有管辖权的要素，也包含着导致全院审判庭有管辖权的要素时，如果全院审判庭不适合审理整个申诉，则在其就其有管辖权的问题上作出了决定后，应当以裁定的方式将案件发往一般审判庭，对没有处理的其他问题另行作出判决。

在按照《民事诉讼法典》第374条第3款的规定移送案件的情况下，全院审判庭也可以按照前款规定处理。

第143条　最高法院确认的法律原则的宣告

最高法院在按照《民事诉讼法典》第384条的规定作出的支持申诉的判决书中，应当具体地说明接收并审理案件的法官应当遵循的法律原则（《民事诉讼法典》第383条）。

第144条　提出返还原物或恢复原状请求的方式

按照《民事诉讼法典》第389条的规定，在最高法院的判决作出后提出的诉讼请求，应当按照《民事诉讼法典》第137条及其后各条的规定，以起诉状的方式送达给其他各方当事人本人。

第144条Ⅱ　第三人未能参加诉讼时书记员的说明

如果未能遵守《民事诉讼法典》第371条Ⅱ的规定，书记员应当对此作出明确的说明，并将说明放入法官的案件档案，以便能按照138条的规定处理。

第五章　有关劳动争议和社会保障或社会协助的提供方面争议的规定

第 144 条Ⅲ　个体劳动争议

《民事诉讼法典》第 50 条Ⅱ第 1 款第 5 项后半段规定的情况，不属于《民事诉讼法典》第 409 条规定的劳动争议。

第 144 条Ⅳ　归还法官和当事人的案件档案

在定案之后，应当在判决书提交的 90 日后，将按照《民事诉讼法典》第 369 条的规定被移送的法官的案件档案，以及当事人在之前的各个审级中所提交和出示的诉讼文书和文件（《民事诉讼法典》第 372 条），归还给作出被质疑的判决的法官的书记室。

第 145 条　指定专家的期限

对于劳动争议和社会保障或社会协助的提供方面的争议，《民事诉讼法典》第 201 条所规定的期限不得超过 6 日。

第 146 条　专家名册

为审理要求提供社会保障或社会协助的案件，各地方法院所制作的专家名册中，应当包括法医、保险医生和劳动医生。

第 146 条Ⅱ　集体劳动合同和协议的效力、合法性的预先确认及其解释

《民事诉讼法典》第 420 条Ⅱ规定的情况，如果不发生冲突的话，都应当适用 2001 年 3 月 30 日第 165 号立法性行政法规第 64 条

第 4、6~8 款的规定。

第 147 条 有关义务性社会保障和社会协助的争议的调解、仲裁和医科协会或院校的专业判断

在有关义务性社会保障和社会协助的争议中，无论是程序性仲裁、非程序性仲裁、医科协会或院校的专业判断（即使是法律性质的），还是诉讼程序开始之前或之后进行的诉讼外调解，对当事人都不具有实体和程序上的约束力。

在前款规定的争议中，与判断保险关系可能无效的各种决定一样，向行政机构提起的申诉也可以产生中止诉讼程序的效力。

第 148 条 特别法中有关义务性社会保障和社会协助的诉讼请求可诉性规定的无效

如果与《民事诉讼法典》第 443 条的规定不一致，则特别法中所有要求当事人在提出有关义务性社会保障和社会协助的诉讼请求之前，必须先经过处理纠纷的行政程序的预先审查的规定均属无效。

第 149 条 可申领抚恤金的残疾所引起的争议

在可申领抚恤金的残疾所引起的争议中，法官还应当评估当事人伤残、疾病情况的恶化，并评估在行政程序或司法程序中才证实的、在整体上导致残疾的各个身体上的消极因素。

第 150 条 货币贬值的计算

为了按照《民事诉讼法典》第 429 条最后一款的规定计算相应数额，法官应适用国家统计局为该产业雇员的浮动工资制计算的价格指数。

第 151 条 诉讼的合并

法官应按照《民事诉讼法典》第 274 条的规定，决定将有关劳动和社会保障及社会协助提供的争议，以及治安法院受理的相关争

议所引起的诉讼相合并，包括仅仅由于某一争议的解决全部或部分依赖于其他争议的解决（《民事诉讼法典》第 103 条）的情况，除非诉讼的合并将会导致过度加重诉讼负担或导致诉讼被拖延。在上述情况下，除非存在重大理由，否则诉讼的合并都应该发生在处于同一程序阶段的争议间。上诉审中也应当适用同一原则。

由于一并审理被合并的争议，应相应降低诉讼的报酬。

第 152 条　要求提供社会保障的诉讼中免予支付费用和报酬

除非存在《民事诉讼法典》第 96 条第 1 款规定的任何一种情形，否则在要求提供社会保障或社会协助的诉讼中，如果败诉一方当事人在其最后的声明中表明，他在宣判的上一年的应纳税收入低于或等于按照 2002 年 5 月 30 日的第 115 号共和国总统法令发布的关于诉讼费用的法律法规的《统一法典》第 76 条第 1 款到第 3 款以及第 77 款规定的收入数额的 2 倍，则不能要求该方当事人支付费用和报酬。在上一年到诉讼开始时这个时间段内处于本条规定的状况下的当事人，应当作出明确的说明以取代起诉文书的结论中所作的确认，并且必须在定案之前通知法院其所确认的上一年度的工资水平在界限上发生的变化。这种情况下，应适用上述《统一法典》的第 79、88 条。法官在提供社会保障的诉讼中所计算的费用和报酬不得超过诉讼中得出的履行利益的数额。为此，申请方当事人应当准确地说明诉讼中所得到的履行利益的价值，该价值不得超过其起诉文书的结论部分要求的数额；如果申请方当事人未作上述说明，其申请将不予受理。

第 152 条 II　诉讼费用的计算

在根据《民事诉讼法典》第 91 条的规定，为 2001 年 3 月 30 日的第 165 号立法性行政法规（包括之后的修订）的第 1 条第 2 款所规定的公共行政机构计算诉讼费用时，如果该行政机构按照《民事诉讼法典》第 417 条 II 的规定由其雇员代为参加诉讼，则应在根据 2012 年 1 月 24 日立法性行政法规的第 9 条第 2 款所采纳的法令

（该法令经修改后转变为 2012 年 3 月 24 日的第 27 号立法）所规定的律师的收费标准的基础上，减去规定的律师报酬总额的 20% 进行收费。按照 1973 年 9 月 29 日的第 600 号共和国总统法令，诉讼费用应经由立案登记处收取。

第四编

执行程序

第一章　关于执行文书以及强制执行的一般规定

第 153 条　可执行文书的发布

如果判决书或其他决定在形式上没有任何问题，书记员应当按照《民事诉讼法典》第 475 条的规定发布可执行文书的副本。副本上应当贴有书记室的封条。

公证处或其他公共事务官收到的可执行文书的副本上应当贴有公证处或公共事务官所属部门的封条。

第 154 条　错误发布执行文书副本的诉讼

按照《民事诉讼法典》第 476 条的规定，法院院长有权对错误发布执行文书副本的人处以罚款，由书记员向被指控者送达文书的方式，对其提出指控，并要求其在 5 日内提交书面辩护意见。如果书记室只有一名书记员，法院院长应当将指控的文书直接交给这名书记员。

《民事诉讼法典》第 476 条最后一款所规定的裁决可以得到强制执行，以便书记员可以收取罚款。

第 155 条　保证金的缴纳凭证

作出可执行的决定的法官的书记员应当开具《民事诉讼法典》第 478 条所规定的保证金的缴纳凭证。

第 155 条 II　金融关系档案

《民事诉讼法典》第 492 条 II 第 2 款规定的金融关系档案，指的是 1973 年 9 月 29 日的第 605 号共和国总统法令的第 7 条第 6 款所规定的那部分档案。

第 155 条Ⅲ 债权人参与通过互联网扣押的财产的调查

本细则第 165 条规定的情形，包括债权人按照《民事诉讼法典》第 492 条Ⅱ的规定参与通过互联网扣押的财产的调查的情况。

在《民事诉讼法典》第 492 条Ⅱ第 6、7 款规定的情况下，司法官在通过互联网完成了对财产的调查后，应将其经过调查询问获得的银行数据以及通过传真或电子邮件（包括从没有经过注册登记的邮箱发出的邮件）获得的银行数据信息制作成笔录，并以通知的形式发送给债权人。债权人应当在收到通知后的 10 日内，向司法官指明应予交付执行的财产；否则扣押的申请将归于无效。

第 155 条Ⅳ 进入数据库的方式

按照司法部的要求，负责管理数据库（这些数据中的信息有助于《民事诉讼法典》第 492 条Ⅱ规定的调查）的公共行政机构，应当让司法官以 2005 年 3 月 7 日的第 82 号立法性行政法规所通过的法典的第 58 条（包括后续修订）所规定的方式进入数据库。在意大利数据化发展署[1]确立前述法典第 58 条第 2 款规定的交流准则和技术规范之前，在任何情况下，只要管理数据库的行政机构和司法部还没有根据 2005 年第 82 号立法性行政法规所通过的法典的第 72 条第 1 款第 e 项的规定建立起实用的信息合作操作系统，为了不给公共财政增加新的负担，都应根据一项旨在通过计算机获取数据信息的合约让司法官能够进入数据库。为了保护个人数据信息，获取信息时还应当听取数据保管人的意见。司法部应当在互联网的门

---

〔1〕 意大利数据化发展署（Agenzia per l'Italia Digitale，简写为 AgID），是蒙蒂政府设立的一个旨在通过普及信息技术而促进经济改革和发展的公共机构，其主要功能包括协调全国和地方各级行政机构的活动，推动政务信息系统的发展，为降低行政机构的运作成本、强化政府对公民和企业的服务职能而建设基础设施并制定标准，确立行政活动的标准和规范，推动行政机构的在线服务等。

户网站上公布司法官为完成《民事诉讼法典》第 492 条 Ⅱ 所规定的工作而可以利用的数据库的名单。

司法部在处理所获取的数据时，也可以不要求提交 2003 年 6 月 30 日第 196 号立法性行政法规第 13 条所规定的信息报告。

在所有送达、执行和债权确认机构都必须设置名为《财产调查表》的按时间顺序排列的登记簿，该表格必须符合第 1 款中规定的司法部的行政法规中所采纳的表格样式。

司法官可以免费进入《民事诉讼法典》第 492 条 Ⅱ 的规定数据库和本条第 1 款中的行政法规所规定的其他数据库。司法官按照本细则第 155 条 Ⅴ 的规定使用数据库也可适用这一规定。

第 155 条 Ⅴ　通过管理员进入数据库

如果技术设备还无法让司法官直接进入《民事诉讼法典》第 492 条 Ⅱ 规定的数据库和第 155 条 Ⅳ 第 1 款中的行政法规所规定的其他数据库，在根据《民事诉讼法典》第 492 条 Ⅱ 第 1 款的规定获得许可之前，债权人可以根据前述法条以及本细则第 155 条 Ⅳ 的规定，从数据库管理员处获取数据库中的信息。

第 1 款的规定只能适用于财务信息数据库[1]（其中包括金融关系档案）和社会保障部门的数据库，而且这些数据库必须都被列入了第 155 条 Ⅳ 第 1 款所规定的名册。

第 155 条 Ⅵ　适用通过互联网调查扣押财产的规定的其他情形

通过互联网调查扣押财产的规定，也可以适用于保全性假扣押的执行，以及家事诉讼和因管理他人财产的诉讼的破产程序中进行的资产的积极或消极重组。

第 156 条　假扣押财产的执行

《民事诉讼法典》第 686 条规定的获得可强制执行的处分性判

---

〔1〕　财务信息数据库（Anagrafe tributaria），是意大利专门收集和整理纳税人财务信息的数据库。

决的假扣押申请人，应当在收到通知后的 60 日内，向有权执行案件的法官的书记员提交一份判决书的副本，并按照《民事诉讼法典》第 498 条的规定完成送达。

如果被假扣押的财产为不动产，则假扣押申请人还应在前款规定的期限内，要求在《民事诉讼法典》第 679 条所规定的抄本的页边上标注可强制执行的处分性判决。

第 156 条 II 外国判决书或仲裁协议中所决定的假扣押的执行

如果外国法院对某一案件在实体问题上有司法裁判权，或者该案件的实体问题应以仲裁方式处理，则假扣押申请人应当在其可以提起执行之诉（《民事诉讼法典》第 669 条 IX）起的 60 日内，向意大利的法院提起执行外国判决书或仲裁书的诉讼请求（《民事诉讼法典》第 839 条）。

宣告可执行将会产生《民事诉讼法典》第 686 条规定的效果，并可导致前面第 156 条的规定的适用。

第 157 条 司法官收取款项的诉讼笔录

债务人按照《民事诉讼法典》第 494 条第 1 款的规定向司法官支付给债权人的款项时，司法官应当将收款情况记入诉讼笔录。司法官应当将债务人按照同一条第 2 款的规定可能作出的取回所支付的款项的保留也记入同一笔录。

应当立刻向书记室提交上述笔录以及债务人向债权人支付了相应款项的凭证。应将笔录的通知单交由执行立案登记处予以登记。

书记员负责诉讼笔录的登记。

第 158 条 给假扣押申请人的通知

如果根据扣押文书或公开的登记，被扣押的财产上已经有保全性假扣押，那么申请扣押的登记人应当按照《民事诉讼法典》第 498 条的规定，将扣押通知送达给假扣押的申请人。

第 159 条　有权进行拍卖和财产管理的机构

有权根据《民事诉讼法典》第 534 条的规定接受委托以拍卖的方式出售动产，或根据《民事诉讼法典》第 592 条的规定管理不动产的机构，其权力应由司法部以法令的方式授予。

有权以拍卖的方式出售被扣押的动产的机构，也可以接受委托保管或出售《民事诉讼法典》第 520 条第 2 款和第 532 条规定的动产，也可以委托上述机构进行各种司法部门安排的动产变卖。

司法部应当规定前面两款所规定的任务的完成方式并对其进行监管，以及给上述机构的酬金标准。

第 159 条 II　财产执行程序中立案登记表

在任何情况下，财产执行程序中立案登记表都应当包括当事人姓名或名称、在立案登记处登记案件的当事人以及被告的个人基本信息和税号（如果有的话），以及被扣押财产的基本情况说明。司法部可以通过非规范性的裁决要求在立案登记表中加入其他内容。

第 159 条 III　债权人之外的第三人进行的财产执行案件的立案登记

在债权人按照《民事诉讼法典》第 518 条、第 521 条 II、第 543 条和第 557 条的规定提交立案登记表之前先提交了诉讼文书或申请的第三人，应当同时提交立案登记表和扣押文书的副本。案件登记表是由债权人之外的第三人提交时（该第三人属于 2012 年 10 月 18 日的第 179 号法律性行政法规第 16 条 II 第 1 款中规定的人，该行政法规在修订后，转变为 2012 年 12 月 17 日的第 221 号立法，此处还应适用之后对该立法的修改），立案登记表的提交也可以不通过互联网来进行，此时也不需要确认扣押文书副本和正本的一致性。执行申请是由法院提出时，以及在《民事诉讼法典》第 520 条第 1 款规定的情况下，应当由书记员提出立案登记的要求。按本条规定进行立案登记时，债权人应当在《民事诉讼法典》第 518 条、

第 521 条 Ⅱ、第 543 条和第 557 条规定的期限内，要求提交与前款规定的诉讼文书的正本相一致的副本，并可适用本细则第 164 条 Ⅲ 的规定。超过期限，债权人不得再提出上述要求。

第 160 条　通知的方式

法律规定的给债权人和其他执行程序参加人的通知，应当由参与执行的债权人或负责送达的书记员签名（《民事诉讼法典》第 498 条）。

第 161 条　专家和评估人的誓言

法官根据《民事诉讼法典》第 568 条最后一款的规定指定的专家应宣誓其将诚实、高品质地完成委托给他的工作。

在开展工作前，自己担任被扣押物品的评估人的司法官，应当宣誓诚实、高品质地完成评估工作（《民事诉讼法典》第 518 条）。

应该根据变卖所得价款的数额来计算法官或司法官所指定的专家或评估人的报酬。在扣押物被变卖之前，先行支付的报酬不得超过按扣押物评估价值计算的报酬总额的 50%。

第 161 条 Ⅱ　缴纳保证金后的延期变卖

只有在债权人和按照《民事诉讼法典》第 571 条和第 580 条的规定缴纳了保证金的竞买人一致同意的情况下，才能进行变卖。

第 161 条 Ⅲ　互联网变卖

司法部应在确保互联网交易竞争性、透明度、简易性、有效性、安全性、准确性和规范性原则的基础上，发布裁决以确定在《民事诉讼法典》规定的情况下，以互联网竞价的方式变卖动产和不动产的技术操作规则。

司法部应不断发布新的裁决，以保证前一款规定的技术操作规则能适应科技发展的需要。在有需要的情况下，为了保证能够在公开变卖的门户网站和网络销售管理员的门户网站之间实现灵活的相互链接，也可以对同一技术操作规则进行补充。

第 161 条 IV 在公开变卖的门户网站发布变卖公告的方式

应当由接受委托进行变卖的专家或销售代理——如果没有专家和销售代理，则由申请扣押的债权人或被授予执行权力的参加债权人，按照具体的技术规范（在该规范中可以对需要一并发布的数据和文件提出要求），在公开变卖的门户网站发布变卖公告。在本条实施细则生效之日起的 6 个月内，为了实现信息系统自动化，司法部应该对上述技术规范作出规定，并将其公布在公开变卖的门户网站以便公众查阅。如果发布的公告是针对不动产或经登记的动产的，还必须提供已经按照 2002 年 5 月 30 日的第 115 号共和国总统法令第 18 条 II 的规定缴纳了相应税赋的完税证明，否则不得予以公告。

公开变卖的门户网站应当使用一般的或注册登记的电子邮箱，向所有提出了申请、并根据第 1 款中的技术规范所规定的专门的程序进行了登记的利害关系人发送一份包含公告中的变卖的相关信息的通知。

公开变卖的门户网站应当对公告的变卖数据进行管理和存档。

计算机系统的故障应当得到司法部信息自动化系统负责人的确认。

第 162 条 转让价款的寄存

物品转让的价款超出受让人享有的债权的那一部分，应当以司法寄存的方式予以寄存（《民事诉讼法典》第 507 条以下）。

第 163 条 停止强制变卖的决定

如果负责执行程序的法官同时也主持变卖活动的话，则应该由该法官作出停止强制变卖的决定；否则，就应当由被委托主持变卖的官员作出上述决定，并立即通知委托其进行变卖的法官。在上述情况下，法官在听取当事人意见后，应明确地宣告停止变卖。

第 164 条　转让被执行财产的活动

执行法官在让渡了被执行的财产后，应代替债务人完成所有将财产让渡给买受人的活动（《民事诉讼法典》第 574、586 条）。

第 164 条 II　无成果的强制执行

在综合考虑了诉讼继续进行所要支出的成本、财产清算的难度，并估计了当事人诉讼收益的价值后，如果事实表明债权人的诉求已经不可能得到完全实现，可以提前结束执行程序。

第 164 条 III　扣押因没有提交立案登记表而无效

扣押因没有在法定期限内提交立案登记表而归于无效时，债权人应当在过期后的 5 日内向债务人和第三人（如果有的话）送达诉讼文书以说明相关情况。无论在什么情况下，没有在法定期限内提交立案登记表，都将导致债务人和第三人所有义务的终止。

法院提出要求时，或申请扣押的债权人按照法律规定的方式表明扣押因没有在法定期限内提交立案登记表而归于无效时，可以注销扣押文书的登记。

第二章 动产的执行

第 165 条 债权人参加扣押

在申请扣押的文书中，债权人可以明确提出自己也参加扣押的要求。

在第 1 款规定的情况下，司法官应当将进行扣押的日期、时间（扣押应在 15 日内完成）提前 3 日通知债权人；情况紧急的话可以缩短这一期限。

债权人可以以自己的费用，在其辩护人和专家（或其中的任何一人）的辅助下，或由他们代表参加按照《民事诉讼法典》第 513 条和第 518 条规定的扣押活动。

第 166 条 保管的方式

执行法官应当以裁决的方式对被扣押的信用票据和贵重物品的保管方式作出安排（《民事诉讼法典》第 520 条以下）。

第 167 条 向销售代理交付扣押物的诉讼笔录

书记员应当将把被扣押的物交付给销售代理的情况制作成诉讼笔录，笔录中必须对被交付的物进行描述。对扣押物的描述可以参考扣押文书中的记述，对此销售代理应当表明其已经知悉相关情况（《民事诉讼法典》第 532 条）。

第 168 条 对负责进行变卖的官员的活动提出质疑

利害关系当事人要对负责进行变卖的官员的活动提出质疑的，

应当向执行法官提交申诉书（《民事诉讼法典》第 533 条以下）。

除非执行法官以裁决的方式中止了变卖，否则申诉不导致变卖的中止（《民事诉讼法典》第 623 条）。

执行法官在听取申诉人和其他当事人的意见后，应当立刻以终局性裁定的方式对申诉作出决定。

第 169 条　变卖笔录的登记

按照《民事诉讼法典》第 537 条最后一款的规定，接收提交的变卖笔录的地方法院的书记员应当负责该笔录的登记。

第 169 条 II　决定执行法官委托的工作的报酬

应当以第 179 条 II 所规定的裁决的方式，规定变卖公开登记机构登记的动产的公证人、律师和会计师的报酬标准（《民事诉讼法典》第 534 II）。

第 169 条 III　从事变卖活动的专家的名单

第 179 条 III 所规定的通知中，应当包括能变卖公开登记机构登记的动产的公证人、律师和会计师的名单（《民事诉讼法典》第 534 条 II）。

第 169 条 IV　支付买卖价款的多种方式

买卖的价款可以通过在线支付系统或者借记卡、信用卡、预付卡或以其他可以进入银行和邮政网路的电子货币支付方式进行支付。

第 169 条 V　评估和变卖的简要说明表

按照《民事诉讼法典》第 532 条的规定指定的受托人，或者按照《民事诉讼法典》第 534 条被委托进行拍卖的人，应当每隔半年向执行法官、地方法院院长和司法官负责人提交一份旨在提供信息的说明表，制作成可读的电子文档，简要说明相对应的期间内所进行的每个执行程序的所有变卖的情况，包括被扣押的财产的种类、按《民事诉讼法典》第 518 条的规定确定的价值、指定的专家进行的估价以及变卖的价格。

第 169 条 VI　保管和变卖扣押动产的从业者名册

所有地方法院都应当放置《民事诉讼法典》第 532 条所规定的保管和变卖扣押动产的从业者名册。申请加入名册的从业者应当提交管理和变卖特定类型动产的资质证明材料。名册由地方法院院长在听取了共和国检察长的意见后制作。在不发生冲突的情况下，此时应当适用第 13 条及其以下各条的规定。

第三章　对不动产的执行

第 170 条　不动产扣押文书

在送达报告作出之前，应当由申请扣押的债权人按照《民事诉讼法典》第 125 条的规定，在《民事诉讼法典》第 555 条规定的不动产扣押文书上签名。

第 171 条　向债务人和保管人授权的诉讼程序

《民事诉讼法典》第 560 条规定的向债务人和保管人的授权，应当由执行法官在听取了当事人和其他利害关系人的意见后作出。

第 172 条　扣押登记的注销

执行法官在决定按照《民事诉讼法典》第 562 条的规定注销扣押登记时，以及在其他需要宣告终止诉讼程序的扣押无效的情况下（《民事诉讼法典》第 632 条），都应先听取当事人意见（《民事诉讼法典》第 485 条）。

第 173 条　（已废除）

第 173 条 Ⅱ　专家的评估和工作报告的内容

专家（《民事诉讼法典》第 569 条）的评估报告应包括以下内容：

1）查明的不动产状况，包括定界和地籍数据；

2）对不动产的简要描述；

3）不动产的占有状况，如果不动产为第三人占有，还应说明第三人是基于什么权利占有不动产的，其中要特别说明在扣押之日以前就已经存在的经过登记的合同关系状况；

4）存在于不动产之上的、将会随交易转移给买受人的、包括共有情况在内的各种程序性要求、障碍和负担（包括共有性质的），其中包括源自影响不动产建筑风格的合同所设置的障碍，或与不动产的历史和艺术价值相关的障碍；

5）将会被撤销，或在任何情况下都不可对抗买受人的、包括共有情况在内的各种程序性要求、障碍和负担；

6）对不动产在建设和市政规划方面的合规性的认可，并要核实在购买该不动产前是否存在有关该不动产在建设和规划上的可行性的说明，或核实法律所规定的《不动产市政规划证书》是否有新的变化；

7）如果评估的是违法建筑，报告中还应包括对其是否可以根据2001年6月6日第380号共和国总统法令第36条的规定补办相关手续的可能性，及其可能产生的费用的审查结果，此外，报告还应确认补全手续申请的提交情况，指明申请人，并对提交申请的法律规范作出说明，说明申请程序的进展状况、补办手续的费用和已经支付或应当支付的罚款数额，在其他情况下，为了方便竞买中出价最高的买受人申请补办手续，报告中还应确认被扣押的不动产是否符合1985年2月28日第47号立法第40条第6款，或者2001年6月6日第380号共和国总统法令第46条第5款规定的条件，同时说明补办手续所需的费用；

8）如果被扣押的财产上曾经存在用益地税[1]、特许用益

---

〔1〕 用益地税（Censo），指中世纪流传下来的一种国家针对被让渡（不转移所有权）的土地、向土地所有人征收的用益性的税赋。意大利中世纪时，土地所有人可以将土地让渡给他人，但自己保留所有权并收取地租。此时他仍然可以出让空虚的土地所有权，同时保留收取地租的权利。在过去，这种受益权是不允许转让的，而且国家则把这种收益视为土地收益，并课以税赋。

权〔1〕或集体用益权〔2〕负担，而债务人是在上述用益权存在的前提下通过支付价款而将该财产转变为自己个人所有的财产的，报告中应对此情况予以确认，在其他情况下，报告中要确认债务人对被扣押财产的权利到底是所有权还是前面所说的某种用益权；

9）财产管理或保管固定费用的年度支出总额情况，可能产生的、已经得到许可的非正常支出的情况（即使与此项支出相关的债务并未因过期而失效），评估前最近 2 年内可能产生的、尚未支付的因物之共有关系产生的费用的情况，以及可能存在的、和被扣押财产相关的司法诉讼程序的进展情况。

在开展其他工作之前，专家应审查《民事诉讼法典》地 567 条第 2 款所规定的文件的完整性，并立刻将文件有缺少或不合规定的情况告知法官。

完成报告后，专家最迟应当在从按照《民事诉讼法典》第 569 条的规定所确定的开庭日起的 45 日内，通过注册登记的电子邮箱——如果没有的话，则通过传真或普通邮寄的方式，将报告的副本发送给提起诉讼的债权人、其他债权人（《民事诉讼法典》第 564~566 条）以及债务人，即使上述人等未出席诉讼。

如果当事人在开庭 15 日以前，按照第 3 款规定的方式向专家递交了针对专家报告的意见书，则该当事人就可以在开庭时提交该意见书；在上述情况下，专家应出庭对当事人的问题作出说明。

第 173 条Ⅲ　在互联网上公布通知

司法部应依职权发布裁决，规定用于发布《民事诉讼法典》第 490 条所规定的通知的网站，并规定制作和发布通知的标准和方式。

---

〔1〕　特许用益权（Livello），指中世纪流传下来的一种通过支付地租而取得的土地的特许使用权，属于意大利习惯法。

〔2〕　集体用益权（Uso civico），指源自中世纪的、集体成员在集体共有的或他人所有的土地上享有的用益物权，包括在土地上进行狩猎、捕获、采伐树木和播种等权利。该权利属于意大利的习惯法。

第 173 条 Ⅳ 专业受托人变卖工作的通知

《民事诉讼法典》第 591 条 Ⅱ 第 3 款所规定的通知应当包括根据 2001 年 6 月 6 日第 380 号共和国总统法令发布的《统一法典》的第 30 条所规定的市政规划目标证书所确定的、该地块的市政规划目标的说明，以及上述《统一法典》第 46 条和 1985 年 2 月 28 日第 47 号立法的第 40 条及其随后修订过的法条所规定的信息；如果上述信息内容不够充分，为了能确定上述《统一法典》第 46 条第 1 款，或者 1985 年 2 月 28 日第 47 号立法的第 40 条第 2 款所规定的无效，在通知中应当对此作出说明，并提醒买受人注意其可以利用上述《统一法典》第 46 条第 5 款和 1985 年 2 月 28 日第 47 号立法的第 40 条第 6 款的规定。

第 173 条 Ⅴ 变卖竞价、提交保证金和支付价款的其他方式

法官在根据《民事诉讼法典》第 569 条第 3 款的规定作出变卖裁定时，可以允许通过在线支付系统或借记卡、信用卡、预付卡或通过其他可以进入银行和邮政网路的电子货币支付方式进行变卖竞价或根据《民事诉讼法典》第 571、579、580、584 条的规定缴纳保证金。并以注册登记的电子邮箱（没有的话就通过传真）发送一份包含前面几条规定的内容的说明。当事人也可以通过提供保证的方式缴纳保证金，但该保证必须是由银行、保险公司或专门（或主要）从事担保业务且服从审计公司财务审计的金融中介提供的、不可撤回且在任何情况下都必须立即支付的独立保证。执行法官应当在变卖的裁定中指出那些可以根据上诉规定提供保证的公司所属的行业类型。保证是为执行程序而提供的，并且应由被扣押财产的保管人或法官授予代表权的专家进行审查。在任何情况下，都应要求出价人通过其注册登记的电子邮箱发送《民事诉讼法典》第 571 条规定的声明。

价款的支付也可以以前款规定的方式进行。

第174条　竞价人经常居住地的声明

以拍卖之外的方式购买被扣押的不动产时，竞价人应当声明其经常居住地，或者在地方法院所在地的市区内选择一个住所地。竞价人未能作出上述声明的话，所有针对他的通知都应当在书记室完成（《民事诉讼法典》第571条）。

第175条　为拍卖而召集当事人

执行法官在根据《民事诉讼法典》第575条的规定决定进行拍卖之前，应当先根据《民事诉讼法典》第569条的规定召集当事人和债权人进行听证。

第176条　权利过期失效的裁决的通知

书记员应当将执行法官根据《民事诉讼法典》第587条的规定宣告买受人丧失权利的裁决，以通知的方式告知要求进行变卖的债权人和买受人。

根据《民事诉讼法典》第569条的规定，法官还应在同一裁决中安排一次开庭，以召集当事人进行听证。

第177条　对买受人责任的说明

未履行义务的买受人，应当根据执行法官的裁决，被处以相当于他的出价和变卖的最低价之间的差额的罚款。

法官的上述裁决可以被强制执行，以满足那些在变卖所得价款的分配中按照其债权数额获得相应的价款的债权人的债权。

第178条　清账的诉讼程序

在被扣押的不动产的管理人按照《民事诉讼法典》第593条的规定提交账目时，执行法官在听取当事人意见后，应当对账目予以批准。

根据《民事诉讼法典》第594条的规定分配所得收入的决定，应当由执行法官以终局性裁定的方式作出（《民事诉讼法典》第

177 条第 3 款第 2 项）。

第 179 条　等级和清算

执行法官认为合适的时候，在不影响批准受偿顺位等级后债权人各自份额的清算的前提下，他可以将《民事诉讼法典》第 596 条规定的收入分配仅仅限定于参加了执行程序的债权人这一个顺位等级。

作出前款规定的决定的法官，应当在受偿顺位等级被批准后的 30 日内，制订出受偿份额的清算方案。

清算方案适用《民事诉讼法典》第 596 条及其以下各条的规定。

第 179 条 II　接受执行法官委托的工作的报酬的确定和结算

每隔 3 年，司法部在和财政部达成一致意见，并听取了国家公证人协会、全国律师自治协会、全国公共会计师和会计专家自治协会的意见后，应以裁决的方式确定公证人、律师和会计师进行不动产变卖工作的报酬标准（《民事诉讼法典》第 591 II）。

给专家的报酬，应当由执行法官在涉及应当由买受人负责的变卖工作和后续工作的相关问题的具体处理方案中进行结算。报酬结算的决定可以被强制执行（《民事诉讼法典》第 474 条）。

第 179 条 III　从事变卖工作的专家名册

每隔 3 年，本地区的公证人协会、律师自治协会以及公共会计师和会计专家自治协会，应当分别向地方法院的院长提交按区域划分的、可以从事不动产变卖工作的公证人、律师和会计师的名单。在律师和会计师的名单中，应当为每个专家附上有其签名的信息卡，其中应当包含该专家在普通案件和破产案件的执行程序中完成工作的详细履历。

地方法院的院长应据此制作可以从事变卖工作的专家名册，并将其连同各个专家签名的信息卡的副本递送给所有的执行法官。

每隔半年，地方法院的院长应决定从专家名册中删除那些在某个或某些执行程序中，由于未遵守执行法官根据《民事诉讼法典》第 591 条Ⅱ第 1 款的规定所指定的期限和所作出的指示而被撤销代表权的专家的名字。

在被撤销代表权后又被从专家名册中除名的专家，在这 3 年和随后的 3 年中都不得再被列入名册。

第 179 条Ⅳ　工作的分配

在不违反法官管理制度的前提下，地方法院的院长应监督并保证能够在第 179 条Ⅲ规定的在册专家中平等地分配工作任务。

为了能更好地进行监督，书记员应当用专门的登记簿记录专家所接受的每个工作任务以及为此而结算的报酬（第 179 条Ⅱ）。

登记簿应当公开，并允许自由查询，并可获取其副本或摘要。

第四章　共同的规定

第 180 条　给财产共有人的扣押通知

《民事诉讼法典》第 599 条第 2 款规定的给不可分财产共有人的通知中，应当说明申请扣押的债权人和被扣押的财产、扣押文书的提交的日期以及扣押登记的情况。申请扣押的债权人应当在通知上签名。

在同一份或另一份单独的通知中，应当传讯利害关系人会见执行法官，以便在听取他们的意见后作出《民事诉讼法典》第 600 条所规定的决定。

第 181 条　分割共有物的决定

执行法官在决定分割不可分的共有物时，如果利害关系人都出席了诉讼，他应当按照《民事诉讼法典》第 175 条及其以下各条的规定对案件展开调查。

如果利害关系人没有全部出席诉讼，执行法官应当在《民事诉讼法典》第 600 条第 2 款规定的裁定中，安排一次由其主持的开庭并传讯各方当事人出庭，并为最先出席诉讼的当事人指定一个不超过开庭前 60 日的期限，让其以送达裁定的方式传讯其他当事人出席诉讼。

第 182 条　对质物占有人的要求

如果质物为债务人占有，申请扣押的债权人应当在扣押文书中提出《民事诉讼法典》第 544 条规定的要求；如果质物为第三人占有，申请扣押的债权人应当单独提交一份诉讼文书以提出上述要求，并按照《民事诉讼法典》第 137 条及其以下各条的规定完成送达。

第 183 条　执行程序中要求交付或许可的临时决定

《民事诉讼法典》第 610 条规定的临时决定应当由执行法官以裁决的方式作出。

第 184 条　执行异议申请书的内容

《民事诉讼法典》第 615 条第 2 款和第 619 条规定的申请书，除了包括《民事诉讼法典》第 125 条规定的内容外，还应包括《民事诉讼法典》第 163 条第 4、5 项规定的内容。

第 185 条　执行法官主持的、为当事人出席诉讼而举行的开庭

在执行异议中所确定的执行法官主持的、为当事人出席诉讼而举行的开庭中，对第三人异议和异议文书，可以适用《民事诉讼法典》第 737 条及其以下各条有关法官评议会审理程序的规定。

第 186 条　执行异议案件的档案

如果有权管辖执行异议案件的法官不是执行法官，那么审理重新提起的异议案件的法官的书记员，应当立刻要求执行法官的书记员移交异议申请书、《民事诉讼法典》第 615 条和第 619 条规定的当事人出席的庭审的诉讼笔录以及和异议案件相关的文件。

第 186 条 II　执行问题上异议案件的审理

《民事诉讼法典》第 618 条第 2 款规定的实体问题，应当由一位不了解被质疑文书内容的法官来审理。

第 187 条　处理执行问题的判决书的管辖权的规定

法官对执行文书的异议所作出的终局性判决必须遵守《民事诉讼法典》第 42 条及其以下各条关于管辖权的规定（《民事诉讼法

典》第 618 条)。

第 187 条 II   已经完成的执行活动对第三人效力的不可变更性

在被执行财产被拍卖(即使是暂时性的)或转让后,无论执行程序出于什么原因而终止或提前结束,按照《民事诉讼法典》第 632 条第 2 款的规定,执行活动对第三方买受人或受让人产生的法律效果都不应受到影响。在上述执行活动完成后,《民事诉讼法典》第 495 条规定的请求就不得再提出了。

第五编

特别诉讼

第 188 条　强制令无效的宣告

在《民事诉讼法典》第 644 条所规定的期限内，收到送达的强制令裁决的当事人可以向作出裁决的法院请求宣告强制令无效。

法官应以裁决的方式召集当事人在其指定的日期出庭，并指定将申请书和裁决送达对方当事人的期限。如果送达是在裁决作出后 1 年内进行的，则送达应当在《民事诉讼法典》第 638 条规定的当事人的住所地完成；如果送达是在裁决作出后的 1 年以后才进行的，则应当按照《民事诉讼法典》第 137 条及其以下各条的规定，送达给其他当事人本人。

法官在听取了当事人意见后，可以以终局性裁定的方式宣告强制令裁决完全无效。

申请被驳回，并不影响当事人以常规的方式起诉主张强制令无效的权利（《民事诉讼法典》第 163 条以下）。

第 189 条　关于夫妻分居的决定

地方法院院长或调查法官根据《民事诉讼法典》第 708 条作出的裁定可以被强制执行（《民事诉讼法典》第 474 条）。

除非在当事人再次提出夫妻分居的申请后，地方法院院长或调查法官作出了新的决定，否则上述裁定在诉讼程序终止后仍然继续有效。

第 190 条　申请宣告失踪或宣告死亡的证明文件

申请人根据《民事诉讼法典》第 722 条和第 726 条提出申请

时，要一并提交被申请人家庭状况、失踪事实和时间的证明文件。

第 191 条　未成年人不动产出售笔录的效力

未成年人所有的不动产出售笔录可以被强制执行以得到出售许可（《民事诉讼法典》第 733 条以下）。

第 192 条　遗产清单的定稿方式

负责编制遗产清单的官员在定稿前，应当向动产的管理人以及原先居住在房屋中的人询问他们是否了解有没有其他应当包含在清单中的财产（《民事诉讼法典》第 775 条）。

第 193 条　待继承遗产的保佐人的誓言

待继承遗产的保佐人在履行职责之前，应当在执行法官面前宣誓，保证其在遗产监管过程中尽忠职守（《民事诉讼法典》第 781 条以下）。

第 194 条　遗产分割诉讼中专家的指定

如果在确定待分割的资产以及各自份额时需要专家的服务，调查法官可以应公证人或利害关系人的申请或者依职权指定上述专家，并让其按照《民事诉讼法典》第 193 条的规定宣誓（《民事诉讼法典》第 786 条）。

第 195 条　遗产分割诉讼中批准应继份的裁决

在遗产分割过程中用以确定应继份的诉讼笔录，在没有引起争议的情况下，应当由调查法官以裁决的方式予以批准；如果引起了争议，则应在对该争议作出的判决中予以批准（《民事诉讼法典》第 789、791 条）。

调查法官的裁决可以被强制执行。

第 196 条（已废除）

第六编

过渡性规则

第 197~231 条 （已废除）

图书在版编目（ＣＩＰ）数据

意大利民事诉讼法典/白纶，李一娴译.—北京：中国政法大学出版社，2017.3

ISBN 978-7-5620-7323-9

Ⅰ.①意…　Ⅱ.①白…　②李…　Ⅲ.①民事诉讼法－意大利

Ⅳ.①D954.651

中国版本图书馆CIP数据核字(2017)第035456号

出　版　者	中国政法大学出版社
地　　　址	北京市海淀区西土城路 25 号
邮寄地址	北京 100088 信箱 8034 分箱　邮编 100088
网　　　址	http://www.cuplpress.com（网络实名：中国政法大学出版社）
电　　　话	010-58908289(编辑部)　58908334(邮购部)
承　　　印	固安华明印业有限公司
开　　　本	880mm×1230mm　1/32
印　　　张	15.50
字　　　数	425 千字
版　　　次	2017 年 5 月第 1 版
印　　　次	2017 年 5 月第 1 次印刷
定　　　价	49.00 元